万千教育

理 想 国

The Republic

【古希腊】柏拉图　著

陶志琼　译

中国轻工业出版社

图书在版编目(CIP)数据

理想国/(古希腊)柏拉图(Plato)著;陶志琼译.—
北京:中国轻工业出版社,2018.8
ISBN 978-7-5184-1928-9

Ⅰ.①理… Ⅱ.①柏… ②陶… Ⅲ.①古希腊罗马
哲学 Ⅳ.①B502.232

中国版本图书馆CIP数据核字(2018)第064455号

总 策 划:石 铁
策划编辑:孔胜楠　　　　责任终审:杜文勇
责任编辑:孔胜楠　　　　责任监印:刘志颖

出版发行:中国轻工业出版社(北京东长安街6号,邮编:100740)
印　　刷:三河市鑫金马印装有限公司
经　　销:各地新华书店
版　　次:2018年8月第1版第1次印刷
开　　本:710×1000　1/16　印张:23.50
字　　数:257千字
书　　号:ISBN 978-7-5184-1928-9　定价:62.00元
读者服务部邮购热线电话:010-65125990,65262933　传真:010-65181109
发行电话:010-85119832　传真:010-85113293
网　　址:http://www.wqedu.com
电子信箱:1012305542@qq.com
如发现图书残缺请直接与我社读者服务部(邮购)联系调换
180108Y1X101ZYW

译者导读

一、《理想国》的内容构成

《理想国》大约写于公元前390年，是古希腊哲学家柏拉图的代表作，也是人类历史上最有影响力的哲学和政治理论著作之一。这部"哲学大全"不仅是柏拉图对自己前期哲学思想的概括和总结，而且是对当时各门学科的综合论述。它探讨了哲学、政治、伦理、教育、文艺等各方面的问题，以理念论为基础，建立了一个系统的理想国家方案。《理想国》一书共10卷，对其各卷分述如下。

第一卷探讨财富、正义与节制及其反面问题。本卷涉及对不同正义观（如有话实说、欠债还钱正义观，以善待友、以恶对敌正义观，强者利益正义观）、正义与不正义的区别、善、技艺、德性以及正义、德性与技艺的关系等问题的辩论。

第二卷探讨个人、城邦与教育问题。本卷继续探讨正义问题，还对"理想城邦"的不同认识问题、城邦护卫者应具备的能力问题、教育的内容与作用问题、谎言的问题等进行了辩论。本卷涉及了《理想国》中一个著名的隐喻故事——隐身人隐喻（即盖吉斯的故事）。

第三卷探讨教育的艺术问题。本卷探讨了虔敬、勇敢与节制三种德性，还对音乐教育与体育、城邦统治者的选拔、人的起源等问题进行了辩论。本卷涉及了《理想国》中另一个著名的隐喻故事——高贵的谎言（即人为大地之子）。

第四卷探讨富有、贫困与美德问题。本卷探讨了最好城邦的标准、城邦的德性、人的阶层与人的灵魂构成问题。

第五卷探讨婚姻与哲学问题。本卷探讨了妇女是否可以成为城邦护卫者的问题，探讨了护卫者中的"共有"情形、哲学与哲学家的概念问题。

第六卷探讨治理哲学问题。本卷进一步强调真正哲学家的本质，探讨了哲学家为王的原因、哲学家教育与善的关系。本卷涉及了《理想国》中另外两个著名的隐喻故事——太阳隐喻（即太阳与善）和线段隐喻（四个世界）。

第七卷探讨教育中的影子与现实问题。本卷探讨了正义与真实和哲学王要学的科目问题。本卷涉及了《理想国》中又一个著名的隐喻故事——洞穴隐喻。

第八卷探讨政体的四种形式问题。本卷比较了荣誉政体（克里特和斯巴达政体）、寡头政体、民主政体和僭主政体的不同，同时对四种政体的深化进行了探讨。

第九卷探讨好的与坏的城邦体制及其快乐问题。本卷探讨的是社会与心灵的败坏问题，对荣誉政体、寡头政体、民主政体和僭主政体这四种政体下的个人的不同生活方式（公正和不公正的生活）进行了比较。第八、九卷对理想国的衰落与荣誉政体、寡头政体与寡头领导、民主政体与民主派、僭主政体与僭主、德与利的取舍问题进行了探讨。

第十卷探讨一生的报偿问题。本卷探讨了诗歌与哲学之争、灵魂不朽与正义的报偿问题。本卷对诗歌只能模仿而不能把握真理的表述方式进行了批判。本卷涉及了《理想国》中又一个著名的隐喻故事——厄尔隐喻。

二、对《理想国》中六大隐喻故事的解读[1]

任何以实物为载体的隐喻都包括两方面的意思：一是事物本身所代表的意思，二是它的象征意义。《理想国》中涉及蕴味无穷的六大隐喻：隐身人隐喻、高贵的谎言、太阳隐喻、线段隐喻、洞穴隐喻、厄尔隐喻。

1. 隐身人隐喻

隐身人隐喻指的是盖吉斯的故事（第 41—42 页）。吕底亚人的祖先盖吉斯原本是一个牧羊人。有一天，他走进一道深渊，发现一枚可以使自己隐身的戒指。利用这枚戒指，盖吉斯想方设法成为了前往王宫的牧羊使者。他到国王身边后就勾引了王后，并与她同谋杀掉了国王，夺取了王位。人的自然本性总是驱使人渴

[1] 参考：何怀宏. 柏拉图《理想国》中的四隐喻［J］. 北京大学学报（哲学社会科学版），2007（5）。

求比别人出众，比别人强大，比别人生活得更好，即要求自己获得不平等的待遇。而法律则规定人人受到平等对待。这个故事试图说明，任何一个人（包括正义之人在内）如果能够隐身，即能做任何事都不会被看见因而也不会受惩罚，那么他就不可能继续做正义之事，而极有可能无所不为甚至无恶不作。格劳孔讲这个故事是向苏格拉底提出的"人应该做一个正义之人"的论断提出的挑战：本来坚持正义的人如果拥有这样一枚隐身戒指，是否也会情不自禁地为非作歹呢？其实，这也是对所有政治哲学和政治理论的挑战：人是否可以不要政治秩序？这不仅涉及正义的起源，涉及政治秩序的起源，也涉及我们可以在多大程度上信任人，人是否可以不用约束和不要法律而能洁身自好。

从普遍社会生活来说，隐身人隐喻提醒我们思考，如果一个人做任何事都不会被发现，不受任何监督，那么这个人将会怎样，思考人们在参与社会生活（职业生活、社交生活、政治生活、家庭生活等）时会怎样行为，思考人是什么、普遍人性是什么等这样的根本性问题。

2. 高贵的谎言

高贵的谎言（第 114—115 页）也可以说是美丽的谎言。这里涉及的问题是政治统治是否可以有隐秘，甚至有神话、谎言？是否可以让所有人或至少是利益相关者能看到所有的事情？所谓"高贵的"谎言是指因目的（为了井然有序和团结一致的共同体利益、为了他人的利益）高尚而不得不说谎或痛苦地保守秘密。《理想国》中说，人是大地之子和有等级的人，人一直处于大地母亲之腹中，被孕育，被喂养，人在这里形成了四肢健全、头脑清醒的完整的自己（第 115 页）。当人被大地母亲孕育成熟时，就会诞生（这时，大地母亲的称呼就当之无愧了）。人的城邦就是他们的母亲和乳母，因而人有责任为城邦造福，并保卫她不受侵略，城邦要把公民视为大地之子。作为城邦代言人的统治者需要对臣民们说，"你们虽然是兄弟，但神却把你们造得并不是完全一样的。你们当中，一些人具有指挥能力，他们是被神掺杂了金子创造而成的，因此他们还具有最高的荣誉；还有一些人是用银子创造而成的，因而可以成为辅助者；另外一些人成了农夫和手艺人，他们是神掺杂了铜和铁创造而成的。而一般来说，这些属性又将遗传给子孙后代。不过，由于所有人都同属于人这一个种类，所以有时金质父亲会生下银质儿子，或者有时银质父亲会生下金质儿子……而神给予执政者的最重要的职责就是，他们要小心捍卫种族的纯正。他们应该密切注意他们的子孙体内掺杂了何种元素。因为，如果金质或银质的父亲生下了混有铜质或铁质的儿子，这就表示自然秩序要被破坏了，那么执政者就不应该怜悯那个会被降级为农夫和手艺人的孩子。因为，同样也会有手艺人的孩子由于体内混合了金或银而被晋升到尊贵的阶层，成为护卫者或辅助者。因为神谕说明，如果让铜质或铁质的人护卫城邦，那么城邦就要遭受破坏”（第 115 页）。

在此故事中，说人是大地之子可以看作神话，说人是城邦之子则是一种比喻，如果这都是高贵的谎言，那么说人有天赋差别是事实还是谎言？用“金银铜铁”的比喻来形容人天生有差别是夸大其词还是为了便于普通民众理解？谁是金质人，谁是银质人，谁是铜质人或铁质人，是他们每种人有自知其明，还是被人贴上了标签？是管理者暗中测查密而不宣，还是公开评价标准人人可以自测？如果人先天存在差异，管理者是采取有效措施缩短差异，还是加大差距？那些身处优越阶层的低天赋者会自愿放弃不应该有的追求吗，那些身处劣势阶层的高天赋者会获得足够的资源实现远大的追求吗？

人在有些时候为了生活的安宁，是否没必要知道真相或知道得太多？善意的谎言是否有时也会是一种药物甚至良药？如果善意的谎言在某种程度上是被允许存在的，那么谁能够说谎？是管理者（比如书中提到的为他人安全、为优生优育而说谎）、聪明者、优势者，还是被管理者、不太聪明者、弱势者？对谁说谎？是对管理者、聪明者、优势者说谎，还是对被管理者、不太聪明者、弱势者说谎？说谎只是对普通人的，正如孔子说的“中人以上，可以语上也；中人以下，不可以语上也”（《论语·雍也》），还是既对普通人也对其他精英？善意的谎言是否算不上真正的谎言？如果算不上，那么真正的谎言是什么样的？《理想国》中认为，对真理一无所知，在自己心灵上一直保留着假象，这才是真正的谎言（第 71 页）。善意的谎言是语言上的谎言，可以作为一种药物来防止人作恶，也可以利用有教益的故事（神话故事）来达到教导目的（第 71 页）。《理想国》中认为，只有神才是我们可以想象得出的最完美、最高贵的形象，每个神都会永远保持他原来的尽善尽美的形象而不会说谎（第 70 页），因此，“我们的城邦护卫者，必须在做人方面要有底线，要成为敬畏神明的人，要像神一样为人处世”（第 73 页），尽最大可能不说谎，对真相心知肚明。

“高贵的谎言”的隐喻其实是在表达管理者在考虑到底要让民众知道什么的问题，是知道一切还是一部分甚至是否可以制造假象？这涉及人与人之间的差别、多数人和少数人的不同。这其实就是一个对民众保持信息对称还是不对称的问题。

3. 太阳隐喻

太阳隐喻即把太阳比作善的理念（善本身）（第 222—223 页）。太阳隐喻认为，视觉和对可见物的感觉是需要第三者的，这个第三者就是太阳所发出的光。太阳隐喻将太阳比作善的理念，将眼睛比作人的内在灵魂。只有当太阳照耀着可见世界时，世界才能被眼睛所感知，否则一片漆黑，眼睛什么也看不清楚。在所有的感觉器官中，眼睛最像太阳，眼睛所具有的视觉是太阳创造的。太阳与可见世界的关系就像善的理念与理智世界的关系，具体而言，正如太阳给予可见世界以光明使眼睛能够看到，善的理念给予可知事物以真理使灵魂能够了解它们而产生理智；太阳与眼睛的关系就好像善的理念与灵魂的关系，人的灵魂就像眼睛一样，停留在真理和被照耀的事物上时，灵魂就能感知和理解，于是就放射出智慧的光辉，洞察到善的理念。简而言之，太阳是事物可见而存在的前提，善的理念是所有真理可知而存在的前提。并且，就如太阳高于可见世界一样，善的理念高于真理和知识，是真理和知识的源泉。善不仅创造了所有已知事物的知识，而且创造了它们的存在和本质。

人的灵魂要从可见世界转入理智世界，必须学习和掌握善本身才有可能。

4. 线段隐喻

线段隐喻将世界即认识对象表示为一条线段（第 224—226 页），这条线段首先被分成两段，一段用来代表可见世界，另一段代表理智世界（可知世界）。可见世界的线段又被分为两段，一段代表影子，指的是可感事物的阴影或者在水中或平滑物体上反射出来的影子；另一段代表实物，指的是我们能看见的动物、一切自然事物和全部人造事物（人能亲身感受到的东西）。理智世界的线段也被分为两段，一段代表数学（算术、几何等），数学的研究只能由假设出发，并且不是由假设上升到原则而是由假设下降到结论，就像几何学家研究正方形本身时必须通过研究他们所画的特殊的某个正方形一样，他们只能从假设出发下降到结论；另一段代表理念，与第一段相反，是由假设直接上升到原则，不再使用影像而是用理念来做研究。理智探究追求用心灵看见事物本身。

与认识对象的线段相对应，认识能力也有四个部分，由低到高分别是对影子的感知、信仰或信念、理解和理性。对影子的感知所获得的只是事物的投影，真实性最低，清晰性最低；信念则是对原物的认识，但仍然属于意见的范畴；理解已经上升到理智世界，但还算不上真正的知识；理性才是最高层次的认识，上升到了以理念为对象的理性状态。

人的世界的两分便是现象世界和本质世界（或表象世界和理念世界，或物质世界和精神世界），如果四分则成了感觉的世界、信念的世界、理解的世界和理性的世界。认识境界不同，所处世界也就有异。

5. 洞穴隐喻

《理想国》中的洞穴隐喻可以说是人们最熟悉的故事了（第 227 页）。在一个地下的洞穴里，有一个长通道通向外面，外面的微光照进洞口。有一些人从小就住在这个洞穴里，头颈和腿脚都被绑缚着，不能走动，也不能转头，只能向前看着洞壁。他们只能看见背后火光照射到他们对面洞壁上的来来往往的事物的阴影，他们在谈论自己所看到的阴影时，以为讲的是真实的事物。如果他们一直这样生活下去，并不会像外人所想象的那样不幸，或者说，并不会强烈地感觉到痛苦。他们还以为生活就是如此这般，世界就是如此这片天地。有一天，有一个被解除了桎梏的人，站了起来，并转头环视，走动，抬头看到了火光和那些真实的事物，可以说是接近了实在。他走上那条陡峭崎岖的坡道，走出了洞穴，终于看到了洞外的事物和照亮这一切的太阳。他一开始接受不了太阳强烈的亮光，也许他会首先从月光下的物体看起，然后看阳光下的阴影部分，再看那些在阳光下灿烂的东西，最后才瞥一眼太阳——照亮万物的光源和自身明亮的东西。他是用自身最明亮的眼睛来看世界上最明亮的东西的。而这一切变化都有赖于灵魂转向的技巧，有赖于灵魂的转身、往上走、向上看。他在看到了这一切之后会感到莫大的幸福，这时，他才会知道以前生活在多么黑暗的地方，才会明白甚至看到火光、看到万物，这都还算不上看到事物的本质，算不上看到了善和美本身。

但故事并未结束，这时他还愿意返回洞穴吗？他是更愿意回去告诉他的同伴他所看到的真相，甚至把他们也带出来看到太阳下的光明世界，还是更愿意独自待在阳光下享受自己看到真相的快乐？如果他决定返回洞穴，会是怎样的理由支持他返回的？是对同伴的同情、责任，还是只有返回洞穴才能真正完成和实现自我，真正完成认识真理的过程，抑或是他要尽人的使命，甚至他走出洞穴也正是要完成这一使命？但他有能力实现这一使命吗？他能把众多同伴带出洞穴吗？如果他返回去，会不会被原先的同伴当成疯子并受到嘲讽或冷落呢？如果他坚持自己的看法，会不会被折磨、被处死？但是，即使失败，他也必须做这件事吗？或者，在尝试把他的同伴带出去的努力失败后，他只好迁就同伴，和他们一起仍然待在洞穴中，然后尽其所能用自己在洞穴外获得的光明造福这些同伴，使他们的生活尽量模仿和接近真善美本身？

洞穴隐喻充分显示了隐喻的力量：影像、具体事物、形象、复杂、多维。走出洞穴不易，返回洞穴不易，安心回归洞穴更不易。洞穴隐喻好比一个源头活水，可以引申出无穷无尽的解读。

6. 厄尔隐喻

《理想国》第十卷中谈到了曾经有一个叫厄尔的英雄死后复活的故事（第345—353页）。厄尔复活后向世人讲述了他在另一个世界所看到的情景：首先是死后的审判，正义者升到天上，不正义者下到地下，前者获得十倍的报偿，后者遭受十倍的惩罚。在过完一千年后，天上和地下的灵魂还可以再一次选择投生。这个时刻对任何一个灵魂来说都是非常关键而又是处在极度危险中的，他们将自己选择自己未来的命运。也就是说，有关人生祸福的报偿不仅是在生前的一生显现，还在死后的来世显现。这种好的或坏的报偿依据的是正义标准。所以，一个人应使自己的目光紧紧注视着自己灵魂的本性，把使灵魂的本性变得不正义的生活称之为较恶的生活，把使灵魂的本性变得正义的生活称之为较善的生活，因而在较善的生活和较恶的生活之间做出合乎理性的抉择。正义无论对于有生之年还是死后都是最好的选择，是一个人的最大和永恒的福祉所在。但人生是否有来世？如果有，人生在现世值得为来世灵魂的升华而过虔敬的、有节制的、有德性的生活吗？拷问灵魂是自我可以完成的，还是非要依靠外力才能完成？

厄尔隐喻讲的是人如果能看见死后和永生会对人生产生何种影响的问题：一个正义者能否得到幸福？换言之，正义和幸福是否能合二为一？这也是在回答《理想国》一开始就提出的问题：人应该如何生活才算过的是好的生活？厄尔隐喻宣扬的灵魂不朽旨在劝导年轻人要走向上的路，这样才会过好的生活："鉴于灵魂的不朽及其能够承载一切的善和一切的恶，我们应该永远遵循向上的路，追随正义和美德。让我们彼此珍视，并对神明虔敬，这样，当我们在这里以及像在比赛中获胜者绕场奔跑收集奖品一样，我们会获得我们的奖品。不管是在今生还是在我们曾经描述过的长达一千年的旅途中，我们都会生活得很好。"（第 353 页）

三、《理想国》中的主要教育思想[1]

《理想国》中涉及的教育包括两大部分，一部分是探讨如何培养城邦护卫者时涉及的教育，另一部分是探讨如何培养哲学王时涉及的教育。

1. 护卫者教育

《理想国》中提出的护卫者教育主要是从音乐教育和体育着手的。

对护卫者的教育首先从音乐教育着手，因为教育最开始需要针对灵魂进行陶

[1] 参考：王晨．结构、义理与修辞——柏拉图《理想国》教育理解引论［J］．清华大学教育研究，2017（1）：10—20。

冶，需要遵循“人性教育的基本原则”（第 111 页），因为节奏和旋律最善于潜入灵魂的内部，最有能力感染灵魂，使其变得高雅。音乐教育的主要内容包括诗人们创作并讲述的（神话）故事、诗歌以及戏剧。对年幼儿童进行教育时无论真实的还是虚构的故事都可以采用。在儿童适合体育锻炼之前，先用故事对他们进行教育，这就是所说的“在实施体育之前，先进行音乐教育”（第 63 页）。对儿童来说，故事教育是音乐教育的重要组成部分。凡事开始十分重要，教育也是如此，“尤其是对于幼小的孩子和柔嫩的东西来说，在柔弱阶段时最容易接受熏陶，你想把它们塑造成什么类型，就能塑造成什么类型”（第 63 页）。“年幼者分不清什么是寓言，什么不是寓言。年幼者早年听到的观点会在他们心中产生根深蒂固的影响，难以消除。所以我们要特别注意，为了培育儿童的美德，儿童最先听到的应该是最优美、最高尚的美德故事。”（第 65 页）因此，撰写故事的人应该受到审核，只采用写得好的故事，母亲只讲审核过的故事给孩子听。关于神明的故事，“不管是在史诗、抒情诗还是悲剧诗中，都应该描写出神之所以为神即神的本质来”（第 66 页）。神是善的化身，是引发善的事物的原因。不要给孩子讲丑化神明的故事。诗人们必须依照这个原则讲述故事，描述和赞颂正义之人的节制、勇敢、明智、虔敬、自由、慷慨等高尚的品性和言行，以供年轻人模仿，从而免除在年轻人中诱发倾向于干坏事的恶习。与此同时，为了灵魂的健康，讲述故事时不仅“要起用更严肃、更正派的诗人或故事讲述者”（第 93 页），还应该选取与谦虚谨慎、勇敢顽强的特性相适合的旋律和优雅、端庄、和谐的节奏以跟随和维护这些优美正直的故事内容和灵魂气质，拒斥柔弱而懒散的调式，让节奏与和谐浸入儿童心灵的深处，让优美和理智合而为一，从而确立对神圣和良善事物的信念，避免不良事物对年轻人的败坏，使他们从儿童时代就开始虔敬神明，孝敬父母，重视朋友间的友谊，养成良好的言行、勇敢的精神以及克制和服从的习惯，潜移默化地模仿理性、节制而和谐的完美秩序，培养对美的追求，在他们还不能理解这些道理之前就能自然地赞扬和欢迎优秀的事物而讨厌和憎恨丑恶的事物，从而为成为一个温文有礼、既美且善的人奠定基础。

由此看来，在培养人的优雅与和谐品质方面，“音乐教育比其他教育方式会更有效，这是因为节奏与曲调能进入到心灵深处，并牢牢地扎根在心灵中，赋予人优雅的姿态，从而会使受到恰当音乐教育的人的心灵变得优雅”（第97页）。复杂的音乐会使人变得浮躁，接受纯朴的音乐教育，就会养成节制的习惯。“纯朴的音乐教育能使心灵变得平和、自制，而朴素的体育锻炼能使人身强体健。”（第102页）

所以，与音乐教育结伴同行的应该是体育。年轻人必须接受体育锻炼，因为强健的体魄是高尚灵魂的体现，它能使人不过于讲究调养身体，为培育和检验美德、热爱思考奠定基础。在此，节制而健康的生活方式是通过心灵带来健康的体质，并以体育和身体训练展现人本性中的精神力量，而不让艰苦的外部条件、身体的欲望和虚弱影响精神和心灵的饱满。真正的体育训练，尤其是军事体育，就像音乐教育一样，既朴素又优美。“体育与音乐教育一样，应该从小就开始接受。进行体育训练不但应该十分小心，而且要终其一生。”（第100页）良好的体质不一定有利于心灵修养，但美好的心灵则有可能改善人的体质。心灵受过适当训练的人，可以把更多的注意力放在培养体魄上。因此，体育的真正价值在于通过简单而质朴的健康生活方式和身体的训练锻炼灵魂的力量，从而以良好的精神状态过有德性的生活。

一个人要想通过教育变得身心和谐，就需要音乐教育和体育并重。“单一的体育会让人变得生硬野蛮和刚烈粗暴，而单一的音乐教育则会让人变得软弱无力与女性十足”（第109页），体育必须要与音乐教育相协调，因为体育是为了培养勇猛，但如果只从事体育，仅仅注重饮食和身体锻炼，人就会变得非常粗犷而生硬，超过应有的程度，难以品尝学习和探索的滋味，从而丧失热爱智慧的本性，变成厌恶谈话、没有文化修养的人。他不再通过语言以理服人，而是像一头野兽凭借暴力和粗野达到一切目的，生活在无知和愚昧中，没有节奏和风度，变得鲁莽野蛮。反之，如果音乐教育没有体育相协调，则会使人过于柔弱，过于缺乏激情，使精神虚弱，而导致软弱和胆怯。只有将音乐和体育两者结合起来，并且超越各自的弊端，才能让灵魂中爱智的理性部分与情感的激情部分张弛有度地相互配合，形成既明智柔和又勇猛顽强的本性。所以说，城邦护卫者需要同时接受音乐教育和体育，接受纯朴的音乐教育和体育。“音乐教师和体育教师的教育目的都旨在提升心灵的品质”（第 109 页），使受教育者的心灵和谐，既有节制又勇敢。同时接受音乐教育和体育训练的人，会使身心变得和谐，“一个保持身心和谐的精神面貌的人，最爱的就是那些可爱的事物”（第 98 页），“真正的爱是对美和秩序的爱”（第 99 页）。对于人来说，最美的景致便是：“既有美好的心灵，又有优美的外表，这样的外在美和内在美和谐地结合在一起”（第 98 页）。身心既善美又强健是音乐教育和体育训练同时并重希望达到的目的。

2. 哲学王教育

哲学王教育是为那些具有较高理性能力和辩证法天赋的人提供的更高层次的教育。

关于哲学王教育，首先要关心的问题就是人在什么时候学哲学比较合适。《理想国》中认为，人在太年轻时学哲学并非好事。如果他们从还是孩童的时候开始，在成家立业之前这个人生阶段进行哲学学习，由于缺乏人生阅历会学得苦不堪言，结果连那些以哲学精神闻名的人，看到从事哲学学习如此困难，也会逃避学它。在他们长大成人后，在别人的邀请下有机会去听一场哲学辩论，就会认为这是非常重大的事情了。他们会认为学哲学是饭后茶余的事情。一旦他们变老，可能比赫拉克利特的太阳还要熄灭得更彻底，因为他们再也不能发光发亮了。走哲学之路恰恰应与上述做法相反，“在童年和青年时代，他们从事的哲学学习，应与他们的年龄特点和理解水平相当。在这一时期里，随着他们日益长大成人，他们应重点注重身体锻炼，以储备充沛精力服务于哲学事务。随着生命的推进，智力趋向成熟，应加强他们的灵魂训练。但是当我们的公民开始衰老，过了从政和从军的年龄之后，应让他们自由安排，不再参加任何艰苦的劳动，因为我们要使他们在这段时间里快乐地生活，而且让他们在死后仍能在另一世界快乐地生活”（第 210 页）。

关于哲学王教育，首先要关心的就是接受哲学教育所具备的潜质。要成为哲学家，应具有这样的天性：总是热爱永恒的知识，具有诚实的品质，热爱真理，憎恶虚假，是真正热爱学习的人。“只有真正的哲学家才能抓住永恒的和不变的东西”（第 193 页），真正的哲学家总是遵照真理的领导，总是在所有事情上追随真理，总是追求事物的本质。真正的哲学家是热爱知识的人，“热爱的锋芒不会变钝，热爱的力量也不会变弱，他通过灵魂中的同情力量，与事物的本质和真正属性产生亲近感，而且通过这种力量对事物进行融会贯通的理解，由此产生了智慧和真理”（第 200 页）。另外，“真正的哲学家应该心胸开阔。因为哲学家无论对人事还是神事，都会永远追求完整和完美”（第 196 页）。真正的哲学家“具有良好的记忆力，擅长学习，豁达大度，优雅得体，亲近真理，有正义感、有勇气、有节制，如果这样的人去从事学习，一定是无可指责的”（第 197 页）。真正的哲学家是“最能守护城邦的法律与制度的那种人”（第 193 页），是“心明眼亮的人”（第 193 页），“这样的人，通过年龄的增长，加上教育的帮助，他们会使自己变得日益完美，你只能将城邦委托给这样的人去管理”（第 197 页）。

哲学王教育是将潜在哲学家带入光明的世界成为真正的哲学家（即哲学王）的过程。太年轻不适合学哲学，就是具有学哲学潜质的人也要等到 30 岁左右去学才更合适。对于 30 岁以上的人，在接受过音乐教育和体育等教育后，才能把辩证法引荐给他们去学，这样会避免他们把辩论当作享乐对待。“学哲学的人应该做任何事情都要井井有条、坚定”（第 257 页），不能朝三暮四、浅尝辄止。用哲学学习取代体育锻炼，要用两倍于体育锻炼的时间去学，学哲学需要更加勤奋，更有热情。学哲学要花 20 年的时间，如果一个学好哲学的人到了 50 岁还健在，“将会达到他们人生的巅峰状态。到这个时候，他们能用灵魂之眼去凝视照亮一切的宇宙之光，并且能把握住至善的本质。这就是他们用以治理城邦、统治众人、度过他们余生的方式。他们应把哲学作为他们的毕生追求，但是在轮到他们为城邦尽责的时候，他们应当承担政务的劳苦，为了公众利益而管理城邦。这一切都不应被视为某种英雄式的行为，而应视为一种义务。当他们在晚辈的人中培养出了像他们一样的人，让这些人去执掌政务，去做城邦的统治者，这样，他们才能到极乐之岛去定居”（第 257 页）。哲学王会“蔑视现实世界里的声誉，因为他们认为那些都是卑劣下流和毫无价值的。他们把正义和由正义而产生的荣誉看成高于一切事物。他们认为正义是所有事物中最伟大和最必不可少的。他们甘愿作为正义的护卫者，在他们的城邦里建立起法律秩序，宣扬至高无上的正义原则”（第258页）。从学哲学到成为哲学王是一个漫漫征途，“三十而立”，立志以掌握哲学精髓为追求目标，“五十而知天命”，到50岁学有所成便用掌握的哲学精神去治理城邦、统治众人、培养晚辈。真正的哲学王具有极强的分辨能力，他的慧眼能对金质人、银质人、铜质人和铁质人分辨得一清二楚。他们治理城邦，可以让不同特质的人各就各位，各尽其能，这是哲学王的宿命。

3. 由《理想国》中的教育思想引发的思与问

从教育视角阅读《理想国》，对话教学是贯穿到底的。这也得益于阿卡德米学园。《理想国》中教育思想的来源之一就是阿卡德米学园的教育实践。柏拉图在《理想国》中利用对话形式开创的一种教学风格或许就直接来自学园的教学实践。对话教学“这种风格有助于学生在对话展开的过程中一步一步地看到和了解一环扣一环的推理，也提倡一种方法——这种方法将会避开所有僵硬和快捷的技巧，或甚至一系列技巧，青睐一种折中主义，这种折中主义也许会在不同的时间利用出自孩童游戏中的所有东西，将其用于教师的演示或指导”[1]。而对话能得以展开源于对话者的有效提问，由此可见，教育者的提问要有教学价值才行。柏拉图在《美诺篇》中认为，教育者的作用就是提问，以正确的顺序提问，从而汇集起学生对问题的答案。采取的方式就是让学生通过围绕所提问题进行讨论，然后得到前后连贯的解释说明。围绕所提问题进行的讨论其实就是在进行对话，在学问中进行学习。学问从某种意义上讲是问学，在提问与解问中学。学问学问，边学边问。对话教学不就是在不断地学与问中增进学问的吗？

从真理而言，教育和教学旨在求真（追求真理）吗？我们的教育和教学是希望受教育者成长到能明辨真理、谬误与错误吗？是否存在一直值得我们信仰的真理？

从知识而言，知识是如何建构的？知识是可以获取的吗？什么知识最为重要？什么知识最有价值？我们可以知道什么？我们应该知道什么？最值得我们学

1 引自：[加] 罗宾·巴罗. 柏拉图 [M]. 王爱松，译. 哈尔滨：黑龙江教育出版社，2016：216。

习的是什么？最值得我们学习的是真知吗？但纯粹真知与纯粹意见应该如何进行区分？只有按照清晰的教育理念建构起来的教育，才有助于对知识本质的把握吗？只有把握了知识本质的教育才是真正的教育吗？对知识本质的把握有助于对正义的理解与正义的实现吗？

从学生而言，我们应该对学生进行分类别、分等级吗？我们应该为不同学生提供不同类型的学校教育吗？我们应该根据学生的年龄、性别、民族、智力、特长、进度等组织教育吗？

从道德教育而言，学校对学生进行道德品质的培养是十分重要的吗，是合适的吗？用怎样的方式和怎样的内容进行培养才是合适的？

从教育者而言，什么样的人才称得上是名副其实的教育者？教育者需要怎样的素养？

从教育目的而言，教育就是进行职业预备吗？（《理想国》构建的是城邦护卫者和哲学王的教育体系。）如果不是，那么，真正的教育的使命是什么？我们应该通过教育培养怎样的人？我们需要用怎样的方法来培养我们所希望培养的那种人？我们应该用什么样的内容来培养我们所希望培养的那种人？谁有资质来培养我们所希望培养的那种人？具有怎样先天素质的人才可能培养成我们所希望培养的那种人？什么样的教育才算是真正的教育？什么样的教育才算是真正的人的教育？在我们根本没有弄清楚什么样的教育才算是真正的教育和真正的人的教育之前，我们如何可能确定某种环境是有益于教育的？我们如何可能确定某种教育方法是有益于教育的？我们如何可能确定某种内容或某些人是有益于教育的？没有清楚的教育理念，何来真正的教育和真正的人的教育？在通过《理想国》解读柏拉图教育理论与教育思想的过程中，“我们所急需的是一个视角，一个判定我们自己的时代，保卫某些对人类的福祉价值无限和必不可少的东西的有利观点”[1]。

教育和学校教育无疑是围绕这些问题进行思考的。人生百年的肉身如此短暂，

[1] 引自：[加] 罗宾·巴罗．柏拉图［M］．王爱松，译．哈尔滨：黑龙江教育出版社，2016：文前 5。

“我应当如何度过我的一生”才能永垂不朽？依靠立德、立功还是立言？柏拉图依靠立言，成就了他的不朽。千万年人类社会历史的变迁与沉浮，与之如此相似，“我们应当如何成就我们生活于其中的社会”才能避免坏社会的重演而重现好社会的面貌？真正的教育旨在培养人性或品性，培养身心既善且美的人，越是有教养的人，就越能掌控自己的命运，这就是《理想国》的教育理想！

四、对《理想国》的解读永远走在仁者见仁、智者见智的途中

我最开始是抱着通过翻译把《理想国》的思想精髓吃透的心态接受重译名著《理想国》的任务的。虽然目前我已完成了翻译任务，但对其思想精髓是否真正吃透了，还不敢自信地说“是！”。

《理想国》是举世公认的一部“永不过时的经典”，是一部启发天才哲学素养的奠基之作。英国哲学家怀特海认为，“两千年的西方哲学史都是对柏拉图的注脚”。《理想国》中所展示的思考人生的智慧，给了我们认识世界和认识人的方法，我们可以把《理想国》称之为“精神的面包”。但人们通常的理解是，在《理想国》中，苏格拉底和他人（格劳孔、阿德曼托斯、色拉叙马霍斯等）你来我往、环环相扣的精彩对话，给我们勾勒了一个融哲学思想和政治理想于一体的哲学王执政管理的美丽的乌托邦式的城邦。在此城邦中，哲人执政，勇士卫政，“好人”当道，“坏人”没有存在的余地。但人们常说，一百个人读《哈姆雷特》，就会读出一百个哈姆雷特的形象。其实，仁者见之谓之仁，智者见之谓之智，一百个人读《理想国》，同样会读出一百个各有千秋的理想国来，亦会从中读出一百个柏拉图来。有人说，提出好的问题比回答好的问题更难，《理想国》不但靠着一个个问题贯穿始终，而且靠着辨析清楚这一个个问题成就了它自身。作为《理想国》的译者，我把我有兴趣质疑并想从中获取解答或引发深思的一些问题提了出来，供有同样兴趣的人去找寻书中和自己的答案。

陶志琼

2018 年 3 月于宁波大学

目　　录

卷一　关于财富、正义与节制及其反面

对话者：苏格拉底——叙述者

格劳孔

阿德曼托斯——格劳孔的哥哥

玻勒马霍斯

克法洛斯——玻勒马霍斯的父亲

色拉叙马霍斯

克勒托丰

对话场所：比雷埃夫斯克法洛斯的居所

昨天，我与阿里斯同[1]的二儿子格劳孔一起下到了比雷埃夫斯[2]港口，去参加向女神[3]献祭的活动，我也想看一看那里的人举办这个庆祝盛典的气势如何，这种事还是头一次发生。我非常高兴看到当地人的游行队伍，与色雷斯人[4]的游行队伍相比，即使不算更好，也是同样漂亮壮观的。我们做完祈祷献祭和看完游行表演

[1] 阿里斯同（Ariston），柏拉图的父亲。阿里斯同有三个儿子：阿德曼托斯（Adeimantus）、格劳孔（Glaucon）和柏拉图（Plato）；还有一个女儿：波托涅（Potone）。——译者注

[2] 比雷埃夫斯（Piraeus），雅典城南七公里远的一个重要港口。——译者注

[3] 即色雷斯地区的狩猎女神本荻丝。——译者注

[4] 色雷斯人（Thracians），巴尔干半岛最早的居民之一，希腊北方一重要民族，曾创造了高度发达的克里特－迈锡尼文明，最终被罗马帝国毁灭。——译者注

后，正准备动身回城里去。就在这时，克法洛斯[1]的儿子玻勒马霍斯老远就看见了我们正要急着回家，便差遣仆童跑过来吩咐我们稍等一下。仆童从后面拉住我的披风说："我的主人玻勒马霍斯请你们等一等他。"

我转过身来问他："你的主人在哪里？"

"在那里，在你的后面，您请稍等一下，很快就到了。"仆童说道。

"那我们就等一下吧。"格劳孔说。

不一会儿，玻勒马霍斯就赶到我们面前了，同来的还有格劳孔的哥哥阿德曼托斯、尼西亚斯[2]的儿子尼克拉托斯[3]，还有其他几个同样参加过庆典游行的人。

玻勒马霍斯对我说道："苏格拉底，我看得出来，你和你的同行者正准备回城。"

"你猜得没错。"我说道。

"但你看到我们了，我们有多少人？"玻勒马霍斯再加了一句。

"当然看到了。"我说道。

"你们两个人会比得过我们这么多人吗？如果比不过，你们最好就乖乖待在这里。"

"如果别无选择，"我说道，"我们可以说服你们让我们走吗？"

"可是，如果我们拒绝听你们的说服，你们能说服我们吗？"玻勒马霍斯说道。

"这样的话，当然没办法说服你们了。"格劳孔回答道。

"那么，我们不打算听你们的说服之辞。"玻勒马霍斯说道。

阿德曼托斯加了一句："没有人告诉过你们今天晚上有个庆贺女神的骑马火炬赛[4]吗？"

---

[1] 克法洛斯（Cephalus），叙拉古人，应雅典著名政治家伯利克勒斯的邀请，移居到了雅典，开盾牌作坊，算得上是雅典外邦富豪一族。他有三个儿子：玻勒马霍斯（Polemarchus）、欧蒂德谟（Euthydemus）和吕西阿斯（Lysias）。——译者注

[2] 尼西亚斯（Nicias），雅典著名的军事家。——译者注

[3] 尼克拉托斯（Niceratus），受过良好教育，有良好的文学修养，能背诵荷马史诗，于公元前404年死于"三十僭主"。——译者注

[4] 骑马火炬赛，骑在马上进行的火炬接力赛，火炬从一个人手中传递到下一个人的手中，不能让火炬熄灭。——译者注

“骑在马上的火炬赛？”我说道，“这真是个新鲜事儿。在比赛期间，是不是人们手持火炬骑在马上，进行接力比赛？”

“就是这样的。”玻勒马霍斯说道，“还不只是这个火炬比赛，他们还有个联欢晚会，当然你应该出来看一看。我们吃过晚饭就可以去看比赛和晚会。我们还会有个年轻人的聚会，我们可以好好聊一聊。你们就别走了，就这么说定了。”

这时，格劳孔接话道：“我想，既然你这么坚持，我们非留下不可了。”

“行！”我说道。

就这样，我们随玻勒马霍斯一行来到了他的家里，看到他的两个弟弟欧蒂德谟和吕西阿斯也都在家。另外，还有卡尔克冬[1]人色拉叙马霍斯[2]，帕亚尼亚[3]人卡曼提得斯，阿里斯托尼摩斯[4]的儿子克勒托丰。在场的还有玻勒马霍斯的父亲克法洛斯。我好久没有见过克法洛斯了，他看上去非常苍老，坐在有座垫的椅子上，头上还戴着花环，因为他刚刚在院子里做完献祭仪式。房间里还有一些椅子，是呈半圆形摆放的，我们就在他旁边坐了下来。

克法洛斯一看到我，就热切地向我问好，然后他开始说道：“苏格拉底，你没来这里看过我，你应该常来看看我的。如果我身体硬朗的话，我就可以轻轻松松去城里看你，不用你大老远跑这里来看我了。但现在，就我这把年纪，实在走不动了，所以，你应该常来比雷埃夫斯。我现在就跟你唠叨几句我的状况。对我来说，随着身体的衰老，对肉体上的享受慢慢消退下来，越来越喜欢和迷恋与人进行清谈了。那么，就别拒绝我的请求，把我这里作为根据地，和这些年轻人保持交往，我们是老朋友了，你和我们在一起会像在家一样自在的。”

我回答道：“克法洛斯，对我而言，没有什么比和上了年纪的人进行交谈更好的事情了。我把老人看作人生旅途中的老旅客，我们不久之后也会踏上老年之旅。

---

[1] 卡尔克冬（Chalcedon），小亚细亚半岛比提尼亚地区港口城市。——译者注

[2] 色拉叙马霍斯（Thrasymachus），古希腊演说家、智者派思想家和教育家，这里提到的卡曼提得斯（Charmantides）和克勒托丰（Cleitophon）是他的学生。——译者注

[3] 帕亚尼亚（Paeania），古希腊阿提卡地区一城镇。——译者注

[4] 阿里斯托尼摩斯（Aristonymus），生平不详。——译者注

我们必须向这些老者打探消息，前行之路是康庄大道还是崎岖不平的呢？克法洛斯，我正要向你打探这方面的消息，因为你已步入诗人所称之为的‘老年之门槛’了，生活到了这个年纪是艰难不堪，还是其他什么状况？”

“苏格拉底，我会告诉你，”克法洛斯说道，“我的感受是什么样的。我们几个年纪差不多的人经常聚在一起，就像古语所说的一样，惺惺惜惺惺。大家一碰面就免不了哀声叹气一通：现在想吃什么不能吃，想喝什么不能喝。年轻时享受的种种吃喝玩乐、良辰美景都一去不复返了。现在的生活哪还叫生活呀。一些人会抱怨，就是因为上了年纪，所以遭受到了亲戚朋友的轻视、奚落、侮辱，他们非常伤感，觉得一切都是老年惹的祸。可是，苏格拉底，我却不这么看。我认为问题并非出在年纪上。如果罪魁祸首是年纪，那么我现在也处于老年了，我也该会经历同样的不幸遭遇，但我并没有遭受到呀。我也知道其他一些人也和我一样，并未觉得老年如此不幸。我清楚地记得，年纪已大的诗人索福克勒斯[1]曾遭受过一个人的质问：

“‘索福克勒斯，你对谈情说爱这种事还依然热情似火吗？’

“‘老弟，我已心如止水了。’他回答道，‘真是谢天谢地，我好像从一个疯狂狠毒的主人手里逃脱了一样轻松。’他的话我觉得非常在理，现在想想更是觉得一点没错。的确，正如索福克勒斯所说的，上了年纪的人的情欲之弦一旦松弛下来，就会变得平和安宁、清心寡欲，也会平添一份自由。我们逃脱的不是一个发疯的主人，而是许多个。苏格拉底，你要知道，那些抱怨亲戚朋友对自己不好的人，那些把遗憾和痛苦归咎于老年的人，其实原因并不在于年老，而在于人的性情，即在于人的性格和脾气。如果他们天性是心平气和、幸福快乐的，就根本不会把年龄当作压力。否则，不管是老年还是年轻，都会让人觉得是重负。”

我听了克法洛斯的这一番话，颇为钦佩，还想要他继续谈下去，于是，我用

[1] 索福克勒斯（Sophocles，约前 496—前 406），古希腊三大悲剧诗人之一，写过近 130 部戏剧。现存六部完整的悲剧：《阿加克斯》《安提戈涅》《俄狄浦斯王》《特拉基尼埃》《非洛克特忒斯》《俄狄浦斯在科洛诺斯》。——译者注

激将的方式说道："克法洛斯，我猜想，你所说的这些，恐怕大部分人都不会信服的。相反，他们会认为，你之所以觉得老年并不难过，并非因为你的快乐性情，而是因为你很富有。众所周知，财富是最大的安慰品。"

"你说得没错，"克法洛斯回答道，"他们不会信服我所说的，也有他们自认为的道理。但是，他们认为的并没有他们想象得那么有道理。我可以像色弥斯托克勒斯[1]回答塞里福斯[2]人那样来回答这些人。塞里福斯人污蔑色弥斯托克勒斯说，他的名望并非来自他的功绩，而是来自他是雅典人。色弥斯托克勒斯回答说，'我如果是塞里福斯人，我可能出不了名；但你如果是雅典人，你也同样出不了名。'对那些并不富有、嗟叹老年难过的人，我可以用同样的方式来回答他们。对于一个处于老年阶段且贫穷的正直的人来说，日子固然不轻松，但对于一个处于老年阶段且富有的不正直的人来说，他的内心不可能宁静平和。"

"我可以问一问，你拥有的财产，大部分是继承来的呢，还是靠你自己赚来的？"

"赚来的！苏格拉底，你想知道我赚了多少吗？就赚钱的本事来说，我处于我的父亲和我的祖父之间。我的祖父的名字和我的一样，叫克法洛斯，他继承了一笔财富，数量和我现有拥有的差不多，经过打拼，他的财富翻了好几倍。但我的父亲吕萨尼亚斯，把这些财产消耗到了比我现在拥有的还少的地步。我呢，给我的三个儿子留下的财产并不比我继承的少，还稍微多一些，我也就心满意足了。"

"那就是我为什么要问你的原因了，"我回答道，"因为我看到你对钱满不在乎的样子，而一些并不亲自挣钱只是靠继承获得财产的人就是这种态度。那些自己亲手赚钱的人，对自己的所获会加倍珍惜，他们对钱的热爱，就像诗人对自己写的诗和父母对自己孩子的热爱一样。赚钱者不只是因为钱对他和所有人都有用，还因为钱是他们创造的。所以，这样的人与人很难相处，因为他们口口声声谈的都是钱，除了对财富大加赞美之外，别无他求。"

---

[1] 色弥斯托克勒斯（Themistocles，约前 524—前 459），雅典著名的政治家和元帅。——译者注

[2] 塞里福斯（Seriphos），爱琴海南部基克拉泽斯群岛中的一个小岛。——译者注

“你说得千真万确。”克法洛斯说道。

“是的，差不多完全是这个样子的。不过我可以再问你一个问题吗？你想过没有，你积累了这么多财富，你从中获得的最大好处是什么呢？”

“我获得的最大的一个好处，”他说道，“对于这一点，我并不期望能使其他人信服。苏格拉底，我就跟你说说吧，当一个人想到自己快要临近死亡的边缘时，就不免心生恐惧和焦虑，这在以前却从未发生过。人世间流传的那些关于冥间的故事，比如说，如果一个人在有生之年做了恶事，到了冥间就会遭受惩罚的报应一类，曾被讥笑为无稽之谈，现在想起来却会心生不安了，他的灵魂开始遭受折磨，说不定这些事真的如此呢。无论是自己年老体弱了，还是意识到自己正一步步逼近另一个世界，他把这些事情看得清清楚楚了。他开始疑虑重重，犹如惊弓之鸟，他开始面壁思过，开始扪心自问：自己是不是对他人做过伤天害理的事？当他发现自己这一生中不知做过多少恶事时，他在睡梦中，就会像孩子一样，由于恐惧，经常从梦中惊醒，他的内心会一直处于不祥的黑暗深渊。相反，当一个人平生未做过任何亏心事，甜蜜的希望就会像诗人品达[1]所说的那样，作为他一生慈善的护理，永远伴随着他。

希望是灵魂的爱护者
使灵魂与正义和圣洁同在
希望是一生的护理师
希望是人生之旅的最好伴侣
希望是变化莫测的人生的万能领航者

“品达的诗表达得多么精彩啊！财富的最大好处就在这里。我并不是说对每一个都是这样的，对一个正直的人而言才是如此。一个正直的人因为有了财富，无论是存心与否，他都用不着欺骗他人或对他人作假了。当他去到另一个世界时，

[1] 品达（Pindar，约前 522—前 443），古希腊著名的抒情诗人，以写合唱抒情诗著称，比如《奥林匹亚颂歌》《皮托颂歌》等。——译者注

也就用不着担心曾经没有献祭品或欠了某人一笔债的问题了。财富有许多用处，然而，我对财富的好处一一进行衡量后发现，我最为认同的观点是，拥有财富的最大好处是能让一个人的内心平和宁静。”克法洛斯说道。

“克法洛斯，你说得好极了！”我回应道，“不过涉及正义这个话题的话，什么是正义呢？说实话，偿还债务，就这些是正义？仅仅这样做就是正义吗？会不会有例外呢？假如一个朋友在头脑清醒时把武器存放在了我这里，当他失去理智时想要回他的武器，我是否应该还给他呢？没有人会说我应该还给他，或者我还给他做得对。在那种情况下，我也不应该说实话。”

“你说得完全正确。”克法洛斯回应道。

“那么，”我说，“说实话和偿还他人债务，对于界定什么是正义并不合适。”

“十分正确，苏格拉底，”玻勒马霍斯插话道，“如果我们相信西蒙尼德[1]的话。”

“我恐怕，”克法洛斯说道，“我现在必须离开了，因为我要去敬献祭品了。我就把这个话题交给玻勒马霍斯和你们大家了。”

“这么说，玻勒马霍斯就是你的继承人了？”我说道。

“千真万确！”他回答说，然后笑着出去献祭了。

我转向玻勒马霍斯：“那就接着往下谈吧，辩论的继承人，根据你的理解，西蒙尼德所说的正义到底是什么意思呢？”

“他说‘欠债偿还就是正义’，我觉得他说得对。”

“对于像西蒙尼德这样明智、优秀的人物持怀疑态度，我深感抱歉。虽然他所说的意思对你而言是清晰明了的，但对我而言，却是模糊不清的。他所说的意思显然不是我们刚才所说的那个意思，即一个人把武器一类的东西托人保管，当这个人头脑不正常时，托管人还是会还给他。不可否认的是，这里的所欠之物就是托管的东西。”

“正确。”

---

[1] 西蒙尼德（Simonides，约前 556—前 468），古希腊抒情诗人之一，品达同时代的诗人。据说他是一位“宫廷诗人”，常常受到僭主们的重用。——译者注

“那么，这个人头脑不正常时，要求我把托管的武器还给他，我不管怎样都要还给他了？”

“当然不能还给他。”玻勒马霍斯回应道。

“当西蒙尼德说‘欠债偿还就是正义’时，他的意思并未包括这种情况？”我说道。

“当然不包括，因为他认为朋友之间要友善相待，而绝不会相互为恶。”

“你的意思是说，如果双方是朋友，把一方存放的金子还给另一方，对存放方或收取方有害的话，就不是偿还债务了。这是你想象的西蒙尼德所说的意思吗？”

“是的。”

“那么，敌人也应该收取我们欠他们的了？”我追问道。

“当然要收取，”玻勒马霍斯说，“他们要收取我们欠他们的。不过，我认为，敌人欠敌人的，不管正确与否，都只能说是恶。”

“西蒙尼德用诗人的表述方式，把正义的本质说得含混不清。他的实际意思应该是想说，正义就是把合适的东西还给每一个人，这就是他所谓的还债。”

“这应该就是他所说的意思。”玻勒马霍斯说道。

“宙斯在上！要是有人问他：‘医术所谓的还债是什么意思呢？什么才是合适的东西呢？给什么、给谁是正确的呢？’那么，你认为他会怎么回答我们呢？”

“他一定会回答：‘把医术给药物，把肉食、饮品给人类的身体’。”

“那么烹饪术的还债是什么意思呢？给什么、给谁是正确的呢？”

“把佐料给食物。”

“那么，正义是要给予什么呢？是要给谁呢？”

“苏格拉底，如果我们说话要保持前后连贯一致，那么，正义就是把友善给朋友，把邪恶给敌人。”

“对朋友要友善，对敌人要邪恶，那么，这是西蒙尼德的意思吗？”

“我认为是的。”

“当一个人生病的时候，谁是最能够给他的朋友友善、给敌人邪恶的人？”

“医生。”

“当人们在航海遇到风急浪险的时候，谁是最能够给他的朋友友善、给敌人邪恶的人？”

“舵手。”

“那么，一个正义之士采取什么行动，引发何种结果，最能够对敌人造成危害而对朋友带来益处？”

“在战争中为抗击敌人而形成联盟的时候。”

“但是，如果一个人的身体是健康的，我亲爱的玻勒马霍斯，就不需要医生了？”

“对。”

“当人们不航海的时候，也不会需要舵手了？”

“是的。”

“那么，在和平时期，正义也将会是无用的了？”

“我并不这样认为。”

“你认为正义无论在和平时期还是战争时期都是有用的？”

“是的。”

“就像农耕是为了获得五谷？”

“是的。”

“就像制鞋是为了获得鞋子，那就是你的意思吗？”

“是的。”

“那么，你说说看，正义在和平时期，会有什么样的用处？会获得什么样的权力？”

“苏格拉底，正义在和平时期的用处体现在签订契约上。”

“你所谓的签订契约，是指合伙关系吗？”

“正是这个意思。”

“下棋的时候，一个正义之士和一个下棋高手，谁是好的合伙人？”

“下棋高手。”

“在用砖、石造房子的时候，一个正义之士和一个建筑师，谁是好的合伙人？”

“建筑师。”

“正如在弹琴的时候，琴师比正义之士更适合做合作伙伴，那么，请问玻勒马霍斯，在哪种伙伴关系上，一个正义之士比琴师更适合做合作伙伴？”

“在金钱交易上。”

“是的。但玻勒马霍斯，我们还是撇开这个金钱关系来谈吧。你在买或卖马匹时，你不会想要一个正义之士帮你咨询，而是想要识马的伯乐吧？后者才是好的合作伙伴，对吗？”

“当然是后者。”

“当你想要购买一艘船时，造船师或舵手才是更好的合作伙伴吧？”

“没错。”

“那么，在使用共同拥有的金子或银子时，一个正义之士便是最佳选择了吗？”

“苏格拉底，你想这些钱能得到安全保管时，最好是正义之士。”

“你的意思是说，当你不需要用钱，而只是保管钱的时候吗？”

“我就是这个意思。”

“那就是说，当金钱无用之时，才是正义有用之时？”

“大致是这个意思。”

“当需要保管好修剪枝条的剪刀时，正义对于个人和公众都是有用的；但当你想要用其修枝剪叶时，则是修剪葡萄枝的技术有用了？”

“显而易见。”

“你想要保管盾牌或琴而不使用的时候，你会说正义是有用的；但当你想要使用它们的时候，战士和琴师的本领才是有用的了？”

“当然是这样。”

“所有的事情统统都是这样的吗？正义有用，它们无用；正义无用，它们有用？”

“你的推断有道理。”

“那么，这样看来，正义没有多大的用处。还是让我们进一步来探讨这个问题吧：在拳击比赛或其他类型的打斗中，是不是最善于出击的人也是最善于防御的人？”

“当然是的。”

“那么，是不是最善于预防或逃脱疾病的人也是最能创造疾病的人？”

“你说得对。”

“那么，一个最善于防守营地的人也是最能够侦察和偷袭敌人的人？”

“当然是的。”

“那么，一个能保管所有东西的人是不是也是高明的小偷？”

“这个嘛，我想，可以这么推断。”

“那么，如果正义之士擅长保管钱财，他也擅长窃取钱财了？”

“在这个辩论中隐含着这个意思。”

“那么，最终，正义之士竟然变成了一个盗贼。我猜测，这个教训你恐怕是从荷马那里学来的吧，因为荷马非常称颂奥德修斯[1]的外祖父奥托吕科斯，说‘他在盗窃和伪誓方面，简直是举世无双’。所以，根据你、荷马和西蒙尼德的意思，正义不过是一种盗窃术而已，不过在实践过程中，却是‘为了有益于朋友和有害于敌人’才会干的。玻勒马霍斯，你所说的是不是这个意思？”

“不，我说的根本不是那个意思！虽然我不知道我刚才到底说了什么，但我仍然坚持最后的那些话，正义就是为了帮助朋友、伤害敌人。”

“那好，不过还有一个问题：我们所谓的朋友和敌人，是实质上就是，还是只是看起来像是？”

“当然是实质上的，”玻勒马霍斯说道，“一个人总是期望爱那些他认为是友善的人，憎恨那些他认为是邪恶的人。”

“是的，但是不会有人搞错，把许多好人当成坏人，又把许多坏人当成好人吗？”

“这种情况会有的。”

“那么，这种情况下，人们岂不是把好人当成了敌人，把坏人当成了朋友？”

“毫无疑问是这样。”

“那样的话，他们对坏人帮助，对好人施害，岂不是正义的了？”

---

[1] 奥德修斯（Odysseus），荷马史诗中的英雄人物之一，《奥德赛》的主人公。——译者注

“看来是这样。”

“但是，好人是正义的，不会做不正义之事？”

“是的。”

“那么，根据你的推断，伤害不做不正义之事的人倒是正义的了？”

“不是，苏格拉底！看来我的看法有问题。”

“那么，我猜想，我们应该对正义之士友善、对不正义之士施害。”

“我更喜欢这个说法。”

“但是，我们来看一看结论：许多对人性无知的人，通常交的是坏朋友，在这种情况下，他应该是有害于他们的。他的一些敌人反倒是好人，他应该有益于他们。因此，如果是这样的话，我们会说，我们的意思则会与西蒙尼德的相反：对敌人帮助，对朋友加害。”

“真的意思相反了！”玻勒马霍斯说道，“我想我们应该纠正一个错误，我们没有正确使用‘朋友’和‘敌人’这两个词语。”

“玻勒马霍斯，错误在哪儿呢？”我问道。

“我们假设，他是朋友，他就看起来是友好的，或被认为是友好的。”

“那我们应该怎样来纠正这个错误呢？”

“我们应该说，他是朋友的话，不仅看起来是友好的，实际上也是友好的。如果他看起来是友好的，实际上并不友好，那么他就只是看起来是朋友，实际上并不是朋友。对于是不是敌人，道理也一样。”

“你会坚持认为，友善之人是我们的朋友，糟糕之人是我们的敌人？”

“是的。”

“我们最开始时只是说，正义就是友善对待朋友，伤害加之敌人。我们在此应该加一句：正义就是友善对待友善的朋友，伤害加之行恶的敌人。”

“是的，这样我觉得很在理了。”

“但是，一个正义的人能伤害任何人吗？”

“毫无疑问，他应该伤害那些即是邪恶的又是敌人的人。”

“当马受伤了，它们是变好了还是变坏了呢？”

“变坏了。”

“那就是说，是马的品质而不是狗的变坏了，是吧？”

“是的，是马的。”

“狗变坏了，是狗的品质变坏了，而不是马的，是吗？”

“当然是狗的。”

“是不是那些受伤的人，他们的良好德性也变坏了呢？”

“当然是的。”

“那正义是人的德性吗？”

“确实是。”

“那么，受伤的人一定会变得不正义了？”

“结果不是明摆着的吗？”

“但是，音乐家会通过其音乐艺术让人变得不懂音乐吗？”

“当然不能。”

“骑马者能通过其骑马术使人变得不会骑马吗？”

“不可能。”

“那么，正义之士通过正义会使人变得不正义，或者换句话说，好人通过德性会使人变成坏人吗？”

“不可能。”

“任何的热会产生冷吗？”

“不能。”

“任何的干旱会产生潮湿吗？”

“显然不能。”

“好人不会伤害任何人吗？”

“不可能。”

“正义之士是好人吗？”

“当然是的。”

“那么伤害一个朋友或任何其他人不是一个正义之人会做的事情，恰恰相反，是不正义之人会干的事情？”

“苏格拉底，我认为你所说的千真万确。”

“那么，如果一个人说，正义包括欠债要还，善就是一个正义的人欠朋友的债，恶就是他欠敌人的债。这样说是不明智的，因为这不可能是真的，显而易见，对另一个人的任何伤害无论如何都是不正义的。”

“我同意你的看法。”玻勒马霍斯说。

“要是有人把‘正义就是助友害敌’这个看法归属于西蒙尼德、毕阿斯[1]或庇塔库斯[2]，或任何其他明智或有远见的人，那么，你和我就要准备拿起武器来攻击他了。”

“我已经准备好参加这场战斗了。”玻勒马霍斯说道。

“我要告诉你我相信是谁说的这话吗？”

“谁说的？”

“我认为要么是佩里安德[3]，要么是佩尔狄卡斯[4]，要么是薛西斯[5]，要么是忒拜[6]人伊斯墨尼阿斯[7]或其他有钱或自以为有势的人，是他们这样的人最先说正义就是‘助友害敌’。”

“你大概是对的。”玻勒马霍斯说道。

“是的，”我说道，“如果这个正义的定义不能成立，那么会提供什么样的正义

---

[1] 毕阿斯（Bias），生活于公元前6世纪，普里恩涅人，古希腊政治家、立法家、哲学家，被誉为“古希腊七贤”之一。——译者注

[2] 庇塔库斯（Pittacus，前650—前570），古希腊政治家，被誉为“古希腊七贤”之一。——译者注

[3] 佩里安德（Periander，前665—前585），古希腊政治家，在科林斯实行僭主统治长达40年，也被誉为“古希腊七贤”之一。——译者注

[4] 佩尔狄卡斯（Perdiccas），马其顿国王佩尔狄卡斯二世，约前450—约前413年在位。——译者注

[5] 薛西斯（Xerxes），即波斯帝国国王薛西斯一世，约前485—前465年在位。——译者注

[6] 忒拜（Thebes），希腊中东部波奥蒂亚州主要城市，古希腊重要城市，是希腊神话的重要发生地之一。——译者注

[7] 伊斯墨尼阿斯（lsmenias），忒拜政治家。——译者注

定义呢？”

当我们正在谈话的时候，色拉叙马霍斯好几次都想插话加入辩论，都被其他人给阻止了，他们想听到最后的结论。但是，当玻勒马霍斯和我说话期间稍有一点停顿，色拉叙马霍斯就见缝插针，振作精神，一个箭步冲过来，就像一个野兽要一口吞掉我们似的。我们看到他这个样子着实吓了一大跳。

色拉叙马霍斯面向所有的人大声吼道："苏格拉底，什么胡话，把你们搅得晕头转向？你们为什么像白痴一样你吹我捧的。你们要真是想弄清楚什么是正义，就不应该只是提问题，再以驳倒人家的方式来显示自己是多么有能耐。你们要有自己的回答。有许多人能够提出问题，但是不能回答这些问题。现在我可不想听你胡扯什么正义是一种责任，或者是一种有益之物，或者是一种利益好处，或者是什么报酬利润之类的话。这类胡说八道我一概不想听，我需要清楚、精确的关于什么是正义的界定。”

听他说了这一番话后，我显得有些惊慌，愣愣地看着他，觉得自己有些发抖。的确，我相信，如果我没有一直盯着他，我肯定会变哑的。但我看到他火冒三丈时，我已先看到他的这个表情了，所以我还能对他做出回应。

“色拉叙马霍斯，”我战战兢兢地说，“你可别让我们下不了台啊。如果我和玻勒马霍斯在辩论过程中出现了一点错误，但我敢肯定我们并不是故意的。要是我们的目的是寻找金子，我们就绝不会只管想到吹捧结果而耽误了找金子的机会。现在我们要寻找的是正义，它的价值可比金子高多了。我们哪里会这么傻，只管相互讨好而不尽心尽力去寻找正义呢？我的好朋友啊，我们可是在全力以赴地寻找啊，只不过有点力不从心。你们这样聪明的人理应同情我们，而不是苛责我们。”

色拉叙马霍斯听了我的话后，挖苦地大笑着回答道："这就是苏格拉底的著名的反讽风格。我早已领教过了，也跟在座的人提醒过了。苏格拉底，大家问你什么问题，你总是不愿意自己回答，而乐意使用讥讽或假装无知，回避正面回答别人的提问。”

“色拉叙马霍斯啊，你可是个聪明的人！”我回应道，“如果你问人什么数字乘以什么数字是 12，同时又告诉他：‘不准回答 2 乘以 6、3 乘以 4、6 乘以 2、4 乘以 3，这些废话我可不要听。’我想，你自己也十分清楚，这样的提问法明摆着没有人能够给出回答的。但是，如果这个人问你：‘色拉叙马霍斯，你说的是什么意思？你不让我回答的内容我都不能说了吗？如果其中刚好有一个答案是对的，难道我必须放弃那个正确答案而去给出一个错误的答案吗？你这样不是故意让人答错吗？你到底是什么居心啊？’那你怎么回答他呢？”

“你把这两件事说得好像完全是一回事一样！”色拉叙马霍斯嗤之以鼻地说道。

“为什么不可以说它们是差不多的？就算不是一回事，那被问的人明明知道其中有一个答案是对的，你我还要禁止人家说出他认为正确的回答吗？”

“那么，我猜测，你一定是想要拿一个我禁止的答案来回答我了？”

“如果我考虑清楚以后，觉得应该这么做，那么，我这样做了，就没有什么好大惊小怪的了。”

“但是，关于正义，如果我给出一个比其他任何人的答案都要好的答案，我就看你怎么接受惩罚吧！”色拉叙马霍斯说。

“惩罚！除了接受无知的惩罚外，还能有什么惩罚。我必须向你们这样的聪明人学习，这就是我要受到的惩罚。”

“什么！不罚钱？你想得倒是挺美的！”色拉叙马霍斯说，“不过，除了学习之外，还得罚钱。”

“要是有钱的话，我倒乐意受罚的。”我回答道。

“这没有问题，”格劳孔插话道，“色拉叙马霍斯，你不用担心罚钱的事情，你继续往下讲，我们都愿意替苏格拉底出罚款。”

“你们看，一点没错，苏拉拉底又在玩他那套把戏了，”色拉叙马霍斯说，“他不愿自己来回答，别人回答后，他又推翻别人的回答。”

“为什么，我的好心肠的朋友啊，”我说道，“一个人在这种情况下，怎么能自己回答呢？首先，他不知道答案，而且自己也承认不知道；其次，就算他有些模糊不清的想法，也会让权威人士给阻止不让说出来，不是吗？现在当然要请你来讲一讲才更合适，因为你胸有成竹地说你知道。那就请你不吝赐教，对格劳孔和我们这些人多多指教，我自己当然也会洗耳恭听的。”

当我说到这里时，格劳孔和其他人也请色拉叙马霍斯给我们大家讲一讲。他本来就跃跃欲试，自认为有一个高明的答案，想在大家面前露一手。可是，他又装模作样谦让一番，要我先讲，最后他终于同意讲一讲了。

“好，你们听着！”色拉叙马霍斯说道，“这就是精明的苏格拉底，他自己拒绝去教别人，还处处向人学习，学了之后连一句‘谢谢’都没有。”

“你说的我处处向他人学习，”我回答说，“倒是真的。可是，我一点感谢也没有，这我完全不同意。用钱来表示感谢，我倒是没有，因为我是个一文不名的人。所以，我所能用的感谢就只有表扬称赞一类的方式了。我时刻准备着称赞对我而言给出了好的答案的人，你一回答，马上就会看到这个情形的，因为我期待着你精彩的回答。”

“那么，听着！”色拉叙马霍斯说道，“我的观点就是，正义不是别的什么，就是强者的利益。现在，你怎么不对我的主张拍案叫绝啊？当然，你根本不会的。”

“先要让我弄明白你的意思，”我回答道，“如你所说，正义是强者的利益，那么，色拉叙马霍斯，你说的这是什么意思呢？你说的总不会是这样的意思吧：因为全能运动员波吕达玛斯比我们强壮，他发现吃牛肉对强壮他的身体有好处，那么吃牛肉对我们这些比他身体弱的人也是有好处的，这对我们既是恰当的又是正义，是吗？”

“苏格拉底，你太可恶了，你就这样接过我的话，想毁掉我们的辩论。”

“我绝没有这个意思，正直的人，”我说道，“我不过是想把你的意思弄个水落石出罢了。”

“难道你不知道，城邦的统治者，有的是僭主式的独裁统治者，有的是民主统治者，有的是贵族统治者？”

“是的，我知道。”

“那么每个城邦的政治体制就是统治的力量，是吗？”

“当然是的。”

“政治体制的形式不同，根据各自的利益制定的法律就不同。民主政体制定民主的法律，贵族政体制定贵族的法律，僭主政体制定僭主的法律。这些法律都是为了他们自己的利益而制定的，他们把这些法律诏告民众：凡是对政府有利的对民众就是正义的，谁不遵守就是违法犯罪，就是不正义之人。所以，我的意思就是，在任何城邦中，正义原则是同样的，所谓的正义就是当政者的利益。因为当政者是掌权者，唯一合理的结论就是，无论在哪里，只有一条正义原则，那就是，正义就是强者的利益。”

“现在，我完全理解你的意思了。”我说道，“你说得对不对，我要仔细琢磨琢磨。色拉叙马霍斯，你刚才说，正义是‘利益’，你又不让我用‘利益’这个词语。这也没什么，可是，你又在‘利益’前面加上了‘强者的’几个字。”

“这是个无足轻重的界定，你应该允许的。”色拉叙马霍斯说。

“到底重要还是不重要，现在还很难说。我们必须对你说的是不是站得住脚探出个究竟来。你我都同意，正义是某种利益，但你又加上个‘强者的’，所以，我得好好想一想，到底是什么意思。”

“你尽管想吧！”

“我会想的。请你先告诉我，你承认公民服从统治者就是正义，是吗？”

“我承认。”

“可是，城邦的统治者总是一贯正确呢，还是也难免会犯些错误呢？”

“这还用说！他们当然免不了也会犯错误的。”色拉叙马霍斯说道。

“那么，统治者在立法的时候，是否会有的法立得对，有的则立错了呢？”

“会出现这样的情况。”

“当统治者立法正确的时候，这个法律就对他们自己的利益有利，而立错的法则会对他们自己不利，而对公民有利。你认为是这样的吗？”

“是的。”

“统治者制定的法律，公民必须服从遵守，这就是你所谓的正义？”

“没错。”

“那么，照你的推理，公民遵守对强者有利的法律是正义，遵守对强者不利的法律也是正义了？”

“你在说些什么呀？我真有点搞不明白。”色拉叙马霍斯问道。

“我认为，我只是在重复你说过的话罢了。但还是让我们来考虑一下：我们是不是已达成一致意见认为，统治者在发号施令的时候，也可能会犯错误从而侵犯到他们自己的利益，但公民服从他们也是正义的？”

“是的。”

“那么，你必须得承认，正义有时候并非有利于统治者即强者的，因为统治者无意之中也可能制定出对自己不利的法律。你却说，公民遵守统治者制定的法律就是正义的。哦！聪明智慧的色拉叙马霍斯啊，你现在不是走向了与你开始定义的正义意思相反的道路了吗？在这种情况下，弱者遵从号令去做的事，是违背统治者利益的，不正是对统治者有害的事吗？”

“苏格拉底，你说得再清楚不过了。”玻勒马霍斯说道。

“是的，”克勒托丰插话道，“你暂且做个见证人。”

“但根本不需要见证人，”玻勒马霍斯说道，“色拉叙马霍斯自己已承认，统治者有时候会发出有损于他们自己利益的号令，而让公民遵守这些号令却是正义的。”

“是的，玻勒马霍斯。色拉叙马霍斯说的是，公民遵守统治者的号令去做事是正义。”克勒托丰说道。

“是的，克勒托丰。他也说过，正义是强者的利益。承认这两条以后，他又承认：强者有时候会对弱者即公民发号施令，让他们去做不利于强者的事情。照这个推理，正义可能是强者的利益，也可能是强者的害处。”玻勒马霍斯说道。

“但是，”克勒托丰说道，“色拉叙马霍斯的意思是，所谓强者的利益，是强者自认为对自己有利的事情，也是弱者非干不可的事情。这才是色拉叙马霍斯确信的正义的意思。”

“这可不是他说的。”玻勒马霍斯再次加入了辩论。

“不要紧，”我回应道，“如果色拉叙马霍斯现在说这些话是他说的，我们就暂且接受他的意思表述。色拉叙马霍斯，请你告诉我，”我说道，“你所说的正义是不是指强者心目中自认为的利益，我们可不可以这样认为？”

“当然不可以。你怎么会认为，我会把一个犯错误的人在犯错误之时称之为强者呢？”

“我就是这样认为的，”我说道，“你给我留下的印象，就是这个意思，因为你承认，统治者不可能一贯正确，他们也有犯错误的时候。”

“苏格拉底，你真是个诡辩家！医生给病人治病，但看错了病，你是不是在他看错病时还称他为医生？会计算账算错时，你是不是还称他为会计？文法家在犯文法错误时，你是不是还称他为文法家？当然不会。这种说法太不准确了。虽然他们犯了错误，但我们还是称他们为某医生、某会计、某文法家。事实上，如果他们名副其实，就不应该犯错误。严格来说，当然你很喜欢严格的，艺术家也好，手工艺者也好，都不应该犯错误。我们知道，只有知识不够才会犯错误。错误犯到什么程度，他会名不副实到什么程度。手工艺者、贤哲人士如此，统治者也是如此。如果统治者是真正的统治者，是不会犯错误的，他总是会制定出种种符合自己利益的法律，让公民遵从执行。所以，我一开始就说过，现在还是坚持那句话：正义就是强者的利益。”

“你的确是这样认为的，色拉叙马霍斯，你认为我真的看起来像个诡辩者吗？”

“那还用说！”色拉叙马霍斯回答道。

“那么，你估摸着我问你这些问题是故意要伤害你吗？”

“不对，”他回答道，“用‘估摸着’这个词不对，我根本就是知道。其实，你既不能伤害我，也不能通过辩论征服我。”

“我亲爱的色拉叙马霍斯，我不会这样做！但是为了避免我们之间接下来在辩论中发生误会，让我问你一个问题，请你明确告诉我，当你在谈论一个统治者或强者的利益时，你是在什么意义上讲的——他成为居高临下者，仅仅因为弱者应该执行他的命令？你是在严格意义上还是在一般意义上讲的？”

“在严格意义上讲的，”色拉叙马霍斯回答道，“那么，如果你能，现在就尽管耍花招，玩诡辩吧。你不用手下留情。可惜，很遗憾，你永远不能这样做。”

“你太有想象力了，”我说道，“我会如此疯癫敢在你色拉叙马霍斯面前班门弄斧吗？我怎么敢在狮子头上拔毛啊！”

“喂！”色拉叙马霍斯说道，“你刚才不是试过了吗？不过，你失败了。”

“够了，”我说道，“客套话一类的就少说了。最好还是我来问你一个问题：照你的严格意义来说，医生是治病救人的人还是赚钱的人？请你好好记住，我所说的是真正的医生。”

“医生是治病救人的人。”色拉叙马霍斯回答道。

“那么舵手呢？真正的舵手是航海的船长还是一个普通的水手？”

“航海的船长。”

“不用考虑他是不是正在轮船上航行，也不用考虑他是不是叫水手。我们叫他为舵手，并不是因为他在航行，而是因为他自己的技能，因为他有超过水手的权威。”

“一点也不假。”色拉叙马霍斯说道。

“现在，”我说道，“我想问的是，每种技艺都有自己的利益，是吗？”

“当然有。”

“技艺就是考虑和提供这种利益吗？”

“是的，这就是技艺的目的。”

“技艺的利益除追求本身的尽善尽美之外，还有别的追求吗？”我问道。

“我的意思是什么，我会通过身体的负面例子来说明。假如你问我身体是自我满足就足够了呢，还是别有他求？我应该会回答：当然身体还有他求。这就是发明医术的缘由，因为身体终究是会生病的，为了获得治愈，就发明了医术。这一点你会认同，我说得对吗？”

“完全正确。”色拉叙马霍斯回答道。

“但是，医术本身是否有所欠缺呢？或者说，是不是任何其他技艺都会在品质方面有所欠缺，就像眼之欠缺视力、耳之欠缺听力一样，因此要求另外一种技艺，本身就能提供视力和听力的益处？我要说的是，这种技艺本身是不是又有缺陷，又需要另外一种技艺来提供益处使其得到完善呢？会如此循环下去，无穷无尽吗？每种技艺只是仅仅各求自身的益处呢，还是因为它们没有错误或缺陷，它们不需要通过自身的技艺或其他技艺来获得修正，它们并不需要求自身利益或其他利益？事实上，技艺本身是纯正无暇且完美无缺的，除寻求对象的利益之外，不应该去寻求与其他事物有关的利益。严格意义上的技艺，是与自身的本质完全吻合的，是完全正确的。你是这样认为的吗？我们都是在根据你所谓的严格精确意义来谈论的。”

“是这样的，非常清楚。”

“那么，医术所寻求的不是医术的益处，而是对人体的益处，是吗？”

“是的。”

“骑马术也不是为了骑术本身的益处，而是马的益处。任何技艺并不是为本身的益处，都是为了其对象服务的。”

“确实如此。”

“但毫无疑问，色拉叙马霍斯，技艺是它们对象的领导者和统治者。”

就这一点，色拉叙马霍斯表示同意，但看得出来是极不情愿的。

“那么，”我说道，“没有一门知识或技艺只是顾及寻求强者或领导者的利益而不顾及弱者或下属利益的。”

色拉叙马霍斯开始想辩驳一下，最后还是放弃了辩驳。

“那么，”我继续说道，“没有哪个医生，只要他还是一个医生，谋求的是病人的利益而不是自己的利益，是吗？我们是不是已经同意了，一个真正的医生是把人的身体作为关照对象的，而不仅仅是个赚钱者？”

“是同意了。”

“那么，严格意义上讲，舵手是水手们的统治者，而不仅仅是个普通的水手，是吧？”

“这一点我认可了。”

“这样的舵手或统治者，他要照顾的不是自己的利益，而是他管理的水手们的利益。”

色拉叙马霍斯勉强同意了这个观点。

“那么，”我说道，“色拉叙马霍斯，在任何城邦里，当一个统治者还是统治者的时候，他不能只顾及自己的利益而不顾及公民的利益，他的言行举止都得为公民的利益着想。”

当我们讨论到这个论点时，所有人都明白了，正义的定义已完全颠倒过来了。色拉叙马霍斯没有回答，而是问道："苏格拉底，请告诉我，你有过奶妈没有？"

"你怎么会问这样的问题？"我说道，"该你回答的问题你怎么不回答？"

"因为你流鼻涕她不管，不但不帮你擦鼻涕，而且也不让你知道羊和牧羊人有什么区别。"

"什么使得你说出这样的话来了呢？"我回应道。

"因为在你的想象中，牧羊人或牧牛人把牛羊喂得膘肥体壮，只是出于牛羊的利益，而并非出于他们自己或他们的主人的利益。你进而想象，城邦的统治者在他们真正实施统治的时候，并没有把自己的公民作为上面所说的绵羊；你认为他们日日夜夜操心，并非专门为了他们自己的利益。苏格拉底啊，根本不是这样的，因为你并未真正理解什么是正义和不正义。无论是正义还是正义的人，只要谁是强者，谁是统治者，他就为谁效劳，而并不是为那些受苦受难的公民和听人差遣的人服务。而不正义却正好相反，不正义就是骑在纯朴正义者头上的强者。公民为统治者的利益效劳，为统治者的快活而劳碌奔波，他们自己却一无所有。再深入想一想吧，愚蠢至极的苏格拉底！正义之人和不正义之人打交道，正义之人总是处处吃亏。首先，在做生意的事情上，不管怎样，只要正义之人和不正义之人一起合伙做生意，虽然私下签订了合同，但是当解除合同时，一定是不正义之人分得多一些，而正义之人分得少一些。其次，看看他们和城邦的关系吧。当城邦征收税款时，虽然两个人的收入水平一样，但总会是正义之人交得多，而不正义之人交得少。而当有余款退回时，总是不正义之人得到的多，而正义之人什么也没有得到。再来看一看这两种人在担任公职后会出现什么情况吧！对正义之人而言，就算在别的方面没有什么显眼的损失，但由于他无暇顾及自家的事业，而使其荒芜无收。加之他坚持正义，他不愿意以权谋私，从没有想过要从公家那里捞些什么好处，反而遭到自己的亲戚朋友的憎恨，因为他不愿用非法手段给他们提供帮助。而不正义之人，与之刚好相反。也就是我上面讲的那种懂得大捞好处的人，这种人是把坏事做到极致的人。我想举个不正义之人的极端例子，那就是罪犯，这样一来，我到底要表达什么意思你就会很清楚了。罪犯是最快活的人，而那些不愿意做不正义之事的人却是受苦遭罪的人。不正义的最高级别算得上是独裁了，即利用欺诈和暴力把别人的财产抢夺到手，他们根本不会理睬这些财产是公家的还是私人的，是神圣的还是世俗的，他们的劫掠不是小打小闹，而是肆无忌惮地巧取豪夺。如果一个普通人犯了错误，一旦被查出来，就会受到严厉的处罚，还会名誉扫地，被认为是大逆不道之人，被骂成强盗、窃贼、小偷、拐骗者等。可是，那些不仅掠夺公民钱财，而且剥夺公民人身自由将其卖身为奴的人，不但不会落下前面所讲的那些恶名，还会被人认为是幸福快乐的人，不仅被他们统治的公民如此说，就连那些亲耳听到他们冒犯了全部正义的人也这么认为。一般的人会谴责不正义，并不是因为他们害怕做不正义之事，而是因为他们害怕做不正义之事带来的后果。所以说，苏格拉底，你现在知道了吧，就像所说的那样，不正义只要干得大，就比正义更有力量、更自由、更像是主人。就像我在一开始辩论时所强调的那样，正义就是强者的利益，而不正义则是一个人自己的益处和利益。”

色拉叙马霍斯仿佛是一个澡堂里的伙计，把大桶的高谈阔论劈头盖脸浇灌下来，弄得我们满耳朵都是水。他泼完高论之后就打算扬长而去。但在座的人都不让他走，他们坚持要他留下来为自己的说辞做出申辩。我也提出小小的请求，肯请他留下。

“无比高明的色拉叙马霍斯啊，你说得太精彩了。你还没有给我们大家解释清楚，还没有让我们对你所说的进行证实，你就想溜之大吉了吗？你是不是认为探讨一个人的生活方式问题是个微不足道的小问题？我们究竟做哪种人才是有益的呢？”

“我并不认为，对这个问题的重要性的看法，我们之间会有什么区别。”色拉叙马霍斯说道。

“看起来你对我们的问题并不怎么关心，对我们的问题考虑得也不多。由于我们没有你自称的那些智慧，关于做什么样的人这个问题，我们不理解如何做算是好，如何做会是不好。请你不吝赐教，对我们这些人开导开导，你让我们受到的益处，将来一定会有丰厚回报的。但是，我要把我的看法向大家表达出来，我并没有被你说服。即使一个人不受限制，可以为所欲为去做不正义之事，我也不认为不正义比正义更有益。色拉叙马霍斯，我想，即使不正义之人能通过欺骗或暴力去干坏事，我还是不相信不正义会更有利。也许不只是我这样认为，在座各位恐怕也是这么想的。或许我们的想法是错误的，那就请你用你的聪明智慧来开导开导我们，让我们确实会认为：不正义比正义更有益。”

“如果我说的话你们一句也听不进去，我怎么可能说服你们呢？我还能有什么办法吗？难道你要我把这个道理硬塞进你们的脑袋里去吗？”

“天神在上，当然不是这样。但是，你说过的话，请你不要更改了，这样你的意思就能一以贯之了。如果你更改的话，就请光明正大地讲出来，可不要耍什么花招，偷梁换柱地来欺瞒我们。色拉叙马霍斯，我要提醒你一点的是，如果你仔细回顾一下我们刚才的辩论，你就会发现，虽然你对什么是真正的医生下了确切的定义，但对界定什么是真正的牧羊人时，却没有这样严格地来进行界定。你认为，牧羊人在放牧羊群时，只要把它们喂饱就算是牧羊人了，他并不为羊群的利益着想，他像个好吃鬼一样，只想到羊肉的美味，或者像个羊贩子一样，只想在羊身上赚到钱。这样的牧羊人完全只是为了自己的私利，并不像个牧羊人。但是我认为，牧羊的技艺当然在于想方设法使羊群获得最大的利益，因为技艺本身的完美无缺就在于能够名副其实地提供本身的完美利益。我认为这同样适用于统治者。无论这个统治者是身处治理城邦之中还是身处私人生活之中，他的统治技艺只能用于谋求他的公民和被治理者的益处。那么，你认为那些真正统治城邦之人，都会喜欢干这类差事吗？”

“不会乐意干的，这一点我敢肯定。”色拉叙马霍斯说道。

“色拉叙马霍斯，这是为什么呢？为什么有些人不愿意担任管理职务？因为他们想要得到报酬，因为他们认为担任管理职务是在为公众而不是他们自己谋利益。那么，就让我问你一个问题：每种技艺各有不同，是不是因为它们各自的功能不同？我亲爱的无与伦比的朋友，请你告诉我们，你到底是怎么想的，否则我们就没法辩论下去了。”

“是功能不同，区别就在这里。”

“每种技艺都会给我们一种不同的益处，而不会提供一模一样的益处。比如说，医生会给我们健康，航海术会让我们航海安全，等等。”

“是的，你说得没错。”

“挣钱的技艺给我们钱，但我们不能把这个技艺与其他技艺混为一谈。就算是一个舵手的健康因为航海而有所改善，也不能把医术和航海术混为一谈。但是，如果根据你的严格定义，航海术和医术会变成一回事吗？”

“当然不会。”

“如果一个人在挣钱过程中身体变得更健康了，我想，你不会把挣钱术称为医术吧？”

“我应该不会。”

“如果一个人在给人治病时因为收取费用而获得了报酬，你会不会把他的医术称为挣钱术呢？”

“当然不会。”

“那么，我们都承认，”我说道，“每种技艺的益处都是限于技艺本身的，是吗？”

“是的。”色拉叙马霍斯说道。

“如果有一种益处是所有技艺师都享有的，那么，这是不是因为他们都需要使用某种共同的东西呢？”

“是的。”

“当一个技艺师获得的益处是金钱报酬时，那么，这是由他的挣钱技艺带来的益处，而不是他的技艺专长带来的，是吗？”

他非常不情愿地说：“是的。”

“那么，技艺师所获得的报酬不是由于他们各自擅长的技艺。但事实是，医术带来健康，建筑师的技艺就是建造房屋。使技艺师们获得金钱的益处则是挣钱术带来的。各种技艺都会干分内之事，由此带来技艺本身的益处。如果技艺师们没有从其技艺中获得金钱报酬，他会获得其他益处吗？”

“我想不会。”

“但是，当他工作不要报酬时，他因此就没有获得任何益处吗？”

“确实，他没获得任何益处。”

“那么，色拉叙马霍斯，现在事情非常清楚了。没有一种技艺或统治术是为了它本身的利益的。正如我们前面说过的那样，统治者的一切操持都是为了公民的利益，公民是弱者而不是强者。他们为的是弱者的利益，而不是强者的利益。这就是原因所在，我亲爱的色拉叙马霍斯。所以我现在要说的是，没有人会心甘情愿去做一个统治者，因为没有人喜欢把与他们自身无关的纠正邪恶一类的政务之事揽给自己，况且做这种事没有多少报酬。一个人一旦做了统治者，他必须要获得报酬，因为在做管理工作和发号施令时，作为真正的技艺师，他根本不会顾及自身的利益，他只关注工作对象的利益。他必须获得这三种报酬中的一种：要么是金钱，要么是荣誉，要么是因拒绝而受惩罚。”

“苏格拉底，你所说的是什么意思呢？”格劳孔说，“对于金钱和荣誉这两种报酬，我是理解的，可你把受惩罚也当作一种报酬，我被你给弄糊涂了。”

“难道你不能理解受惩罚这种报酬可以让最优秀、最能干的人来执政吗？你一定知道野心勃勃和贪名图利是被视为可耻的，事实上也是如此，是不是？”

“非常正确。”

“所以说，因为这个原因，”我说道，“金钱和荣誉对他们没有吸引力，优秀的人是不愿意为名为利出来执政的。他们既不愿意因为做治理城邦的工作而公开向政府要钱，落下个用钱雇用的公仆的名声，也不愿意假公济私，从公共税收中抽取钱财落下个窃贼的名声。而且由于他们没有野心，所以荣誉也不能打动他们。那么，要想让他们出来执政，就只能使用惩罚来强迫他们出来了。我想，这也就是为什么人们看不起那些没有受到强迫就主动要去为政的人的原因吧。但是，最大的惩罚就是你不去做统治，却让没有你优秀的人来管你。我猜想，优秀的人是害怕这个惩罚的，所以勉强出来为政。他们出来做管理者，并非为了自己的荣华富贵和享乐，而是迫不得已：因为他们找不到比他们更能干，甚至是和他们差不多能干的人来担任管理工作。如果一个城邦的人都才能出众，那么大家都会争着不去为政，就像现在大家要争着为政一样激烈。我想，这就是显而易见的证据，一个真正的统治者在本质上讲不会只考虑自身的利益，他们只会为其公民着想。

任何一个知晓这个道理的人都情愿受人恩惠，也不愿意自寻麻烦给别人提供恩惠。因此，我绝对不可能接受色拉叙马霍斯的观点：正义是强者的利益。关于这一点，我们后面还会谈到。但是，色拉叙马霍斯所说的‘不正义的人生活得比正义之人要好’这个问题的性质要严重得多。我们两方到底谁对谁错？格劳孔，你觉得哪一方说得更有道理呢？你听到了色拉叙马霍斯说的关于不正义的诸多好处了吗？你对此有何感想？”

“我都听到了，不过他并未能说服我。”格劳孔回应道。

“那么，我们是不是需要找到一种方法来说服他，让他相信他所说的是错的？”

“当然有必要。”格劳孔说道。

“如果在他说完之后，我们照着他的方式，正面提出主张，列举正义的好处，让他回答，我们然后进行辩驳，双方把所说的好处分别汇总起来，一一进行评判，这就势必需要找一个公证人来作裁判。不过，如果我们还像刚才那样进行辩论，采用彼此相互承认的办法，那我们自己就既是辩护人又充当公证人了。”

“很好。”格劳孔说道。

“那么，我想了解你喜欢采取哪种方法呢？”

“你提议的方法。”格劳孔回答。

“那么，色拉叙马霍斯，”我说道，“假设你在从头开始回答我的问题。你说‘极端的不正义比完美无缺的正义更有利可图’，是吧？”

“是的，我是这样说过。我还说明了理由。”

“你对正义和不正义的看法到底是什么？你认为正义和不正义是一善一恶吗？”

“当然。”

“我猜想，你把正义叫作善，把不正义叫作恶，是这样吗？”

“多么富有魅力的观点啊！你不想想看，像我这样主张不正义有利可图而正义则没有的人，会这样认为吗？”

“那你会怎么说呢？”

“恰好相反的说法。”色拉叙马霍斯回答道。

“你会说正义是恶？”

“不，我认为正义是高贵的朴实无华。”

“那么，你会把不正义称为恶毒吗？”

“不，我宁愿把不正义称为算计的善，是一种高明。”

“色拉叙马霍斯，你真的认为不正义者看起来既明智又善良吗？”

“是的，”色拉叙马霍斯说道，“不管怎样，那些能够极端不正义的人，有征服许多城邦和民族的力量，但是或许你想象我谈论的是一些小偷吧。即使就是这些小偷，只要未被人发现，也是有利可图的。不过，他们和我刚才说的是不可同日而语的。”

“我想我并没有曲解你的意思，可是，我一听到你把不正义与智慧和美德划归一类，而把正义与愚蠢和邪恶划归一类，我还是不可能不感到震惊的。”

“我确确实实是这样划分的。”

“那么，你现在的理由更为充足了，几乎是难以辩驳的了。如果你所坚持认为的不正义是有利可图的，其他人则认为不正义是邪恶的和畸形的，那么我就可以根据可接受原则来回答你的问题。但是现在，我领悟到你把不正义称作荣耀的和强势的，你把我们归属于正义的那些品质归属于不正义的，而且我们看到你毫不迟疑地把智慧和美德归属在了不正义的名下。”

“你猜得几乎没错。”色拉叙马霍斯回答道。

“那么，在这场辩论面前，只要我有理由认为你色拉叙马霍斯是在讲心里话，我就理所当然不应该退缩了。因为我确实相信你现在是真心实意的，你并没有为了取悦自己而拿我们开玩笑。”

“我是否真心实意，这和你们有什么关系呢？你们只管使出你们的招术进行反驳就行了。”

“确实如此，”我说道，“这正是我要做的事情。但我还是想劳你大驾再回答我一个问题，行吗？正义之人会试图占正义之人的便宜吗？”

“当然不会，如果他那样做了，他就不再是原来那个单纯而有趣的他了。”

“那他会不会试图做出违反正义的事情来呢？”

“他不会的。”

“如果他企图占不正义者的便宜，他会怎么看自己的这个行为呢？他会把这个行为看成正义的还是不正义的？”

“他会认为是正义的，会想方设法占到这个便宜，但是他占不到。”

“他是否占得到这个便宜，”我说道，“不是我关心的重点。我要问的问题是：当一个正义之人拒绝对另一个正义之人做不正义之事时，他会希望并声称要去对不正义之人做不正义之事吗？”

“会的，他会的。”

“那么不正义之人会怎么做呢？他会声称要去占正义之人的便宜，去做不正义之事吗？”

“当然会，”色拉叙马霍斯说道，“因为他想要的比谁都多。”

“那么，为了获得比谁都多的利益，不正义之人会拼尽全力去获取比正义之人要多的利益吗？”

“会的。”

“我们不妨这样说吧，”我说道，“正义之人不希望获取比其他正义之人更多的利益，但想要获取比不正义之人更多的利益，而不正义之人则不管是同类还是非同类，希望能获取比两类人都多的利益。”

“你说得好极了。”色拉叙马霍斯说道。

“那么，不正义之人是又明智又优秀的，正义之人则相反，是又愚蠢又不优秀的。”

“你又说了一句妙语。”

“那么，不正义之人与精明人和优秀的人是类似的，正义之人与他们是不一样的，是吗？”

“当然，”色拉叙马霍斯说道，“本质相同的人是同一类，同类相吸；本质不同的人是异类，异类相斥。”

“那么，每个人都和他的同类差不多，是吧？”我问道。

“当然是的。”色拉叙马霍斯回答道。

“太好了，色拉叙马霍斯，”我说道，“现在，我们不妨来谈一谈技艺之人吧：你会承认一个人是音乐家而不承认另一个人是音乐家吗？”

“我会的。”

“那么，哪个明智，哪个愚蠢呢？”

“显而易见，是音乐家的那个明智，不是音乐家的那个愚蠢了。”

“那么，只要他是明智的，他就是优秀的；只要他是愚蠢的，他就是不优秀的。是这样的吗？”

“是的。”

“那么，你对医生也是这么看的吗？”

“是的。”

“那么，我聪明绝顶的朋友，你认为当一个音乐家在调节琴弦的松紧时，会想要或声称要超过其他的音乐家吗？”

“我认为他不会这样做。”

“但是他会声称要超过非音乐家吗？”

“当然会的。”

“那么，你认为医生会怎么想呢？他在给病人开饮食处方时，是希望胜过其他医生或者是想要超越现有医疗水平吗？”

“他不会的。”

“但是他会希望超过非从医人士吗？”

“是的。”

“在一般意义上来谈有知和无知，看看你是否会认为，任何一个有知识的人会希望在说话或做事方面要超过别的有知识的人。在同样情形之下，他是否愿意与他一样有知识的人说得或做得一模一样呢？”

“这个嘛，我猜测，大概是愿意的吧。”

“那么无知者会有怎样的看法呢？他是否会想要既超过有知者也超过无知者？”

“我敢说他会想要的。”

“那么，有知者明智吗？”

“明智。”

“那么，明智者是优秀的人吗？”

“是。”

“那么，明智的、优秀的人不会想要比其他明智的、优秀的人获取更多利益，但想要比与他相反的愚蠢的、不优秀的人获取更多的利益，是吧？”

“我猜想是的。”

“可是，愚蠢的、不优秀的人却想要比明智的、优秀的人和愚蠢的、不优秀的人这两类人获取更多的利益？”

“是的。”

“但是，色拉叙马霍斯，我们是不是说过，不正义之人想要超过他的同类和异类？这是你的原话，是不是？”

“我是说过。”

“你也说过，正义之人不愿意超过他的同类，但是愿意超过他的异类，是吧？”

“是说过。”

“那么，正义之人和明智的、优秀的人是同一类人，而不正义之人与无知的、不优秀的人是同一类人，是吧？”

“可以这样推论。”

“那么每个人都和自己的同类差不多，你同意这个看法吗？”

“同意。”

“那么，正义之人被证明是明智的、优秀的人，而不正义之人则是无知的、不优秀的人。”

当我重申色拉叙马霍斯的这些观点时，他吞吞吐吐地同意了，但看得出来是极不情愿的。在这样一个炎热的夏日里，他满头大汗，浑身都湿透了，而且满脸通红，我以前从未见过他这个样子。但我们当时还是达成了一致意见：正义是美德和智慧，不正义是邪恶和无知。我进而提出了另一个问题。

“喂，色拉叙马霍斯，”我说道，“这个问题我们已解决了。我们不是也说过不正义有巨大的力量，你还记得吗？”

“是的，我还记得，”色拉叙马霍斯说道，“但你别以为我会同意你所说的，别以为我会没有意见。无论如何，如果我打算回答，你一定会谴责我夸夸其谈。因此，要么你允许我把话说完，要么如果你愿意问就问，我只是回答‘很好’，就像人们对待一个讲故事的老妇人一样，只是点头说‘是’和摇头说‘不’。”

“如果与你的真实想法相反的话，当然不要这样。”我说道。

“好的，”色拉叙马霍斯说道，“既然你不想让我说，为了取悦你，我会遵照你的要求。你还有什么要说的吗？”

“的确没什么要说的了，”我说道，“如果你打定主意了，那就我问你答吧。”

“往下问吧。”

“那么，我会重复我前面问过的问题，这样便于我们来考察正义和不正义的相关本质。我们在辩论中有这样一个说法：不正义比正义更强大、更有力量，但我们刚才已证实认可了正义意味着智慧和美德，如果不正义是无知的话，正义显然比不正义要强大。没有人会怀疑这一点的。但是，色拉叙马霍斯，我想要用一种不同的方式来看这个问题：一个不正义的城邦正在企图不正义地奴役其他的城邦，或者已经在奴役他们了，还把他们中的许多纳入了自己的管辖范围，这种情况你不会否认吧？”

“确实是，”色拉叙马霍斯回答道，“我还要加一句，那些地地道道最不正义的城邦极有可能这么干。”

“我知道这是你的观点，但我想进一步问你的问题是：这个不正义城邦的强大力量不正是来自正义吗？强大力量是不是只能从正义中产生？”

“根据你的观点‘正义就是智慧’，如果这是正确的，那么只有正义才能产生强大力量。要是根据我的观点‘不正义就是力量强大’，如果这是正确的，那么强大力量就只能从不正义中产生了。”

“色拉叙马霍斯，我非常高兴，我看到你不只是点头或摇头，而且给出了一个非常出色的答案。”

“这只不过是出于礼貌罢了。”色拉叙马霍斯回答道。

“你真是个体贴入微的人，”我说道，“那么你能不能再给我一个面子来回答一下这个问题：你是否会认为一个城邦、一支军队、一伙强盗小偷或一帮坏家伙如果互相伤害的话，根本干不成什么事情。”

“对，”色拉叙马霍斯说道，“他们的确干不成任何事情。”

“但如果他们不互相伤害的话，是不是就会合作得不错呢？”

“是的。”

“这是因为，不正义会制造分裂、仇恨和争斗，而正义则会带来和谐与友谊，色拉叙马霍斯，真是这样的吗？”

“我同意，”色拉叙马霍斯说道，“因为我不希望和你发生争吵。”

“你真是个大好人！”我说道，“但是，我应该还想知道，如果不正义倾向于制造仇恨的话，那么，不正义所到之处，无论是在奴隶之中，还是在自由公民之中，都会使他们互相憎恨、产生隔阂，使他们不能齐心合力地采取行动，是吧？”

“当然会的。”

“即使不正义只存在于两个人之间，他们也会争吵不休、打斗不止、反目成仇，而且会敌视正义之人？”

“他们会的。”

“那么，我高明无比的朋友，假如不正义是隶属于单个人身上，你觉得这个人会丢失还是会保存他的不正义天性的力量？”

“我们暂且说他会保存这个力量吧。”

“然而，无论不正义力量隶属于何处，无论是隶属于单个人身上，还是隶属于一个城市之中、一支军队之中、一个家庭之中，或其他群体之中，由于不正义会制造分裂和分心，所以就不能团结一致地采取行动。而且不正义会让自己与自己为敌，还与对手为敌，与正义者为敌，你认为是不是这样的呢？”

“是，当然是这样的。”

“当不正义存在于个人身上时，是非常致命的：首先，不正义会使他本人自相矛盾，自相冲突，没有主见，不能行动；其次，使他与自己为敌的同时还与正义者为敌。色拉叙马霍斯，是不是这样的？”

“是的。”

“哦！我的朋友，”我说道，“你确定诸神是正义的吗？”

“毫无疑问是正义的。”

“但是，如果诸神是正义的，那么，不正义者就会是诸神的敌人，而正义者就会是诸神的朋友，是吗？”

“你就只管高谈阔论，享受胜利的盛宴吧！我不会反驳你的，我不想让大家扫兴。”

“那么，我就接着你的回答往下讲了。我还是要重复一下我前面讲过的观点，以提醒大家记住。我们已经表明态度：正义者显然要比不正义者更明智、更优秀和更能干，而且不正义者不能共同行动。所以，我刚才所说的，邪恶之人不管什么时候都能一起采取强有力的行动，严格来讲是不正确的。这是因为，如果他们真是十恶不赦之徒，他们就会相互攻击。既然他们还能纠集到一起，就说明他们本身多少还有些正义成分在。如果他们连一点儿正义成分也没有的话，他们就会像伤害他们的牺牲品一样，互相伤害的。但凡他们还有点儿正义成分，还能一起做点儿事，他们就只能算是半个坏人，如果他们是彻头彻尾的恶棍的话，他们就会什么也干不了。我相信，这才是事实真相，而不是你起先所说的那样。但是，正义者是否会比不正义者过上更美好、更幸福的生活，需要我们进一步去讨论这个问题。我认为正义者应该会过得美好、过得幸福，我已给出了我的理由。但我还是想要进一步去考察一下这个问题，此事并非如此简单，因为它关系到人的生活准则。”

“那就继续吧！”

“我谈我的看法前想先问一个问题：你会不会说‘马是有一些用途的’？”

“我应该会说的。”

“那么，一匹马或其他事物的目的或用途，除了马本身或其他事物本身，是没有别的东西能替它实现这个用途的，是不是？”

“我有点不明白你的意思。”色拉叙马霍斯说道。

“那我来解释一下吧：除了眼睛之外，你能用其他东西来看吗？”

“当然不能。”

“那么，听呢？除了用耳朵之外，还能用别的东西吗？”

“不能。”

“那么，我们是否可以说这些就是这些器官的用途？”

“是的。”

“可是，不管用什么方式，你能够用一个凿子或一把匕首去剪葡萄藤吗？”

“当然不能。”

“由此看来，还是专门剪葡萄藤的剪刀更管用，是不是？”

“的确如此。”

“那么我们可以说这是剪葡萄藤的剪刀的用途吗？”

“我们可以这么说。”

“那么现在，我想你会非常容易理解我所说的意思了吧：某种事物的用途，只能由其本身去完成，别的事物无法代替完成，而且就是代替来做也做不好。”

“我理解你的意思了，”色拉叙马霍斯说道，“我也同意。”

“那么，每种事物的用途是不是也有其优异之处呢？我需要再问一次，眼睛有眼睛的用途吗？”

“有。”

“那么，眼睛有其优异之处吗？”

“是的，有。”

“那么，耳朵也有其用途和优异之处，是吗？”

“是的。”

“其他所有事物都是如此，它们各有其用途和特殊的优异之处。”

“是这样的。”

“那么，如果眼睛不但欠缺合适的优异之处，而且有缺陷，那么，眼睛是不是就不能实现它的目的了？”

“怎么能实现呀？”色拉叙马霍斯说道，“如果眼睛是瞎的，就看不见东西了。”

“我的意思是说，如果眼睛失去了它的特殊优异之处即视力的话，也就等于失去了看东西的用途，是吧？但是，这还没有达到我想要达到的目标。我应该从更一般的角度来问这个问题：事物是靠其恰当的优异之处来实现其目的的，如果缺乏恰当的优异之处，就不能实现其目的，是不是？”

“当然了。”色拉叙马霍斯回答道。

“我所说的，对耳朵也适用，当耳朵被剥夺了恰当的优异之处即听力，就不能实现听的目的了？”

“完全正确。”

“那么，这一点对所有其他事物都适用，是吗？”

“我同意。”

“那么灵魂是不是也有其他事物不能实现的目的？比如说，进行监督、发号施令、审慎地思考，等等。这些作用对灵魂来说是合适的，对其他事物而言就不一定恰当了，是吧？”

“没有任何其他东西合适。”

“在灵魂的诸种目的中，生活应该算在其中吧？”

“毫无疑问。”色拉叙马霍斯说道。

“灵魂也有其优异之处，是吗？”

“是的。”

“当一个人的优秀之处被剥夺后，他就不能实现其生活目的了，是不是？”

“是的。”

“那么，一个邪恶灵魂一定会成为一个邪恶的统治者和监督者，一个善良的灵魂则会成为一个好的统治者，是吧？”

“是的，一定会的。”

“我们已经承认，正义是灵魂的优异之处，而不正义是灵魂的缺点，是不是？”

“是已经承认了。”

“那么，有正义灵魂的人和正义者会生活得很好，有邪恶灵魂的人和不正义者则会生活得不好，是吗？”

“那是你在力图证明的观点。”

“那么，生活得好的人会受到祝福，会过得幸福；生活得不好的人会受到诅咒，会生活不幸。对吗？”

“当然。”

“那么，正义之人是幸福的，而不正义之人是痛苦悲惨的？”

“是这样的。”

“但幸福才是有利可图的，痛苦悲惨则无利可图，对吗？”

“当然。”

“那么，受祝福的色拉叙马霍斯啊，不正义绝不会比正义更有利可图的。”

“苏格拉底，”色拉叙马霍斯说道，“你就把这次辩论的胜利当作本狄丝女神节日里的消遣娱乐吧。”

“这要归功于你，”我说道，“你现在对我温和多了，也没有那么多指责了。但是，我还是没能好好开心一下。这是我自己的原因造成的，与你无关。我就像一个贪吃鬼一样，忙于尝一尝每一道端上桌的菜肴，却忘记了回头去好好品味一下上一道菜。在这场辩论中，我只管一个接一个地问问题，回答问题，却没有发现我已把最先想要探寻的问题，即正义的本质，给忘掉了。我把这个问题抛之脑后，转而去考虑正义是美德和智慧还是邪恶和无知的问题，接着又禁不住转向了比较正义和不正义的优点问题。当整个讨论结束之时，我发现自己还是一无所知。因为我还是不知道正义是什么，因此我也不可能知道正义是不是一种美德，甚至我也不能说正义之人是幸福还是不幸福。”

卷二　个人、城邦与教育

对话者：苏格拉底

格劳孔

阿德曼托斯

说了这一番话后，我想我已终结了这场讨论，但事实上的结果证明，它仅仅是个开始。格劳孔向来是个非常固执己见的人，他对色拉叙马霍斯的轻易认输颇为不满，他想让这场争论分出胜负，因此他对我说道："苏格拉底，对于成为正义者总是比成为不正义者更好，你是真的希望说服我们呢，还是只不过看起来像是说服了我们？"

"如果我能的话，"我回答道，"我是真的希望说服你们。"

"那么你肯定是还没能说服我们。我现在就来问你一个问题：你是如何看待一些事物的呢，即有些东西之所以受到我们的欢迎是由于它们本身的缘故，与其带来的结果没有关系？比如说，一些无伤大雅的娱乐享受活动，尽管事后会忘得一干二净，我们在经历之时却会开心快乐。是不是这样的？"

"略想一下的话，我同意有这样的东西存在。"我回答道。

"是不是还有一类事物，比如说，知识、眼光、健康，不仅它们本身是人们渴求想要的，它们带来的结果也是人们想要的？"格劳孔说道。

"当然想要。"我说道。

"而且，你承认不承认还有第三类事物，比如说，体育锻炼、照顾病人、治病救人以及各种赚钱之道？它们对我们有好处可图，但我们并不把这些看作令人惬意的事情。没有人会因为它们本身的缘故而选择做这些事情，人们是看在它们会带来一些报偿和好的结果的份上才会选择做它们。”格劳孔说道。

“这第三类事物的确是存在的，”我说道，“但是，你为什么会问这个问题呢？”

“因为我想知道，你会把正义放在三类事物中的哪一类中？”

“放在最高级的那一类中，”我回答道，“在这些事物中，人们既喜欢它们本身，也喜欢它们带来的结果。”

“可许多人的想法并不是这样的。他们把正义看成带来麻烦的苦差事，他们之所以追求正义是因为它能带来名和利，但对于正义本身，他们觉得是令人不悦的，唯恐避之不及。”

“我知道，”我说道，“这就是他们的思维方式，也正是刚才色拉叙马霍斯一直坚持的主张，他贬损正义，赞颂不正义。只是我太愚笨，未能领受他的观点。”

“我希望，”格劳孔说道，“你既然已听过他的观点，也听到了我的观点，那么，我想知道你和我是否达成了一致意见。因为我觉得，色拉叙马霍斯就像蛇一样，被你弄得晕头转向，所以很快就屈服了，同意了你的观点。但我还是认为，正义和不正义的本质还没有讲清楚。撇开正义和不正义带来的报偿和结果不论，我想知道，正义和不正义本身到底是什么？它们会对灵魂产生怎样的内在影响？如果你乐意的话，我想重提一下色拉叙马霍斯的论点。首先，我要根据普遍观点谈一谈正义的本质和起源。第二，我要指出，所有付诸正义行为的人是违心而行的，是勉强为之的，他们并非是把正义作为善而去采取行动的。第三，我要论证这种看法还是有几分道理的，因为如果他们说的是对的，那么行不义之人的生活似乎比行正义之人的生活过得要好得多。苏格拉底，虽然我个人并不相信他们的这些观点，但我依然得承认，不管是色拉叙马霍斯所说的也好，还是其他在场之人的七嘴八舌所说的也好，他们的话总是在我耳边回响，真有点把我给弄糊涂了。另一方面，我还从来没有听到过，任何一个人以令人满意的方式阐述过正义优于不正义的论点。我希望听到正义本身会被颂扬，那样的话我就感到心满意足了。我认为，你就是那个我可以亲耳听其亲口颂扬正义的人。因此，我将竭尽全力颂扬不正义的生活，我论述的方式会给你一种提示，即我希望看到你用同样的方式来颂扬正义，反对不正义。你倒说说看，你是否同意这样做？”

“我当然同意。还有什么主题会比这个更能激发有识之士去一而再、再而三地探讨的呢？”

“我很高兴你能同意，”格劳孔说道，“那现在我就按我所提议的那样，先来谈一谈正义的本质和起源。人们说，从本质上讲，践行不正义的人会得到好处，承受不正义的人会受害。而且遭受的害处远远大于获得的好处。因此，当人们既行过不义之事，又遭受过不义之害，对两种滋味都品尝过后发现，他们不可能完全避免一种遭遇而获得另外一种待遇。他们认为，最好大家还是达成某种共识比较好，这样双方都可以避免遭受害处。从这个时候起，他们之间就开始订立法律契约。他们认定，法律所许可的，就是正义和善的。他们断定这就是正义的起源和本质。这是一种中间之道或妥协之道，相互之间的最好结果就是，做了不正义之事而不会受到惩罚，最坏情形就是，遭受了不正义的危害而无力实施报复。正义是介于这两种情形的中间点，没有被人们认为是善，而是被认为是小恶，因而能为人们所容忍。正义也受到了无力为恶之人的追捧。那些称得上不正义之徒的人，只要有能力反抗的人，就不会乐意遵从既不为恶也不受害的这类协议。除非他疯了才会这样做。苏格拉底，这就是他们认为的正义的本质和起源。”

“说到第二点，”格劳孔继续说道，“那些行正义之人都不是心甘情愿的，而是迫不得已而为之的。因为他们没有干不正义之事的本事，这一点是不容置疑的。我们只要进行这样的想象就可以明白：如果我们眼前有两个人，一个是所谓的正义之人，一个是所谓的不正义之人，我们同样给予他们随心所欲做事的权力，然后静观两个人的欲望会把他们引向何处。那么我们当场就会发现，他们两个人的行为毫无差别：他们都被自己的利益牵着鼻子走了。其实，他们之所以会转向正义之途，不过是由于法律的威力所致，而并非人们以为的所有人的天性都是好的。我们假定的这种随心所欲的自由权，其实就是盖吉斯曾经拥有的那种权力形式。盖吉斯是吕底亚人的祖先。据传说，盖吉斯原本是吕底亚国王的牧羊人。当时，在一场狂风暴雨之际，还发生了大地震。在盖吉斯放牧的地方出现了一个大裂口。看到这个场面，他十分震惊，但还是走进了那个裂口。他看到了许多珍奇的玩艺儿，其中有一匹空心的铜马。铜马身上有道门，盖吉斯俯下身子往里瞧，他看到一具雕塑一样的尸体，比通常的人要高大得多，这具尸体一丝不挂，只戴着一枚金戒指。盖吉斯从尸体的手指上取下金戒指，回到了地面。当时刚好是牧羊人按照惯例每月向国王汇报羊群情况的日子。盖吉斯参加集会汇报的时候，手指上戴着那个金戒指。盖吉斯跟大伙儿坐在一起，他无意之中把戒指上的宝石朝自己的手心转了一下，结果其他人都看不见他了，他们开始谈论他，仿佛他根本没有在场一样。盖吉斯十分惊讶，他再次转动戒指，让宝石朝向手背，别人又看见他了。盖吉斯把戒指转来转去试了好几次，每次都发生了同样的情况：戒指的宝石朝向手心时，他就隐身了；宝石转向手背时，他就现身了。有了这个法宝，盖吉斯于是想方设法成为了前往王宫的牧羊使者之一。他一到王宫，就勾引了王后，并与她合谋，杀掉了国王，夺取了王位。假如世界上有两只一模一样的这种魔戒，正义者戴上一只，不正义者戴上另一只，没有人能想象他会拥有钢铁般的意志，始终坚持行正义之事。当一个人可以安全无事地从市场里拿取他喜欢的东西时，没有谁不会伸手拿取不属于他的东西的。当一个人可以随心所欲地进入房间和任何人睡觉时，当一个人可以杀人越狱时，或者是在其他方面就像凡人中的神一样可以想做什么就做什么时，正义之人和不正义之人的行为不会有什么差别的。由此我们可以说，这是一个强有力的证据，证明不会有人心甘情愿地去践行正义，人行正义不是认为正义行为能为其带来好处，而是无奈之举。如果一个人可以采取不正义的行动而不用承担任何后果的话，任何人都会去行不正义之事的。几乎人人都会打心眼里认为，对个人而言，不正义行为会比正义行为更有利可图。每个相信这个观点的人都会侃侃而谈，说出一大堆道理来。如果你能想象有这样一个人，他具有隐身术，却不会做任何不正义之事，不拿取任何不属于他的东西，那他一定会被认为是天下头号大傻瓜的。当然那些人当面都会称赞他，而且装出一本正经的样子。他们这样做只不过是出于害怕，害怕自己成为不正义行为的牺牲品而已。关于这一点就谈到这里吧！

“现在，如果我们真想对正义之人和不正义之人的生活进行真实的评判，我们只有一个办法，那就是把他们隔离开来进行评判。我们如何实施这种隔离呢？我的回答是：让不正义之人彻头彻尾地行不义之事，让正义之人完完全全地大义凛然地行事。我们既不剥夺属于他们的任何东西，也为其生活提供所需要的一切。

“首先，我们让不正义之人像技艺超群的能工巧匠一样。比如说，技艺精湛的舵手或医生，他们对自己的个人能力了如指掌，对超出自己能力范围的事从不涉足。即使偶尔出了差错，他们也能补救。我们就等着瞧吧！他们会把坏事做得不露一点痕迹的，谁也不会发觉的，而轻易就被世人发现的坏人不过是碌碌无为之辈而已。践行不正义的最高境界就是，明明你行的是不正义，还被异口同声称赞为正义的。所以说，如果把不正义行到极致的不正义者才可能做出最邪恶无耻的事情，我们就不能留有任何余地，我们必须承认，他在做最邪恶无耻的事情时，会获得最伟大、最正义的美名。坏事做绝之时就是好名声到手之时。如果他做的恶事败露，他要能够补救；如果他的恶行遭到谴责，他则需要凭借巧簧之舌说服大家。当他需要借助权势和权力来为自己开辟道路时，他能够凭借自己的勇气和毅力、金钱和朋友，来达到自己的目的。

“为了与这个不正义者的形象形成鲜明的对比，我们根据理论构想一个正义者的形象：他们纯朴高洁，就像诗人埃斯库罗斯[1]所说的‘为善求其实而不近其名’的人。我们必须让他与‘近其名’没有任何瓜葛，因为，如果大家把他当作正义之人，他就会因此而获得尊敬和嘉奖，名利双收。在这种情况下，我们就弄不清楚他到底是为了正义而行正义呢，还是为了名利而行正义的。因此，我们要让他除了正义之外一无所有，没有任何的伪装。让他与前面讲过的假好人真坏人形成鲜明的对照。他是最不做坏事的最优秀的人，却被人冠以大逆不道之名，这样正义本身就会受到考验。我们也由此可以看到，他背负着恶名所带来的痛苦是否会让他产生畏惧。我们就让他这样生活下去，直到死亡，一辈子被人看作不正义之人，尽管本质上是正义之人。这样让正义之人和不正义之人两种极端的形象显露在我们面前，我们就容易判断到底哪一种人更幸福了。”

“天哪！我亲爱的格劳孔，你花了多大的心思来塑造出这两种极端的形象呀！

[1] 埃斯库罗斯（Aeschylus，前 525—前 456），古希腊悲剧诗人，被誉为“悲剧之父”，代表作有《被缚的普罗米修斯》《七将攻忒拜》《阿伽门农》《善好者》等。——译者注

他们简直就像两座雕塑艺术品一样。”我说道。

“我可是尽了最大努力了，”格劳孔说道，“既然现在我们已经知道正义之人和不正义之人是个什么样子了，那么我们也就不难勾画出等着他们的生活会是个什么样子。接下来我会对这两类人的生活进行详细描述。不过，你可能会觉得我的描述有些粗劣。但苏格拉底，我请求你假定下面这些话不是出自我本人之口，而是那些颂扬不正义的邪恶小人借我之口说出来的：他们会告诉你，那些被认为是不正义之人的正义者，会遭受鞭笞、被拉上绞架、被绑缚，甚至被烙瞎眼睛。最终，他受尽每一种恶毒的折磨之后，还会被钉在柱子上。在这个时候，他将会理解，他应该装作正义者，而不应该真做正义者。埃斯库罗斯的诗句似乎更适合用在不正义者身上。不正义者对虚名并不感兴趣，追求的是实实在在的东西——他践行的就是不正义的行为，并非看起来不正义的行为：

他的心田深厚而肥沃，
重重心机如雨后春笋，
从中冒出一拨又一拨。

“最为重要的是，他被人们认为是正义者的化身，因此就能制定安邦治国的规则，从而统治城邦；他愿意娶谁就可以娶谁，愿意把女儿嫁给谁就可以嫁给谁；愿意做什么买卖就做什么买卖，而且永远是占尽便宜，他对于自己的不正义行为心安理得，没有一点悔过之意。在每一场竞争中，不管是公开的还是私底下的，他都能击败对手，占尽他们的便宜，从而家财万贯。他会让朋友受益，让敌人受害。不仅如此，他还可以提供祭祀，向诸神献上丰厚的供品，而且敬神排场壮观。他有能耐敬奉诸神和他愿意尊崇的人，而他所做的这一切，正义者因为贫穷根本做不到。所以，行不正义的不正义者会比行正义的正义者更能得到诸神的眷顾。苏格拉底啊！这下你明白了吧，诸神也好，众人也罢，他们可以说是沆瀣一气，使不正义者的生活过得比正义者好得多。”

我正想说上几句来回应格劳孔时，他的哥哥阿德曼托斯插了进来。

“苏格拉底，”阿德曼托斯说道，“你不会认为再也没有什么需要补充的了吧？”

“难道还有其他什么需要讲的吗？”我回答道。

“最应该说的重点，提都还没提呢。”阿德曼托斯说道。

“哦，还是常言说得好，兄弟一条心，其力可断金。如果格劳孔的论述有什么地方遗漏了，你这个做哥哥的正好可以帮他补充。虽然我必须得承认，格劳孔所讲的已足以让我难以招架了，让我觉得无力为正义者提供援助了。”

“废话少说，”阿德曼托斯说道，“还是让我说几句吧：格劳孔关于颂扬和谴责正义和不正义的论述，在我看来还有另一面也需要提出来，这样才可以充分彰显格劳孔所讲的意思。父母这个第一任老师总是告诉他们的孩子：他们应该为人正义。这是为什么呢？为的并不是正义本身的缘故，而是正义带来的名望、声誉。希望通过获得的正义名望去获取一官半职和想要的婚姻。就像格劳孔所讲的那样，不正义之人因为有正义之名从而获得种种利益。而且，这类人比其他人更注重表面上的东西，还引述诸神的旨意来告诉你，上天降给人间的种种福祉，都是赐给诚心信奉神明之人的。这一点与诗人赫西俄德[1]和荷马所说的如出一辙。赫西俄德说，诸神使橡树为正义者开花结实：

树梢橡实满满结，
树间蜜蜂采蜜忙。
绵羊树下一群群，
犹如云朵白茫茫。

“他说，正义之人还有其他诸多类似福祉可供享用。关于正义带来的名誉所得的好处，荷马所说的也大同小异：

无可挑剔的君王，
维护着世间正义和天地间正气，
正直英明之名如神一样到处传扬。

[1] 赫西俄德（Hesiod），公元前8世纪的古希腊诗人，现存的主要作品包括《工作与时日》《神谱》等，被称为“希腊训谕诗之父”。——译者注

肥沃的黑土地奉献出五谷杂粮，
果树枝头上硕果累累，
草地上到处都是他的牛羊，
大海给他带来鱼虾满筐。

“穆塞俄斯[1]和他的儿子，在其诗歌中对诸神赐予正义者的种种福祉更是描述得惟妙惟肖。他们说，诸神把正义之人引至冥界，摆设盛宴款待他们。这些人头戴花冠，躺在软绵绵的长榻上，从早到晚，饮酒作乐，好不快活。他们似乎认为，美德最好的报酬就是能过上这种醉生梦死的生活。有的人还把这种回报提高一个档次。他们说，忠诚正义之人的子孙后代也会受到庇佑，可以延续到第三代，甚至第四代。这就是他们颂扬正义之人的方式。不正义之人是何种命运？他们则换了一种腔调：诸神会把不正义之人深埋于地狱的尘土中，让他们用竹篮打水。不正义者活在世上的时候，让他们遭受恶名，要他们遭受格劳孔所描述的正义而蒙恶名之人所受的那些折磨。他们的杜撰水平真是没有谁比得上。这就是他们颂扬一类人而与此同时又贬责另一类人的做法。

“此外，苏格拉底，我还要请你考虑一下另一种谈论正义和不正义的方式。这种方式，不仅仅限于诗人们运用，在一些散文作家的作品里也用到过。他们总是众口一词，赞扬正义和美德是多么的高贵，但获得正义和美德却要经历千难万险。但是，为人险恶之人，想要获得快乐和愉悦却是如此易如反掌，这样做了只会受到法律和舆论的谴责。他们还说，诚实在绝大多数情况下，都不如不诚实那么有利可图。他们总是声称，邪恶之人过得幸福。不管是在公共场合还是在私下，都对他们表示尊敬。与此同时，对那些温柔敦厚或贫穷之人抱以鄙视或冷落的态度，虽然他们在心里承认这些人远比前面所说的那些人的品质要好得多。但最为不同凡响的是他们谈论美德和诸神的方式：他们说，诸神把种种灾难和痛苦降落在正义者身上，却把种种好运和幸福赐予邪恶之人。化缘为生的先知术士们奔走于富

[1] 穆塞俄斯（Musaeus），神话中的歌者，以唱悲歌著称。——译者注

家之门，游说主人，使其相信；他们是有神赋法力的人，如果富家的祖先或他们自己造了孽，能用献祭品、念符咒的方式来帮其赎清罪孽。如果想要伤害敌人，无论敌人是正义者还是不正义者，他们只需要花费小小的代价，通过念符咒的方式来驱神役鬼，就可以为其达成心愿。他们还引用诗篇来作佐证，赫西俄德的诗里描写了为恶不用吹灰之力，而且恶人十分富裕：

作恶多端不用吹灰之力，
恶行随手可做，
通向罪恶之路平平坦坦，
通向美德之路却千难万险。

“从善之征途，险阻重重，让人精疲力尽。还有人引用荷马的诗句来作佐证，证明凡人可以操控诸神。荷马在诗中写道：

众人犯罪莫担忧，
诸神主意可变通，
烧香献祭丰且厚，
太平生活不用愁。

“他们还拿出一大堆穆塞俄斯和俄耳甫斯[1]的书籍。他们说穆塞俄斯和俄耳甫斯是月神和文艺之神的后裔。以这些书籍为根据，他们不仅说服了个人，而且使整个城邦都相信了。他们举行仪式，采用献祭和欢庆活动的方式，谢神赎罪。这样的活动打发了无聊的时间，对生者和死者同样都有好处。对死者举行的是他们所说的神秘祭典，使死者能在冥间得到赦免痛苦的待遇。如果有人胆敢无视这种仪式的存在，后果就可想而知了。”

阿德曼托斯继续说道：“亲爱的苏格拉底啊，当人们听到他们所讲的有关人与神共同关心的善恶的种种观点时，他们的心灵会受到什么样的影响呢？我的意思

[1] 俄耳甫斯（Orpheus），希腊神话中的音乐天才，善弹竖琴。——译者注

是，那些头脑灵活的年轻人，就像在花丛中飞来飞去的蜜蜂一样，不放过任何一次采蜜的机会。他们对于听到的一切，会进行推理从而得出自己的结论：要想使自己的一生过得有意义，应该走怎样的人生道路？应该做什么样的人？这样的年轻人一般都会借助品达的话来思考：

攀登人生高峰之际，
可能一生都有跨越不了的堡垒。
是走正义的光明大道呢，
还是走充满险恶的羊肠小道？

“这里所说的意思是，如果我是名副其实的正义之人，却又不为人知，那么我不但不能获得任何好处，而且毫无疑问得遭受痛苦和损失。但是，如果我是不折不扣的不正义之徒，却获得了正义的名声，那么我将过上天堂般的生活。因为，就如哲学家论证过的一样，‘貌似’的假象远远胜过‘真是’的真理，前者是幸福的主宰。因此，我还不如全力以赴追求假象。我要为我的房舍打造一个华丽完美的外观，我要在房舍周围画上美德的灿烂光影和图像。在房子里面，我要像最伟大的圣哲阿尔齐洛科斯[1]所建议的那样，像狐狸一样，既狡猾又贪婪。但我也曾听人感叹，做了坏事又不想被人发现，掩饰这种邪恶并非易事。在这一点上，我的想法是，要想干成大事，没有哪一件是容易的。无论如何，想要获得幸福的生活，仅此一条道路值得我们遵循，因为所有的论证结论都指向这条道路。为了保守秘密，我们建立秘密的兄弟会组织和政治团体。教授雄辩术的人比比皆是，培养人们在法庭和议会供职的演说能力。如此一来，人们就可以花言巧语和强制措施双管齐下，既可攫取非法利益，又不受任何惩罚。我还听说，诸神既不会受骗，也不会因受威逼而屈服。但是，如果诸神根本不存在，或者诸神就是存在也根本不关心人间之事，那么人们做了坏事是否被神发觉，也是无所谓的。在这两种情况下，不管是哪一种情况，我们都用不着遮掩自己的行为。如果诸神是存在的，他

[1] 阿尔齐洛科斯（Archilochus），公元前 7 世纪古希腊抒情诗人。——译者注

们确实也关心我们人世间的事情，我们对这些神的了解都是来自传说故事和诗人所撰写的神谱。而这些诗人正是那些同时告诉我们可以通过祭祀、祈祷、献祭收买诸神的人。对于诗人们所说的话，我们要态度前后一致，要么全都不信，要么全都信。如果我们相信诗人说的是对的，那么我们尽管放心大胆去干坏事好了，我们只要拿出一小部分不利之财来作为奉献诸神的祭品，我们就会化险为夷，就会免受诸神的惩罚。如果我们践行正义，诸神当然不会惩罚我们，但会失去行不正义行为所带来的利益。如果我们践行的是不正义，那么我们只要向诸神祷告并奉献祭品，以此来赎罪，诸神会息怒免罚，我们还是会安然无恙。但有人会说，‘你说得没错，但在冥间，报应不降临在我们自己身上，也会降临在子孙身上，他们会因为我们的不正义行为而受到惩罚’。我的朋友，的确如此，这可能是大多数人对这句话的第一印象。但是，精明算计的先知们会说，没有关系，我们这里有灵验的神秘仪式和一心赦罪的诸神，他们威力无穷。无所不能的各城邦都是这样宣扬的。我们还有诸神之子，就是诗人和先知。这些消息都是诗人和先知透露给我们的。

“那么，还有什么理由会让我们去选择正义而舍弃威力四射的不正义呢？如果我们把正义当作装点门面的东西，让自己看起来道貌岸然，并且我们对人、对神都能左右逢源，那么无论是在有生之年还是死后，我们都会顺风顺水的。这个道理，不管是普通之人还是最高的权威人士，都会这么认为的。根据上面所说的这一切，苏格拉底啊，你觉得一个有聪明才智、有地位、有财富的人怎么会愿意被说服来尊崇正义呢？事实上，这种人听到任何赞扬正义的说辞，都会禁不住放声大笑的。就算有人对我的论证持否定态度，对正义是最好的持满意的态度，他也依然不会对不正义之人发怒生气的，而且时刻准备宽恕他们。因为他也知道，人们践行正义不是出于自己的自由意愿。除非一个人内在的神圣性激起了他对不正义的深恶痛绝，或者是一个人已获得了真理性知识，才可能心甘情愿践行正义，而换成别的什么人则是根本不可能的。只有懦弱、年迈或处于其他弱势的人，才会一味指责不正义的行为，因为他们根本没有力量做不正义之事。事实证明，这些人一旦获得行恶的力量，他们会尽其所能去做不正义之事。

“苏格拉底，所有这一切的原因，我们在开始辩论时就指出了。开始时，我的兄弟和我就告诉过你，我们发现下面这些情形时真是惊讶万分：那些自认为是正义颂扬者的人，无论是古代载入史册的英雄，还是我们这个时代的人，其实没有一个人是发自肺腑地歌颂正义、真心实意地谴责不正义的。他们就是愿意歌颂正义或谴责不正义，也不过是从荣誉、名声、利益这些方面考虑的。至于正义或不正义的本质到底是什么、在人的灵魂中会起什么作用，无论在诗歌中还是散文里，都未做出详尽的描述，并且人未见，神亦不知。没有人揭示过，在人的灵魂深处所拥有的一切中，正义是最大的善，不正义是最大的恶。如果这些都已成为人们的普遍常识，如果你们从我们年轻时起就想方设法来说服我们接受这样的看法，那么我们根本就用不着彼此提防会做出恶行来了。但我们每个人都是自己最好的防卫者，因为每个人都害怕一旦做错事，就会在自己的心田种下极大的恶行的种子。苏格拉底啊，我敢说，关于正义和不正义，色拉叙马霍斯和其他一些人无疑都是这样说的，我只不过重申了一下他们的观点而已，只不过他们所说的没有我的言辞这么激烈罢了。在我看来，也许这样会严重歪曲了正义和不正义的本质。但我必须向你坦言，我之所以说这些激烈的话语，是希望听到从你嘴里说出事物的另一面。你可不能只是泛泛地论述一下正义高于不正义，你必须要讲清楚，正义和不正义本身对于拥有它们的人会产生什么样的影响，对他们有什么好处，有什么坏处。现在就请你根据格劳孔所要求的，撇开名声问题来探讨正义和不正义的问题。如果你不能把一个人的名声撇开不谈，而是把他的真实名声去掉的同时又代之以虚假的名誉，那么我们就会说，你所颂扬的就并不是正义本身，而是正义的化身而已。我们还会认为，你是在劝导我们掩饰我们不正义的举动而已，而打心眼里你的想法和色拉叙马霍斯的一模一样，认为正义是他人的好处或强者的利益，而不正义则是一个人自己的利益和权力，对弱者则是祸害。在辩论开始之时，你说过，正义是世界上最好的东西之一，是至善之一。所谓最好的东西，就是指不仅它本身是好的，而且它带来的结果也是好的，就像视力、听力、知识、健康以及其他德性，它们靠的是本身的好而不是借助虚名。我想要的就是，你对正义本身的好说个明明白白。我的意思是，正义和不正义对于拥有它们的人会在实质上产生什么样的益处或害处。我们就让其他人去颂扬正义，谴责不正义，对正义或不正义一方所带来的名誉和利益夸大其词，而对正义或不正义一方所带来的害处大肆攻击好了，这只不过是打嘴仗而已。这是芸芸众生们干的事，我倒是可以容忍。而你却不一样，你一生都在思考正义和不正义的问题，我希望能从你口中听到不一样的观点，我希望听到你的高见。所以，我请求你，不仅你要向我们证明正义是优于不正义的，而且要揭示清楚正义和不正义两者对其拥有者会产生何种影响，无论诸神或人类是否觉察到这一点，最终会让一类人被划归为善者，而另一类人被划归为恶人。”

我对于格劳孔和阿德曼托斯的天赋才能一向十分钦佩。听到他们所讲的这些之后，我十分高兴。

我说道：“你们这对贤良兄弟，真不愧是声名显赫的阿里斯同的儿子啊！格劳孔，你在迈加拉[1]战役中的赫赫战功，使得你的一个钦佩者写了一首抒情诗来对你大加称颂。那首诗的开头两句说得恰到好处：

虎父无犬子，

伟大英雄才有神圣子嗣。

“像你这样，既为不正义辩护得头头是道，又不为自己的辩护所折服，并不相信不正义比正义要好，你还真有点神的味道了。从你们的品格来看，我相信，你们并未被自己的一套说辞所说服。如果我只是从你们的言语来判断，可能会对你们做出错误的判断。但是，现在我越是相信你们，就越不知道如何做才好了。说实话，我真不知道怎么做才能帮助到你们，我真没有这个能力。我刚才对色拉叙马霍斯所做的回应已经证明，正义是优于不正义的。但你们并未相信或并未被说服，我对自己的无能为力可是深有感触。如果我自己在场，看到正义遭受诽谤而袖手旁观，恐怕连诸神都会难以容忍的，这对我来说也会是奇耻大辱。所以，不管怎样，只要我还有一口气，还会开口说话，我就会尽其所能，尽快把这件事弄

[1] 迈加拉（Megara），古希腊城市，在阿提卡和科林斯之间。——译者注

个水落石出。”

对于这场关于正义和不正义到底是什么的辩论，格劳孔和其他人请求我不能撒手不管，无论如何都要帮个忙，把辩论进行下去。他们请求我一定要刨根问底，首先，把正义和不正义的本质到底是什么弄个一清二楚；其次，对正义和不正义各自的好处是什么也要分辨清楚。就这样，我把自己所想到的说了出来：“在我看来，我们现在探讨的这个话题并非普通的问题，需要敏锐的眼光。然而，我们并非聪明绝顶之人，所以，我们最好还是从这样的问题开始探讨。假设一个视力并不怎么好的人，有人却要他读出远处写着的小字，就在这个时候，其他人发现，另外的地方写着同样的大字。他此时可真是幸运万分，他可以先读大字，后读小字，再去分辨它们是不是一样的字。”

“的确如此，”阿德曼托斯说道，“但你的这个解释与我们的探究有什么相干呢？”

“我来告诉你吧，”我说道，“正如你所知道的，我们探究的正义，有时候可以说成是个人的美德，有时候可以说成是城邦的美德。”

“当然可以。”阿德曼托斯回应道。

“那么城邦是不是比个人要大？”我问道。

“是的。”阿德曼托斯说道。

“那么，在更大的东西中蕴含的正义数量可能更多，也更容易被洞察到。因此，我提议，在我们探究正义和不正义的本质时，首先探讨城邦的正义是什么，然后探讨个人的正义是什么。从较大到较小并进行比较。”我说道。

“这倒是个好主意！”阿德曼托斯说道。

“那么，如果我们想象得出一个城邦是怎么产生的，我们也可以看到这个城邦诞生过程中所产生的正义和不正义。”我说道。

“我敢说就是这样的。”阿德曼托斯回应道。

“当一个城邦产生之时，就很有希望看到我们探究的对象——正义和不正义的现身。”

“是的，希望相当大。”阿德曼托斯说道。

“我们应该着手探究了吗？”我问道，“为了探究这个问题，我认为这可是个非常严肃的问题，因此需要三思。”

“我已经反复思考过了，”阿德曼托斯说道，“我都等不及了，你请继续吧。”

“在我看来，一个城邦的建立，”我说道，“是因为，我们每个人都有许多需求，每一个单个的人都不能靠自给自足来满足自己的需求。还可以想象出城邦诞生的其他原因吗？”

“想象不出。”阿德曼托斯说道。

“那么，由于我们每个人都有许多需求，就需要许多人来满足我们的这些需求。这个人帮助满足这种需求，那个人帮助满足那种需求，这些人相互帮助，满足彼此的需求。当这些伙伴和帮助者聚集在一起，形成一个公共居住区，就称之为城邦。”

“没错。”阿德曼托斯说道。

“那么，他们相互交换，一个人供给，一个人受取。每个人都觉得交换的做法对大家都有好处。”

“千真万确。”阿德曼托斯说道。

“那么，”我说道，“就让我们着手从观念上创造一个城邦，但真正的创造者是生活的物质需要，它才是创造发明之母。”

“当然可以。”阿德曼托斯说道。

“第一重要的需要是食品，它是生命存在的必须品。”

“当然是。”阿德曼托斯说道。

“第二需要是住处，第三是衣服，还有其他物品。”

“是的。”阿德曼托斯说道。

“现在来看一看我们的城邦是如何来充分满足这些需要的：我们是否可以假设，我们需要一个农夫，需要一个建筑工，需要一个织布工？我们是否还可以加上一个鞋匠，或者其他满足我们身体需要的供货商？”

“当然可以。”阿德曼托斯说道。

“那么，最小的一个城邦必须要有四个或五个人，是吧？”

“显然是的。”阿德曼托斯说道。

“那么，接下来会如何呢？下面我们就来看一看一个城邦是如何来满足这种种需要的。比如说，一个农夫，如果要为四个人生产粮食，相比为他自己一个人生产所需要的粮食而言，他就得花四倍的时间，出四倍的劳力，生产四份粮食。如果他与其他三个人没有任何关系，他就无须花这些时间和劳力为他们生产粮食了，他只需要花四分之一的时间和劳力为自己生产粮食，在其他四分之三的时间和劳力中，一份用于为自己修造房屋，一份用于为自己做衣服，一份用于为自己做鞋子。他不需要其他人的帮忙，他自给自足。”

阿德曼托斯认为，他应该一心从事农业生产，而不要什么事都做。

“这可能是最好的办法，”我回答道，“听到你这样说，这倒提醒了我，我们每个人都是千差万别的，我们的禀性各不相同，适合不同的职业。”

“的确是这样的。”阿德曼托斯说道。

“那你认为一个人是干几种工作干得更好，还是只干一种会干得更好呢？”

“当然是只干一种会干得更好。”

“进一步说，如果他做事的时机不对的话，会不会把事情弄砸呢？”

“毫无疑问会的。”

“一个人所做的工作不是等其空闲时才去做的，而是要坚持不懈地去做，要把自己的工作当作首要任务去完成。”

“他必须这样做。”阿德曼托斯回应道。

“那么，既然如此，一个人最好只做与自己禀性吻合的那种工作，而且要在恰当的时机心无旁骛地去做，那么他所生产的物品不但数量充足，而且质量优良，他做这种工作也会觉得是件轻而易举的事情。”

“毫无疑问。”阿德曼托斯说道。

“那么，一个城邦至少需要四个以上的市民。因为农夫需要的犁、斧头或其他农具，如果需要做得非常专业的话，就不能由农夫自己来生产了。造房子的人也需要各种各样的工具，他也用不着自己去生产这些工具，织工和鞋匠也是一样。”我说道。

“没错。”

“那么，木匠、铁匠和其他众多的匠人也会加入到我们这个小小的城邦中来了，这个城邦不是已经开始在变大了？”

“的确是的。”

“而且，即使我们再增加牧牛人、牧羊人和其他一些放牧人，以使我们的农夫有耕地之牛、建筑工人和农夫有拉车的马、牛等牲口，工匠和织工有羊毛和兽皮。就算这样，我们的城邦也并不是很大。”

“这是事实。但它能容纳所有这些人，也不算小了。”阿德曼托斯说道。

“话虽如此，但是，一个城市如果不需要任何进口的东西，那简直是天方夜谭。”

“绝对不可能的。”阿德曼托斯回应道。

“那么，就必定有另一个市民阶层会从另一个城市进口本城市需要的物品？”

“一定需要的。”阿德曼托斯回答道。

“但是，如果商人空手而去，没有带去任何对方城市需要的物品，他们将会空手而回。”

“那是肯定的。”阿德曼托斯回答道。

“所以说，他们在本城邦生产的物品，不仅需要能够满足自己城邦人的需求，而且要在数量和质量上满足那些会供应他们其他东西的人的需求。”

“的确如此。”

“那么，就需要更多的农夫和匠人了？”

“是的。”

“不用说，从事进出口工作的人，称作商人？”

“是的。”

“那么，我们还想要商人？”

“我们想要。”

“如果这些商品是在海上运输，我们也需要技术精湛的水手，而且需要相当数量的水手？”

“是的，需要的数量不少。”

“那么，在城市之内，他们是如何交换货物的呢？你应该还记得，组成一个社会并形成一个城邦的主要目的之一就是，为了确保这种交换的进行。”

“很显然他们会进行买卖。”阿德曼托斯回答道。

“那么，他们将需要一个市场，需要用于交换的货币。”

“当然需要。”

“假设一个农夫或一个手工匠人把自己的产品拿到了市场，可当时却没有人愿意和他交换，那么他是不是就不声不响地在市场里干等着呢？”

“当然不用干等。他会在市场上找到那些看到了需求而从事销售的人。在一个井井有条的城邦中，商贩往往是那些体力虚弱、干不了别的事的人。他们的职责就是待在市场里，把钱给那些需要出售产品的人，获得产品，然后把它们转卖给那些需要这些产品的人，从中获得利益。”

“这种需要，在我们城邦里创造了一个商贩阶层。这些坐在市场里、从事买进卖出生意的人称为商贩，而那些在城市之间往来做生意的人则称为商人。是吧？”

“是的。”阿德曼托斯回答道。

“还有另外一个服务阶层，他们没有成为合作伙伴的知识，但有充沛的体力可以从事体力劳动。于是他们就成为了出卖体力的雇工，‘雇’字就是表示他们出卖体力劳动的价格。”

“正是这样。”

“那么，雇工也成为城邦人口的组成部分了？”

“是的。”

“那么，阿德曼托斯，现在我们的城邦已算是成熟、完善的了吧？”

“我认为是成熟、完善的了。”阿德曼托斯回答道。

“那么，在我们的城邦中，正义和不正义在哪里呢？它们是由城邦中的哪一部分人带来的？”

“也许是在城邦的市民们相互交易之中产生的吧。我想象不出，它们还可能会在别的什么地方产生。”阿德曼托斯说道。

“我敢说，你说得没错。”我说道，“但我们最好不要打退堂鼓，要对探究的问题打破沙锅问到底。

“让我们来考虑一下，首先，既然我们已经为他们建立了城邦，那么他们的生活方式会是怎样的呢？难道他们不会为自己种植庄稼、生产粮食、酿酒、做衣服和鞋子、造房子吗？他们一旦有了安居之所，就会乐业。在夏天干活时，往往是赤膊赤脚上阵。在冬天就不只身上穿得厚厚的，脚上也得穿厚鞋。他们用大麦片、小麦面作粮食，煮麦片粥，通过揉烤做成高档的糕点、薄饼等，放在芦苇叶或干净的树叶上来吃。他们斜躺在用紫杉或香桃木装点的床上享用这些点心。他们会与孩子们进行欢快的宴会，痛饮自家酿制的葡萄酒，头上戴着花环，嘴里唱着颂扬神明的歌曲，相互幸福地交流着。他们会精打细算，不会超过家庭的经济实力，并对可能遭遇的穷困或战争保持着警惕。”

“但是，”格劳孔插话说道，“你还没有给他们的盛宴加点调味品呢。”

“对，我差点忘了。他们当然应该有调味品，有盐、橄榄、乳酪一类的东西，还有乡村常常煮来吃的洋葱、蔬菜一类的。他们还会准备一些点心，如无花果、碗豆、香豆，他们还会在火上烤神木果、橡子来吃，会适当地喝点酒。按照这样的食谱，他们的身体会健健康康，他们会平和地度过一生，最后无疾而终。他们的子孙也会过上同样的生活。”

“那么，苏格拉底，如果你是在建立一个猪的城邦，除了提供上述饲料外，你还会提供什么样的饲料呢？”格劳孔问道。

“格劳孔，你到底想要说什么呢？”我问道。

“这还用问吗？你应该给他们提供生活的必须品，使生活过得舒服一些。他们要有可以斜靠的卧榻，免得太累，有供吃饭用的餐桌和盘碟，有时还要有调味品和甜点。”

“我总算明白了。你让我思考的问题，不仅是思考如何建立一个城邦的问题，而且是如何建立一个奢华享乐的城邦。这样设想，大致也不会有什么害处，因为在这样的城邦中，正义和不正义是怎样产生的，我们更容易看到。但我认为，真正的城邦，应该是我前面所描述的那个样子，是健康的城邦。如果你想要看一看高度发达的社会也未尝不可。因为，我相信许多人都不会满足于过简单朴实的生活。他们想要添置躺椅、饭桌和其他家具，还想要有色香味俱全的甜点，想有香水、香料、歌妓、糕点，所有这些，并非只想要一种，而是想要品种齐全。这样一来，我们必定会超越我们开始所说的生活必需品，比如说房子、衣物和鞋子等，画家和刺绣高手的手艺也开始有用武之地了。他们还会想方设法寻找金银财宝、象牙以及其他诸如此类的东西。”

“是的。”格劳孔说道。

“那么，我们就必须要拓展我们的城邦了，因为原先的城邦已经不够大。这样一来，我们就需要增加许多与自然需要联系不紧密的职业人员，比如各种类型的猎人、与扮演角色相关的演员、与色彩打交道的艺术家。还有一些与音乐相关的行业，如诗人及相关的人——朗诵者、歌唱家、舞蹈家、管理者等。还有一些制造家庭用品的制造商，如制作女裙和其他用品。我们还需要更多的服务者：家庭教师、奶妈、保姆、理发师、厨师，这自是不必说了。我们还需要养猪者。在最开始的城邦中，这些人并不需要，因为他们没有用武之地，而现在的城邦则需要这样的人了。还有一点需要说明的是，如果想吃不同的肉类，我们就会需要各种牲畜。你说是吧？”

“当然需要。”格劳孔说道。

“按照我们现在的这种生活方式，我们是不是比以前更需要医生了？”

“是更需要了。”格劳孔说道。

“至于种植的农产品，以前足以供应给城邦居民，现在城邦人口增加后，就不够供给了，是吧？”

“是的！”格劳孔说道。

“如果我们想要更多更好的耕地和牧场，我们一定会从邻邦那里抢夺来。而邻邦如果也不满足现状，也想无限制地追求财富的话，他们也一定想从我们这里抢夺土地的。”

“一定会这样的，苏格拉底。”

“格劳孔，你没意识到我们下一步就会走向战争了吗？不然又会怎样呢？”

“是的，会发生战争。”格劳孔说道。

“我们暂且不去谈论战争是带来好的还是坏的结果，我们已探讨了战争的起源。无论在个人方面还是在社会方面，战争都会使城邦遭受到极大的灾难。”

“肯定会的。”

“那么，我们得需要更大的城邦，需要增加军队和警察，才可以抵抗和驱逐入侵的外敌，才可以保卫我们公民的生命和财产安全。”

“为什么？”格劳孔质疑道，“难道我们民众自己不可以解决这个问题吗？”

“我们已有的人不够做这些事情。你一定还记得，我们开始建立城邦的时候，我们一致同意，一个人不可能擅长多种技艺的，是吧？”

“是的。”

“那好，你认为军队打仗算不算一种技艺？”

“肯定是一种技艺。”

“那么，我们应该更注重制鞋的技艺，而不是打仗的技艺？”

“当然不是。”

“为了让鞋匠把鞋子做好，就不应让他去当农夫，或织工或瓦匠。同样道理，选拔其他行业的人，我们会根据天赋才能进行选拔，用其所长，弃其所短，让其专心致志、全力以赴干好一种行业，并不失时机使所干的事情精益求精。那么，军事是否值得我们重视呢？从军是不是一件非常容易的事情？不管是农夫还是干其他任何行当的人都可以带兵打仗？就算是下棋或掷骰子，如果只是随便玩玩，而不从小练习，也是不可能精益求益的。难道在全副武装打仗或其他类型的战争中，一个人拿起盾牌或其他武器，在一天之内就能成为精于打仗的战士吗？你必须知道，没有任何一种工具，你拿到手上就可以得心应手运用的。只有通过认真练习之后你才知道如何使用它。”

“你说得没错，否则工具本身就是无价之宝了。”格劳孔说。

“如果我们说城邦守卫者的工作是重要而伟大的，那么，他就需要有比其他人更多的空闲，需要学习更多的知识，需要进行更多的训练，成为训练有素的人。”

“我也是这样想的。”

“他是不是还需要有干这一行的天赋才能？”

“当然需要。”

“看来，我们的责任就是，尽可能挑选那种有这种天赋的人来守护我们的城邦。”我说道。

“这确实是我们的责任。”格劳孔说道。

“这可不是件轻松的事情。我们一定要尽心尽力去做，千万不可退缩。”

“是的，绝对不能退缩。”

“你认为从护卫角度来看，一条训练有素的狗和一个素养优秀的卫士，两者的天赋才能有什么区别吗？”

“你到底讲的是什么意思？”

“我的意思是说，两者都应该敏锐机警，对觉察到的敌人能快速追赶，如果需要分出胜负的话，要足够强壮。”

“是的，这些品质二者都需要。”

“如果要战胜敌人的话，还需要勇敢？”

“肯定需要。”

“不管是马、狗或其他动物，如果不是精神抖擞，它们能变得勇敢吗？你是否注意到了，精神抖擞的状态会有一种不可战胜的气势？是不是只要有了它，就可以无所畏惧，所向无敌了呢？”

“是的，我注意到了。”

“而且护卫者在身体方面应该有什么样的体质，也是非常清楚的。”

“是的。”

“在精神面貌上，他们应该意气风发，这也是显而易见的。”

“是这样的。”

“格劳孔，如果他们的天赋品质是这样的，那么他们如何避免彼此之间或与其他人之间发生冲突呢？”我问道。

“天神在上！真的很难避免。”

“而且他们还应该对自己人要温厚，对敌人要凶狠。不然，他们不等敌人来灭，自己就会先把自己给灭掉了。”

“是的。”

“我们可怎么办呢？我们到哪里去找这种既温厚又刚烈的人？这两种性格显然是水火不相容的呀。”

“显而易见，是相反的。”

“但如果温厚、刚烈两者缺其一的话，他就永远成不了一个好的护卫者了。由此看来，这两者不可能兼备，所以说也就不可能会有好的护卫者了。”

“这样看来是不可能有的。”

“我给弄糊涂了。但要是把刚才的话重新考虑一遍就会发现，我们的糊涂完全是自己造成的，因为我们把自己做的类比给忘掉了。”

“你到底想说什么？”

“我们根本没有注意到，我们原先认为一个人不能同时具有相反的两种天性，现在看来竟然还是存在的。”

“存在？在哪里会存在？”

“可以在别的动物身上找到，特别是可以在我们拿来与护卫者进行比较的那种动物身上找到。我想，你总应该知道喂养得很好的狗的脾气吧。狗对熟人总是非常温和，对陌生人却凶巴巴的。”

“是的，我了解。”

“那么，事情是可能的了。我们寻找这类护卫者并不违反事物的天性。”

“看来并不违反。”

“那么，你是不是认为，要成为护卫者，除性情刚烈之外，还需要像哲学家一样爱智慧？”

“怎么会需要爱智慧呢？我倒不明白你是什么意思了。”格劳孔说道。

“在狗的身上你能看到这一点，其他动物身上也有，太让人惊讶了。”

“‘这一点’是指的哪一点呢？”

“狗一看见陌生人就凶巴巴地狂吠，其实这个人并没有要打它的意思。而当狗看到熟悉的人时，就会摇尾欢迎，其实这个人可能并没有对它表示友好。你看到这样的事情时难道不觉得惊讶吗？”

“过去我可从来没有注意过这类事情，但很显然，狗的行为的确就是这样的。”

“这的确是狗天性中的精敏之处，是一种爱智慧的体现。”

“你这样认为的根据何在？”

“我的根据在于：狗完全凭借认识与否来区分敌与友的面孔，不认识的是敌人，认识的是朋友。一个动物可以通过认识和不认识来决定它是喜欢还是不喜欢，算不算是热爱学习？”

“当然可以这样说。”

“热爱学习不就是哲学所说的爱智慧吗？”

“它们是一回事。”格劳孔回答道。

“那么，在人类身上，我们是不是也可以确定地说，如果一个人对他的朋友和熟人很和善，他的本性一定是一个爱好学习和热爱知识的人。”

“这一点我们完全可以确定。”

“那么，一个真正优秀而高尚的城邦护卫者，是需要同时具备有哲人的智慧、精神饱满、行动敏捷和力量强大，是吧？”

“毫无疑问是需要的。”格劳孔说道。

“由此看来，这些就是我们想要的城邦护卫者的品质。那么，我们如何来培养和教育他们，从而使其具备这些品质呢？我们在探讨的这个问题，不就是我们一直期望的最终目的，即非弄个水落石出的那个重要问题——正义和不正义是如何在城邦中产生出来的？在探讨这个问题上，我们既不想蜻蜓点水，敷衍了事，也不想把时间拖得太长，令人生厌。”

“那是当然了。我希望我们这个探讨有助于我们的最终目标。”格劳孔的哥哥阿德曼托斯开口说道。

“当然，我亲爱的朋友，”我说道，“我们绝不可以放弃这个任务，即使时间有点长也不能放弃。”

“当然不会放弃。”阿德曼托斯说道。

“那开始吧，让我们用讲故事的方式来度过悠闲自在的时间吧！我们要讲的故事是关于英雄人物的教育问题。”

“就应该这样做。”

“那么，对他们进行的教育是什么样的呢？我们能找到比传统教育更好的教育类型吗？这种教育包括两部分，一是训练身体的体育，一是陶冶灵魂的音乐教育。”

“没错。”

“我们开始进行教育时，是先进行音乐教育，再进行体育训练吗？”

“是的。”

“当你谈论音乐教育时，是否包括了故事？”

“包括。”阿德曼托斯说道。

“故事既有真实的也有虚构的，是吧？”

“是的。”

“那么，对年幼儿童进行教育时无论真实的还是虚构的故事都可采用，而我们以虚构的开始，是吧？”

“我不明白你说的是什么意思。”阿德曼托斯说道。

“你明白，”我说道，“我们给儿童讲故事，故事是虚构的，但其中也包含有真实的成分。在适合进行体育训练之前，我们先用故事来教育孩子。”

“的确如此。”

“这就是我所说的意思，在实施体育之前，先进行音乐教育。”

“十分正确。”阿德曼托斯说道。

“你也知道，凡事开始十分重要。尤其是对于幼小的孩子和柔嫩的东西来说，在柔弱阶段时最容易接受熏陶，你想把它们塑造成什么类型，就能塑造成什么类型。”

“完全正确。”

“那么，我们是否可以粗心大意地允许孩子听任何不相干的人讲不相干的故事呢？这会让他们的心灵接受许多我们认为他们成年后不应该有的那些观念。”

“我们不能。”

“那么，首先，我们要审查编撰故事的人，写得好的故事我们就采用，写得糟糕的我们就拒绝。我们希望母亲和保姆只给孩子讲审核过的故事，用这样的故事去滋养孩子的心灵。滋养心灵的活比用双手去塑造身体要精细得多。但他们在用的多数故事现在是需要摒弃的。”

“你指的是哪一类故事呢？”阿德曼托斯问道。

“你也会发现，故事也会以大见小的。”我说道，“有篇幅长的故事，有短小的故事，无论长短，故事所体现的精神是一样的，是吧？”

“是的。但我不知道你所说的篇幅长的故事具体指的是什么故事。”

“我指的是赫西俄德、荷马以及其他诗人所讲的那些故事。想必我们一定都听过这些故事，现在人们还在听他们所编撰的那些虚假故事。”

“你指的是哪一类故事呢？在这类故事中你发现了什么问题呢？”

“首先加以痛斥的，就是那些描写丑恶的故事。”

“具体指什么呢？”

“当一个人描绘诸神和英雄的本性时使用的是拙劣的言辞，就如同一个画家没能画出他想要的效果的画一样，把诸神和英雄的形象给歪曲了。”

“这是应该受到谴责的。那你有什么具体的事例拿来说明一下吗？”

“首先，非常荒唐的是，他们把最伟大的神明描绘得丑恶不堪。比如说，赫西俄德在《神谱》中描绘的乌拉诺斯[1]干出了监禁孩子的行为，他的儿子克洛诺斯[2]又对他进行报复的行为。赫西俄德还描写了克洛诺斯的所作所为及其儿子对他采取的行为。即使这些故事都是真实的，也不应该讲给天真无邪的年幼儿童听。大人最好对这些故事闭口不谈，就算是非讲不可，也只能讲给少数人听。而且听的人要发誓保密，先进行献祭，然后再听。献祭的牲口不能是一头猪一类的，应该是一头大而稀有的牲畜，这样就只会有少数几个人能听了。”

“这些故事真的是令人非常反感。”阿德曼托斯说道。

“是的。阿德曼托斯，在我们的城邦中，不应该多讲这类故事。一个年轻人听

[1] 乌拉诺斯（Uranus），希腊神话中的天空之神，最初作为统治者的众神之王，象征希望与未来，并代表天空。——译者注

[2] 克洛诺斯（Kronos），希腊神话中第二代众神之王，是乌拉诺斯和盖亚的儿子。与其父亲一样，他害怕被自己的后代推翻，先后将自己的子女吞进肚中，只有宙斯幸免，后被成年后的宙斯推翻。——译者注

了故事之后不应该产生这样的想法：对一个大逆不道的儿子，想方设法去严惩犯了错误的父亲的儿子，也用不着大惊小怪，因为他不过效仿了最威力无比的天神的做法而已。”

“我完全同意你的看法，”阿德曼托斯说道，“这些故事不应该讲述。”

“如果我们希望未来的护卫者把彼此之间的钩心斗角、搞阴谋诡计当作奇耻大辱，我们就绝不应该让年轻人听到诸神之间明争暗斗的这类故事，因为它们并非真实的。我们更不应该把诸神或巨人之间的争斗，把诸神与英雄们对亲人、朋友的种种仇恨作为故事和刺绣的主题。如果我们要使年轻人相信城邦公民之间没有任何争执，要是有的话就是犯罪，那么，老人讲故事时就应该这样讲。无论孩子小的时候还是长大一些时，都应这样讲。我们必须强烈要求诗人撰写这样的故事。至于赫拉[1]如何被儿子捆绑起来，赫菲斯托斯[2]看到母亲挨打便去救援，如何被其父亲从天上摔到地上的故事，以及荷马所描写的诸神之间的战争，等等，不管是不是当作寓言来讲，不管怎样，都不能让这些故事流入到我们的城邦中来。年幼者分不清什么是寓言，什么不是寓言。年幼者早年听到的观点会在他们心中产生根深蒂固的影响，难以消除。所以我们要特别注意，为了培育儿童的美德，儿童最先听到的应该是最优美、最高尚的美德故事。”

“你说得很在理。但如果人们要我们明确说出什么样的故事是美德故事，你能列举出来吗？”

“我亲爱的阿德曼托斯，你和我都不是撰写故事的诗人，而是作为城邦的缔造者在这里进行讨论的。城邦缔造者应该知道诗人按照什么模式进行故事撰写的，不允许他们写出不合规矩的故事，但用不着自己亲自撰写。”

“你说得很对，”阿德曼托斯说道，“但是这个模式，即描写诸神的故事用的模式或标准是什么样的呢？”

---

[1] 赫拉（Hera），希腊神话中主管婚姻与生育的女神，宙斯的妻子。——译者注

[2] 赫菲斯托斯（Hephaestus），希腊神话中的火神，主管冶炼和金属工艺，是宙斯和赫拉的儿子。——译者注

“大致应该是这样的：不管是在史诗、抒情诗还是悲剧诗中，都应该描写出神之所以为神即神的本质来。”

“是的，应该这样来写。”

“神不是完完全全的善吗？难道神不是永远都代表善的吗？”

“当然代表。”

“不存在伤人的善吧？”

“的确不存在。”

“不伤人的善是没有恶意的，是吧？”

“是的。”

“没有恶意的善会成为恶的根源吗？”

“不可能。”

“那么，善是有益的？”

“是的。”

“因此是幸福的根源？”

“是的。”

“由此可见，善不是所有事物的原因，只是幸福的原因，是吧？”

“确实如此。”

“因此，神既然是善的化身，它就不可能如许多人说的那样，是一切事物的原因。对人类而言，神只是为数不多的几种事物的原因，并非多数事物的原因。在我们的世俗世界里，善的事物比邪恶的事物要少得多，而引发善之事物的原因只能是神。至于引发邪恶事物的原因，我们必须到其他地方去寻找，可不能在神这里寻找。”

“在我看来，你说得非常正确。”

“所以说，我们根本就不能接受荷马或其他诗人对诸神的荒谬言论。比如，荷马在其《伊利亚特》的诗中说道：

> 两只大木桶，立于宙斯门坎上，
>
> 一只盛满善，一只盛满恶。

“宙斯把善与恶混和在一起随意赐给凡间人，遭受赐予的人的命运就会：

时而逢凶遭灾，时而幸福吉祥。

“当宙斯把善与恶不进行混和，单独把恶给予某个人时，这个人的命运就会：

饥寒交迫，四处飘泊。

美丽大地，视若无睹。

“其实，我们不应该去相信宙斯是我们祸福吉凶的主宰：

人生吉凶祸福无常，乃是宙斯的操纵使然。

“如果有人声称说，由于雅典娜[1]和宙斯的怂恿，潘达罗斯[2]做出了违反誓言和破坏停战盟约的事，其实是他自己的事情。或者说，诸神之间的争斗和纠纷是由于忒弥斯[3]和宙斯的唆使，我们肯定不能同意他所说的这些话。同样，我们也不允许年轻人听到埃斯库罗斯所说的：

众神如果想毁灭一个家庭，便在凡人的心中播下恶的种子。

“如果诗人们描写尼奥柏的悲痛[4]——埃斯库罗斯曾用抑扬格诗句（四音节韵

[1] 雅典娜（Athena），希腊神话中的智慧女神，主管艺术、工艺。——译者注

[2] 潘达罗斯（Pandarus），特洛伊战争中的著名弓箭手，受宙斯和雅典娜怂恿射伤了斯巴达国王墨涅拉奥斯，破坏了双方合约。——译者注

[3] 忒弥斯（Themis），希腊神话中主管法律和正义的女神，宙斯的第二任妻子。——译者注

[4] 尼奥柏（Niobe），希腊神话中吕底亚国王坦塔洛斯的女儿、忒拜王安菲翁的妻子。她为有六儿六女（荷马的说法）而自夸，嘲笑阿波罗和阿尔忒弥斯的母亲勒托只生了一儿一女。作为惩罚，阿波罗和阿尔忒弥斯分别射死了她的儿子和女儿。她的丈夫因而自杀身亡，她自己也痛苦得泪流满面，变成了岩石。——译者注

律诗）描写过，佩洛普斯家族的故事[1]，或是特洛伊战争的事迹，或是其他任何类似的主题。我们要么不允许他说这些是神的行为，假如这真是神的所作所为，我们就应该让他想出合适的解释，以符合我们正在追寻的真理，他必须得说，神的所作所为都是正确的、符合正义的，然而，那些受到惩罚的人也会受到教益的。决不能允许诗人说：受惩罚的人是痛苦的，而且他们的痛苦都是神所造成的。但诗人可以说，邪恶的人是痛苦的，因为他们将接受惩罚，并且将从神的惩罚中获益。我们一定要限制那种说法：神是善的代名词，却会降祸于人世间。这种话在有良好制度的城邦中，不论老人、年轻人，不论诗歌、散文，都不能说，不能唱，也不能听。这种无稽之谈是自相矛盾的、毁灭性的，并且是对神明的大不敬和不虔诚。”

“我十分赞同你的看法，并且随时随地都会表达我对这一点的支持。”阿德曼托斯说。

“很好。就让我们把它作为有关神的一条原则和规定吧，我们的诗人和发表言论的人都要对此持一致的支持态度：故事要在这个标准下讲，诗要在这个标准下写，即神并非万物的创造者，而是善的创造者。”

“完全可以！”

“那么，你对第二条原则有什么看法？你认为神是否会是一个魔法师？他是否能按自己的意图在不同时间变成各种不同的形象？或者说，神有时会用乔装打扮的方式来惑世欺人吗？还是我们可以说，神始终都是一样的形象，他的本相是会一成不变的？”

“如果我不好好地想一想，肯定无法回答你的。”阿德曼托斯说。

“我们可以想象一下，任何一样东西，一旦发生变化，肯定就会远离它的本相，就会变成其他东西。”

[1] 佩洛普斯（Pelops），希腊神话中吕底亚国王坦塔洛斯的儿子。坦塔洛斯邀请奥林匹斯众神赴宴，把儿子佩洛普斯杀死，用其肉款待众神。众神怒，无一神食用。只有得墨忒耳因失去女儿感到悲伤，心不在焉地吃了佩洛普斯的肩膀。后众神要求赫耳墨斯帮助佩洛普斯起死回生，被得墨忒耳吃掉的肩膀则用象牙补上。——译者注

“极有可能会这样。”

“一切东西处于最完美状态时，肯定是最不可能改变或动摇的。举例来说，当一个人身体最健康、最强壮的时候，他最不易受到食物、饮品的影响，植物在最有生机的时候，最不畏惧风吹雨淋、太阳的暴晒或其他类似的影响。”

“当然。”

“其实灵魂也是一样的，最勇敢、最睿智的灵魂，最不容易受到外来影响的迷惑或改变。”

“是的。”

“正如我设想的那样，同样的这些原则可以用于任何人工做成的东西，比如说家具、房子和衣服，当它们制作精良、完好无损时，它们就最不易受时间和外在环境的改变。”

“千真万确！”阿德曼托斯回应说。

“那么，任何好的东西，不论依靠技艺做成的，还是天然自成的，都最不容易受到外来因素而改变，是吧？”

“没错。”

“但是，神和一切属于神的东西，无论在哪个方面都是完美无缺的吗？”

“当然是完美无缺的。”

“那么，他不会因外力所迫而千变万化其形象，是吧？”

“他不会的。”

“但是，他会不会自己改变和转化自己呢？”

“很显然，”阿德曼托斯说道，“如果他的形象改变了，那一定是他自己做出的改变。”

“那么，如果他改变了，是会变得更高贵、更美好，还是会变得更糟糕、更丑陋呢？”

“如果他改变的话，只能是变得更糟糕、更丑陋。因为，我们一开始就曾说过，神是完美无缺的，我们不能设想他在德性或美貌上还存在什么缺陷。”

“阿德曼托斯，你说得非常正确，但是，神或人，有谁会希望把自己变得更糟糕、更丑陋呢？”

“谁也不可能那么做的。”

“那么，要想神改变自己的形象是永远都不可能的事情，因为神已经是我们可以想象得出的最完美、最高贵的形象了。每个神都会永远保持他原来的尽善尽美的形象。”

“依我看，他们肯定会这么做的。”

“那么，我亲爱的朋友，我们不能让任何诗人告诉我们：

> 神乔装打扮成陌生的外乡人，以各种不同的形象在城邦中四处走动。

“也不允许任何人诽谤普罗忒乌斯[1]和忒提丝[2]，也不能让诗人在悲剧里或其他诗中，改变赫拉的形象，让赫拉装成女祭司，乞求施舍：

> 为了阿尔戈斯河神伊阿科斯的女儿们，她们是给予生命的女神。

“——我们不能再容忍这种谎言了。我们也不应该允许母亲受到诗人的影响，用这类神话的这种恶劣形式，来恐吓她们的孩子。她们会说，某些神会在夜间变成各种生人、各种形象，四处行走。她们要注意，不要说这些话，以免把孩子吓成胆小鬼，同时这样做其实沾污了诸神的名声。”

“上天也不允许的。”

“但是，虽然神本身是不可改变的，但他们会不会以巫术和欺诈，使我们觉得他们会以各种各样的形式出现呢？”

“也许会的。”阿德曼托斯说道。

“那么，你能想象，诸神会故弄玄虚，让自己变成光怪陆离的幻影，在言语和

---

[1] 普罗忒乌斯（Proteus），希腊神话中的一个早期海神，荷马所称的“海洋老人”之一。他有预知未来的能力，但他经常变化外形使人无法捉到他，他只向逮到他的人预言未来。——译者注

[2] 忒提丝（Thetis），希腊神话中的海洋女神，半神英雄阿喀琉斯的母亲，曾因不愿嫁给凡人珀琉斯而化身变形，试图逃避婚姻。——译者注

行动上对我们进行欺骗吗？”

“我可说不上来。”阿德曼托斯说道。

“难道你不知道，真的谎言——如果我们可以这样说的话，是神和凡人都会痛恨的吗？”

“你说的是什么意思呢？”

“我的意思是说，任何人都不愿意在他自身最真实、最高贵的方面受到欺诈，也不愿意在最真实、最高贵的事物上受到欺诈。在利害攸关的事情上，谁都害怕受谎言所控制。”

“我还是没听懂你的话。”

“你之所以没听懂，是因为你把我说的话想得太深奥了。我说的意思是：上当欺骗，对真相一无所知，在人最高贵的灵魂中居然存留着假相，这是任何人都最不乐意、最深恶痛绝的事情。”

“确实如此，再没有比这更可恨的了。”

“就像我刚才所指出的一样，受骗者的灵魂所容纳的无知，可以称为真正的谎言。口头上所说的谎言，只是现有灵魂状态的复制品而已，是派生物，是幻影，并不是彻头彻尾的假相和谎言，对吧？”

“完全正确。”

“真正的谎言，不仅神会讨厌，凡人也是深恶痛绝的。”

“是的，我也这样认为。”

“但语言上的谎言，在某些情况下是有用的，而并不是令人生厌的。比如说，对付敌人的时候就可以说；又如，对付我们那些有疯病的朋友，他们可能胡闹或会做坏事，对朋友造成伤害，这时说谎就很有用，它算得上是一种药物或防范措施。再比如说，我们刚刚谈到的神话故事——因为我们并不知道古代的实情，只有竭尽全力让虚假接近实际，而加以利用。”

“非常正确。”

“但这些理由，能用在神的身上吗？我们难道能够认为，神也会对古代一无所知，他们也只好用虚构的方式来了解古代吗？”

“那真是荒唐可笑。”阿德曼托斯说。

“那么，就我们对神的看法而言，那些说谎的诗人是不靠谱的，是吗？”

“我应该说他们是不靠谱的。”

“也许他之所以说谎，是因为他害怕敌人？”

“那倒是难以想象的。”

“也许是有朋友失去了理智或发疯了才说谎的？”

“但是没有一个神会有失去理智或发疯的朋友的。”

“是的。那么，神为什么说谎，我想象不出他的动机是什么。”

“根本想象不出来。”

“那么，超凡的人和圣人绝对不可能造假？”

“是的。”

“那么，神无论在言语上还是行动上，都是绝对单纯而真实的。神既不会改变自己，也不会通过手势或言语、通过夜间托梦或白天产生幻影来欺骗人。”

“你的想法，”阿德曼托斯说，“真是同我的不谋而合。”

“那么，你也会同意这样的看法的，”我说道，“我们在写或说那些神圣事物的故事时，要知道，诸神既不是让他们自己随意变形的魔法师，他们也不会以任何方式欺骗人类。这是我们要遵循的第二个原则。”

“我同意这一点。”

“那么，虽然我们是荷马的崇拜者，但我们并不赞美宙斯托给阿伽门农的梦[1]，因为那是谎言；我们也不会赞美埃斯库罗斯的诗歌，其中，在忒提丝的婚礼上，光明之神阿波罗[2]说过这样的一段话：

> 用颂歌赞美她美丽的孩子，祝孩子天长地久，没有病痛没有灾难。而当

[1] 阿伽门农（Agamemnon），古希腊迈锡尼国王，古希腊诸王之王，特洛伊战争中希腊联合远征军统帅。据荷马史诗《伊利亚特》记载，宙斯曾托梦给阿伽门农，让他去攻打特洛伊。——译者注

[2] 阿波罗（Apollo），希腊神话中主管光明、音乐、占卜与医药之神，是宙斯和哺育女神勒托之子。——译者注

> 他谈及我的命运，就像上天祝福一切事物时一样，他志得意满，为我的灵魂欢呼。而我曾想，出自福玻斯[1]之口的话，应该是既神圣，又有先见之明，不应该是虚言。但现在他在婚礼上却说出了灾祸一类的事情。他这个正在欢宴的人，他这个说了那些话的人，就是杀死我孩子的人。

“这些出自诗人之手有关神之情感的言语会引起我们的愤怒，说这些毁谤诸神之话的人，不会得到别人的响应和共鸣，我们也不会让我们的老师在教授学生时提及这些内容。我的意思是，我们的城邦护卫者，必须在做人方面要有底线，要成为敬畏神明的人，要像神一样为人处世。”

“我完全赞同这些原则，并且发誓把它们作为我的做人法则。”

[1] 福玻斯（Phoebus），阿波罗的别名，福玻斯的意思是“光明”。——译者注

卷三　教育的艺术

对话者：苏格拉底

阿德曼托斯

格劳孔

“关于神的那些故事就是这些：我们应该知道，哪些故事是可以从孩子小时候就要讲给他们听的，而哪些故事是不要讲的，如果我们希望他们将来尊敬众神和父母，珍视与他人之间的友谊。”

“是的。我认为我们的原则是正确的。”阿德曼托斯说道。

“但除此之外，如果要他们成为勇者，他们是不是还应该学一些其他的东西呢？他们要学习克服对死亡的恐惧。一个人如果贪生怕死，他能够成为一名勇者吗？”

“当然不能。”阿德曼托斯说道。

“如果一个人相信冥间是真实而可怕的地方，他会面对死亡却毫无惧色，他会宁愿选择在战斗中死去也不愿被打败而成为奴隶吗？”

“不可能。”

“那么，看来我们必须像控制其他人一样控制住讲这类故事的人。并且，我们还要肯求他们不要只是诽谤冥间，把其说得一无是处，而要颂扬冥间。我们还要告诉他们，他们对冥间的描述是不真实的，对我们未来的战士是有害无益的。”

“这将是我们的责任。”阿德曼托斯说道。

“那么，让我们从史诗开始，删掉下面这些让人憎恶的内容吧：

我宁愿在一个不太富裕的主人那里为奴，

也不愿在冥间所有那些死者中当统帅。

“我们还要删掉史诗中的这一句，讲普鲁托[1]是如何害怕的：

他担心凡人和诸神看到冥间的阴暗和凄惨，都会触目惊心的。

“还有一句也要删掉：

天哪！在冥间原来只有幽魂和幻影，却没有了能知能识的心灵！

“再就是讲忒瑞西阿斯[2]的也需要删掉：

（他虽然已死，但珀尔塞福涅[3]仍然给了他心灵）所以只有他依然是智者，而其他灵魂只剩下飘忽不定的影子了。

从肢体上飞离出去的灵魂向哈得斯[4]飞去，一路哀号着自己不幸的命运，一点也没有了男子汉气慨和青春活力。

“还有这一句也要删掉：

灵魂凄厉地尖叫着，在地下如烟雾般穿行而过。

“这一段也需要删掉：

好似神秘洞穴空隙间成群结队的蝙蝠一样，一旦有一只从岩石上滑落下来，其余的便会惊叫飞起，相互挤作一团。冥间的灵魂也是一样，熙熙攘攘，尖叫着游来荡去。

---

[1] 普鲁托（Pluto），古罗马神话中的冥王，冥间的主宰。——译者注

[2] 忒瑞西阿斯（Tiresias），希腊神话中忒拜的一位盲人预言者。据荷马史诗《奥德赛》记载，他甚至在冥界仍有预言能力，英雄奥德修斯曾被派往冥界请他预卜未来。——译者注

[3] 珀尔塞福涅（Persephone），希腊神话中冥界的王后，是宙斯和农业女神德墨忒尔的女儿，被冥王劫持娶作冥后。——译者注

[4] 哈得斯（Hades），希腊神话中的冥王，即普鲁托。——译者注

“如果我们删掉了这些和其他类似的篇幅，我们还必须肯请荷马和其他诗人们不要生我们的气。之所以删掉，并非是由于它们不够诗意，也不是因为它们对一般听众没有吸引力。而是因为，它们越是富有诗意般的魅力，就越不适宜于那些应该是把追求自由当作最高追求的儿童和成人，他们与其说害怕死亡，不如说更应该害怕成为奴隶而受到奴役。”

“不容置疑。”

“而且我们还要把一切描绘冥间恐怖可怕的那些词语剔除：比如‘科赛特斯河’[1]和‘斯蒂克斯河’[2]、‘死气沉沉的阴魂’、‘阴森恐怖的冥间’、‘僵尸’等类似的字眼，这些字眼一听就让人产生毛骨悚然的感觉。我并不是说这些令人恐怖的故事没有丝毫的用处。但是对于我们的城邦护卫者们而言，可能会被这些字眼弄得精神过度紧张，或者变得更软弱。这是很危险的。”

“真的很危险。”阿德曼托斯说道。

“那么，我们就应该删除这些词。”

“是应该删除。”

“我们还要重新编唱一首更为高尚的赞歌。”

“显然应该如此。”

“那么接下来，我们是不是就要删除这些著名人物的悲泣痛哭呢？”

“和前面所说的一样，它们也得一并删除。”

“但是我们删除这些内容对不对呢？仔细想想：我们的原则是，正直的人认为死亡对于他的亲密朋友而言并不是一件可怕的事情。”

[1] 科赛特斯河（Cocytus），希腊神话中冥界的一条大河，意为“远方的哭声”，又名“哀河”。——译者注

[2] 斯蒂克斯河（Styx），希腊神话中冥界的主要河流之一，同时斯蒂克斯也是提坦神奥克阿诺斯和忒提丝的女儿。在提坦之战期间，斯蒂克斯带领她的五个孩子首先去支援宙斯，帮助他赢得了胜利。为了嘉奖她，宙斯赐予她“众神凭借发誓的女神”的荣誉。奥林匹斯的众神指冥河斯蒂克斯发誓，因为斯蒂克斯的河水可以让人失去神性。——译者注

“是的，这就是我们的原则。”

“因此，他不会为他逝去的朋友感到哀伤，就好像他碰到了一件非常可怕的事情似的。对吧？”

“他不会悲伤。”

“我们还可以进一步认为，这样的人是自我满足的、自得其乐的人，因而也是最不依赖他人的人。”

“没错。”阿德曼托斯说道。

“因此，对于他来说，失去一个儿子或兄弟，或者财产被剥夺，都不会像其他人那样觉得非常可怕。”

“绝对如此。”

“因此，他至少不太可能会哀伤，而且当这种不幸降临到他头上时，他能够显示出极度的平静，泰然处之。”

“是的，他会觉得这种不幸远远比不上其他的不幸。”

“那么，我们如果要删去那些著名诗人们的哀悼之辞，要么把这样的东西归属于普通的女性所有（那些优秀的女性不在此列），要么把其归于平庸的男子。如果我们是要通过教育培养城邦护卫者，那么就会不屑于这样做的。”

“应该这样。”

“那么，我们就要再次恳求荷马和其他诗人不要再把女神之子阿喀琉斯[1]描述成：先是侧卧，然后仰面朝天躺着，再然后匍匐于地；接着他划起船儿，发疯了似地沿着荒凉的海边航行；他忽而又用双手抓起黑灰撒在自己的头上，或者就像荷马描写的那样，呜咽悲泣、嚎啕大哭。

“荷马也不该把神的直系后代普里阿摩斯[2]描绘成在祈祷和哀求：

在肮脏的泥土里打着滚，大声一个个叫着所有人的名字，向其哀求。

---

[1] 阿喀琉斯（Achilles），英雄珀琉斯和海洋女神忒提丝之子，荷马史诗《伊利亚特》中参加特洛伊战争的一个半神英雄，希腊联军第一勇士。——译者注

[2] 普里阿摩斯（Priams），特洛伊战争时期的特洛伊国王。——译者注

“我们尤其要诚恳地请求诗人们，无论如何也不要让诸神哀伤叹息地说：

唉！我真是痛苦啊！

唉！我生下了最勇敢的儿子，

结果却使我悲伤万分！

“但是，如果不得不提到诸神，千万不要让他如此胆大妄为地去歪曲诸神的伟大高尚，甚至这样来形容神：

唉！我亲眼见到我的一位好友被追得满城乱跑。

面对此情此景，我的心真是悲伤万分！

“又说：

我多么可怜啊，我最宠爱的萨尔佩冬命中注定要死在默诺伊提奥斯之子帕特洛克罗斯的手下。[1]

“这是因为，我亲爱的阿德曼托斯啊，如果我们的年轻人认真地听取了这些把诸神描述得毫无价值的故事，而不是把这样的举止嗤之以鼻，那么他们就会觉得，神这样做都不觉得可耻，不会被人取笑，那么自己不过区区的凡人，如果产生了要说类似的话和做类似的事的念头，就不会去克制自己了。他不仅不会产生羞耻感从而对其加以克制，而且会因为一些鸡毛蒜皮的小事而满腹牢骚、自怨自艾。”

“对，”阿德曼托斯说道，“大多数人都是如此。”

“是的。正如我们刚才已经讨论并证明过的那样，人们不应该这样做，而在我们讨论出一个更好的结果之前，我们必须要遵循已被论证了的这个结论。”

[1] 这是荷马史诗《伊利亚特》中宙斯对他的儿子命运的哀叹。萨尔佩冬（Sarpedon）是吕西亚人的首领，伟大的战士。他带领部落士兵帮助特洛伊抵抗希腊联军，最后在与希腊主将阿喀琉斯的亲密伙伴帕特洛克罗斯（Patroclus）的对决中身亡。——译者注

“他们不应该这样为人处世。”

“我们的护卫者也不应该肆意大笑。因为一般来说，如果一个人纵情狂笑，多半会引发情绪激动，产生暴烈的反应。”

“我相信会这样的。”

“所以说，那些有德之人，哪怕只是普通的凡人，也不容许被描绘成是肆意大笑而不能自制之人，更不用说是诸神了。”

“你说得没错。众神就更不用说了。”阿德曼托斯回应道。

“那么，我们就决不能容忍荷马在其史诗中描述众神时所用的下面的字眼：

> 当万福的众神看到赫菲斯托斯在殿堂中东奔西跑、忙乱不堪的样子时，禁不住哄堂大笑。”[1]

“用你的话说，我们决不能容忍他们这样说。”

“就我而言，如果你高兴把这些看法当作我的看法，那也未尝不可。反正我们是不应该接受那些说法的。”

“再说，真理是应该受到高度重视的。我们说过，如果谎言对众神毫无用处，而只能被凡人用来当作药物，那么这种药物也只能限于让医生们使用。普通之人不应该使用。”

“很清楚，一般人不该使用。”阿德曼托斯说道。

“那么，如果说有人可以享有说谎特权的话，那便是城邦的统治者了。他们在对付敌人或应对本城邦的民众时，可以允许他们为了公众的利益而说谎。但是其他的人却不能与说谎有任何牵连。而且，虽然统治者可以说谎，但如果平民对他们说谎，就应该看作严重的罪行了。这就好比是病人不肯把自己的病情如实告诉医生或是运动员不肯把身体的真实状况告诉教练一样，又好比是水手不肯把船和其他船员的情况以及他自己和同船伙伴的情况报告给船长一样。”

---

[1] 出自荷马史诗《伊利亚特》，因为火神赫菲斯托斯腿瘸，在为诸神斟酒的时候摇摇晃晃的，引发了诸神的大笑。——译者注

“极其正确。”

“那么，如果统治者发现，除了自己之外，在城邦里还有别的人也在说谎，包括：

> 所有的手艺人，不管他是祭师、医生还是木匠

“都要受到严厉的惩罚，因为他的行为就像水手把某种东西带上船导致船颠覆毁灭一样，足以颠覆毁灭城邦。”

“如果把他的胡言乱语付诸行动，一定会毁掉城邦的。”阿德曼托斯说道。

“其次，我们的年轻人应该是性情温和、克制自己的吧？”

“那当然了。”

“一般来说，自我克制的主要条件是不是包括说话温和、遵从指挥、节制肉欲呢？”

“当然包括了。”

“那么，我们就应该赞成荷马史诗中的狄奥墨得斯所说的话了：

> 朋友请静坐下来，听我把情况细细说来。[1]

“荷马还在史诗中说：

> 希腊人气喘吁吁向前挺进，
>
> ……他们默默无语，对将领充满了敬畏。

“还有类似的其他几段，也说得很好，我们都很欣赏。”

“我们应该欣赏。”

“再来看看这句怎么样：

> 啊，他喝得酩酊大醉，眼红如狗，心如雄鹿。

[1] 出自荷马史诗《伊利亚特》。狄奥墨得斯（Diomede）是希腊军队中的名将，随阿伽门农参加特洛伊战争，见战友斯特涅洛斯对阿伽门农对二者的指责不满，便如此出言安慰他。——译者注

“还有这句话后面的话，你觉得如何？如果这些话或类似的粗话是平民对他们的领导者讲的，就算它们是写在诗歌和散文中的，你觉得这些庸俗不堪、无礼犯上的言语合适吗？”

“不合适。”

“这些粗俗之语对于娱乐、引人发笑没什么不可以的，但是却不利于培养自我克制的品质。因此，它们很可能对我们的年轻人有害，不宜让他们听到。你同意我的看法吗？”

“同意。”

“那么，这种说法又会怎样呢？让一位最明智的人说，他认为最美妙的时刻莫过于：

> 麦饼和肉食等佳肴满席，有侍者提壶斟酒，酒杯满满。

“那么我们的年轻人听完之后，能有利于培养他们的自我克制的品质吗？还有这一句：

> 人生最悲惨的命运，莫过于饥饿而死。

“他们听了会怎么想呢？

“还有宙斯的故事，你听了意下如何？他说，当其他神和人都已进入睡梦之中时，宙斯是唯一醒着的神。他躺在那里构想计划，可是由于他的性欲一时之间突然开始膨胀，顿时他把想的计划忘得一干二净了。一见到赫拉，他就完全被征服了，甚至等不及进到屋子里面，就想在室外露天之地和她发生关系。他还说，甚至在他们初次相见时，‘在瞒着双方父母的情况下’，他也不曾感受过这种极度的兴奋。还有赫菲斯托斯的故事，你听了又会觉得如何？由于差不多同样的原因，赫菲斯托斯由于战神阿瑞斯和爱神阿芙洛狄忒的偷情，把他们用金属网网住挂在半空中，引得其他神看笑话。”

“说实在的，我坚决反对年轻人听这一类的故事。”

“对于那些名人在遭受侮辱之时坚忍、克制的事迹，倒是值得我们年轻人看一看、听一听的，比如下面这几句话里所说的：

他捶打着自己的胸膛，以此来责备自己：

要忍耐啊，我的心！

你已经忍受过比这还大的痛苦了！”

“理应如此。”

“还有就是，我们千万不能让他们接受贿赂或成为贪财的人。”

“当然不能。”

“我们也不能向年轻人歌颂：

厚礼可以使众神动心，可使受人尊敬的君王动心。

“我们也不能赞扬福尼克斯给他的学生阿喀琉斯施予的有益的教导，因为福尼克斯教阿喀琉斯接受希腊人的礼物来协助保卫他们，还教导他，如果没有送礼就不要平熄心中的怒火。我们也不要相信阿喀琉斯本身就是一个贪念钱财的人，所以才拿了阿伽门农的礼物；还说什么要不是收了礼，他就不会归还赫克托耳[1]的尸首之类的话。”

“没错。对这样的看法我们不应该赞同。”阿德曼托斯说道。

“虽然我热爱荷马，但是我不得不说，他把这种看法用在阿喀琉斯身上，或者相信这种看法确实可以加诸于阿喀琉斯，这是彻头彻尾地对神的不虔敬。我也不能相信他所说的那段关于阿喀琉斯对阿波罗所说的傲慢无礼的话：

你这众神之中最可恶至极的一个，你对我真是太不公平了！

如果我有足够的力量，我就一定会报复你！

[1] 赫克托耳（Hector），荷马史诗《伊利亚特》中参加特洛伊战争的一个凡人英雄，特洛伊第一勇士，最后在和希腊联军第一勇士阿喀琉斯的决斗中，因众神的裁决和宿命死在对方手里。——译者注

“还有，关于阿喀琉斯对河神的粗暴无礼，胆敢向神动手的故事[1]；还有他把自己的头发献给了已死的好友帕特洛克罗斯，而这本来是要献给另一位河神斯佩尔赫奥斯的[2]；还有他拖着赫克托耳来到帕特洛克罗斯的坟前，绕坟一周，并且屠杀战俘放在朋友的火葬堆上。所有这些我们都不能相信。还有，最让人难以置信的是，这个阿喀琉斯，是智者喀戎[3]的弟子，是一位女神同素来以温和闻名的宙斯的第三代、聪明无比的珀琉斯所生的儿子，又在具有超凡智慧的喀戎的亲身培育下长大，竟然会有如此相互矛盾的性格：成为激情的奴隶，而且自私刻薄、贪婪成性，蔑视神、人。”

“你说得很对。”

“我们既不要相信，也不能允许人们再重复海神波塞冬的儿子忒修斯和主神宙斯的儿子皮里托奥斯的故事，因为这个骇人听闻的故事说他们竟然犯下了掳虐妇女的罪行[4]。同样，我们也不能到现在还让人们诬蔑其他英雄和神的后代们，说他们胆大包天犯下亵渎神明之类可怕的罪孽。让我们还要迫使诗人们郑重声明，这些都不是英雄和神的后代们的所作所为，或者声明做这些事情的都不是神的后代们。我们决不能容忍诗人们企图蛊惑年轻人，说什么众神都是邪恶的制造者，说什么英雄并不一定优于普通人，我们决不能允许这种说法到处漫延。前面我们已说过，这种说法既不真诚也不虔诚。因为我们早已证明了：众神是邪恶之源当然是不可能的。”

“当然不可能。”

---

[1] 出自荷马史诗《伊利亚特》，即阿喀琉斯在特洛伊的伊利昂城前的斯卡曼德洛斯河边大肆杀戮，使河道布满了尸体，该河河神愤而伪装成凡人与阿喀琉斯动手。——译者注

[2] 出自荷马史诗《伊利亚特》，即阿喀琉斯在出征前，其父珀琉斯向家乡的斯佩尔赫奥斯河许下诺言，如果阿喀琉斯能安然返回故乡，就割下头发献给他。——译者注

[3] 喀戎（Cheiron），希腊神话中的半人马，有名的智者。——译者注

[4] 忒修斯（Theseus）和皮里托奥斯（Pirithous）是挚友。两人曾发誓要娶到宙斯的女儿为妻。忒修斯选择了海伦，两人成功绑架了她，只等她成年即可成婚；皮里托奥斯选择了冥王哈得斯的妻子珀尔塞福涅，但未能绑架成功。——译者注

“再说，这些故事很可能会对听者产生不良的影响。因为，如果一个人确信类似的作恶者是神的子孙或近亲：

高耸入云的伊达山峰上，
矗立着宙斯的祭祖神坛，
他们是宙斯的家眷和亲属，
他们的血管里流淌着神的血液。

“如果人们相信神及其子孙、亲戚会常常犯错作恶的话，那么每个人都会为自己的恶行寻找借口。正因为如此，我们应该禁止这些故事的传播，以免它们败坏年轻人的道德。”

“当然，我们必须要禁止。”

“我们既然是在决定什么应该讲、什么不应该讲，就让我们来看一看我们是否漏掉了什么内容吧。我们现在可以说，我们已经提出了怎样对待众神、半神、英雄和冥间才正确的准则。”

“的确已提出过了。”

“那么，下面我们应该是探讨如何对待人的准则了吧？毋庸置疑，这个问题我们还没有讨论过。”

“是的，显然还没讨论过。”

“可是，我的朋友啊，我们现在还暂时不具备回答这个问题的条件呢。”

“为什么？”

“因为，如果我没有弄错的话，应该说诗人和讲故事的人在讲到人的时候撒了弥天大谎。他们的说法是不正确的。他们说，邪恶的人往往会很幸福，而正直的人则常常会受苦受难。他们还说，如果做不正义的事没有被发现，就会有利可图，而做正义之事则会损己、利人。我们一定要禁止他们说这种话，应该命令他们去歌颂、述说与此相反的看法。我说得没错吧？”

“我们理应这样做。”

“当然，如果你承认我在这一点上说的是正确的，那么我就可以说，你已提示了我们刚才争论要遵循什么样的原则。”

“你说得没错。”阿德曼托斯说道。

“除非我们已经找到什么是正义，并且发现正义对于正义的拥有者来说是何其有益，尽管有时候他看上去不一定显得那么有正义感。否则，我们就不能肯定，关于人的故事，哪些话应该讲，哪些话不应该讲。”

“千真万确。”

“好的。我们关于诗歌内容的问题已经说得够多了，就到此为止吧。下面让我们来谈一谈诗歌风格的问题吧。只要我们探讨了这一点，那么诗歌的内容和形式——讲什么和怎么讲的问题就都考察到了。”

“我有点不明白你的意思。”

“我会让你明白的。也许如果我换个说法，你就会明白我讲的意思了。我想，你应该知道所有的神话和诗歌都是对过去、现在或将来的事情的叙述，是吧？”

“这我当然知道。”

“我们在讲故事时，可能是纯粹叙述，可能是模仿性叙述，也可能是两者的结合？”

“我还是不太明白你的意思。”阿德曼托斯说道。

“让别人理解我的意思竟然这么困难，我恐怕真的是个非常糟糕的老师了。好吧，我就干脆像个糟糕的老师一样，既然不能一下子全讲明白，那就把它分开来，一一加以说明。这样你也许就能明白了。你知道《伊利亚特》开头几行诗的内容吧？诗人说，克律塞斯[1]祈求阿伽门农释放他的女儿，而阿伽门农却对他大发雷霆。于是恳求不成的克律塞斯就祈求神能够惩罚希腊人。这几行诗是这样写的：

他祈求所有的希腊人，
特别是阿特柔斯[2]的两个儿子，

---

1 克律塞斯（Chryses），《伊利亚特》第一卷中的人物，相传为远射之神阿波罗的祭司。——译者注

2 阿特柔斯（Atreus），阿伽门农的父亲，他的另一子是墨涅拉奥斯。——译者注

众人的领袖。

“诗人是以自己的口吻在说话，我们怎么也不可能误以为他在装作别人说话。可是接下来，他却是以克律塞斯的口吻在讲话了，并且力求使我们相信，并非是荷马在讲话，而是那位上了年纪的祭司在讲话。在整个《奥德赛》的讲述过程中，包括在特洛伊和在伊萨卡[1]所发生的事情，他都是以双重的形式在进行叙述的。”

“的确是这样叙述的。”

“不过，无论是诗人时不时所做的大段大段的对话性讲述，还是对话之间衔接的段落，叙述总归还是叙述，是吧？”

“完全正确。”

“可是，诗人用对话体叙述时，他用别人的口吻说话时，总会告诉你某某人要说话了，而他却把自己的风格融进了讲话者的叙述里？”

“当然。”

“那么，不管诗人是用声音还是用动作使自己的风格融于人物之中的，他都是在想当然地模仿人物的音容笑貌？”

“当然。”

“那么，在这种情况下，我们可以说诗人是以模仿方式进行讲述的？”

“是的。”

“而且，如果诗人处处都现身，从不隐藏自己，那么就不存在模仿不模仿的问题了。他的诗歌也就变成了纯粹的叙述了。然而，为了使我的意思说得更清楚一些，为了不让你再说‘我不明白你的意思’之类的话，我来说一说这种叙述是怎么变换的。比如，荷马说：‘祭司来了，手里捧着想要领回女儿的赎金，他祈求希腊人，特别是祈求两位国王。’荷马这样用自己的口吻而不是用克律塞斯的口吻进行叙述，就是纯粹的讲述，这样讲的话就不是模仿。那么接下来的诗句大概会是

---

[1] 伊萨卡（Ithaca），古希腊西部爱奥尼亚海上一个美丽的岛国。在《奥德赛》中，它是神话英雄奥德修斯（奥德赛）的故乡。——译者注

这个样子（我不是诗人，所以不讲究韵律了）：‘祭司来了，祈求神保佑希腊人攻占特洛伊，并且平安而归；但他却哀求希腊人归还他的女儿，收下他带来的赎金，并且对神恭敬。’他这样说了以后，因为大部分希腊人都敬畏祭司，都同意了。可只有阿伽门农十分生气，命令他离开并且永远不要再来，不然，连神的权杖和花冠也将对他毫无用处。阿伽门农还说，克律塞斯的女儿是不会放回去的，她将与他在阿尔戈斯[1]终老一生。然后他命令克律塞斯走开，不要再惹恼他，否则就别想平安回家。老祭司既恐惧又害怕，一声不吭地走了。当祭司远离营地后，他以阿波罗的所有名号呼唤他，提起他为了取悦阿波罗所做的一切事情，诸如为他修建神庙、给他供奉祭品等。他祈求自己的善行得到回报，让希腊人受到神的利箭的诅咒，以偿还他的眼泪，如此等等。这样一来，整个诗篇就变成了纯粹的叙述了。”

“我理解了。”

“或者，你也可以假设一下完全相反的文体情形：把对话之间诗人所说的段落省略掉，只保留对话。”

“你的意思我懂，这就是悲剧剧本采用的文体。”

“你完全领会了我的意思，要是我没有弄错，你先前没有理解的东西，现在已经非常清楚了。我再说一遍：诗歌和神话有些时候完全就是一种模仿性叙述，比如，在悲剧和喜剧的剧本里就是这样。另外还有一种截然相反的风格，也就是说，诗人是唯一的讲话者，酒神颂诗就是一个很好的例子，这种抒情诗是诗人用来表达自己的情感的。而两者相结合的风格，可以在史诗或诗歌的其他几种体裁中看到。你听明白我的意思了吗？”

“明白了。我现在明白你的意思了。”

“你记得我之前说过，我们已经讨论过诗人说什么的问题，还要继续讨论他们怎么说的问题。”

“是的，我还记得。”

“我之所以这么说，是为了提醒我们应该对模仿的艺术达成共识：我们是否允

[1] 阿尔戈斯（Argos），希腊伯罗奔尼撒半岛东北城市，阿伽门农的故乡。——译者注

许诗人在讲故事时进行模仿性讲述？如果允许，是允许全部模仿还是部分模仿？如果是后者，那么在什么部分可以模仿，或者干脆说所有的模仿都不行？”

“我猜你的意思是想讨论一下，在我们的城邦里，是否允许悲剧和喜剧存在，对吗？”

“对，不过。这个问题牵涉到的也许不仅仅是这一点。我的确也还说不太明白，就让我们继续我们的讨论吧，能讨论到哪一步算哪一步吧。”

“行。”

“那么，阿德曼托斯，让我来问问你：我们的城邦护卫者们是否应该成为模仿者呢？或者，这个问题是否早已被我们制定的规则决定好了呢？原来我们曾说过，一个人只能擅长一种行业：如果他试图同时干好几个行业，那么他就连一个也干不好，他将一事无成。是吧？”

“那是当然了。”

“同样的道理也适用于模仿。一个人能模仿好一个角色，却不能同时模仿好几个角色？”

“是的，没有人做得到。”

“既然如此，那么一个人几乎不可能在生活中扮演一个严肃的角色，同时还能做好一个模仿者，模仿其他的许多角色。因为，即使这两者之间有着密切的联系，同一个人也不可能把两者都模仿得很成功，比方说，悲剧家和喜剧家不可能同时能写好两种形式的作品。刚才你是不是把他们都称作模仿者？”

“是的，你的看法完全正确，一个人不可能同时胜任两件事情。”

“如果他们既可以是吟诵诗人，又可以是演员，还有比这更不可思议的事情吗？”

“没有。”

“虽然喜剧演员和悲剧演员都依靠模仿，但他们并不一样？”

“的确如此。”

“然而，不同人的个性千差万别，就好像包括许多细微的方面，有许多事情是做不好的，也有许多角色是模仿不了的。”

“你说得对极了。”

“这么说，如果我们遵循我们的意愿，并且牢记，我们的城邦护者们应该把其他事情搁置一旁，全心全意献身于维护城邦的自由大业，并以此为己任，坚决不做与此无关的工作，那么，他们就不应当做其他事情或者模仿其他角色。如果他们非要模仿，也只能从小模仿那些与他们的职责品质相吻合的人：英勇无畏的人、自我克制的人、神圣纯洁的人、高贵自由的人，等等。但他们决不能仿效或擅长于仿效任何形式的专横拔扈或卑鄙无耻。否则，他们就会因模仿这些行为而变成这样的人。难道你没有注意过，从小开始模仿怎样的言行举止，待长大以后就会形成这样的行为习惯，成为人的第二本性，最终会影响人的举止、语言和思想？”

“是的，我当然注意到了。”

“那么，对于那些我们十分关注的、想要培养成为男子汉的人，我们就不应允许他们模仿女性与丈夫争吵的行为，或者模仿她们与神竞争、自夸幸福，或者模仿她们痛苦、悲伤和哭泣的样子。当然了，更不能模仿那些处于生病中、恋爱中或生育中的女性了。”

“你说得没错。”

“他们也不能模仿奴隶，不管是男奴还是女奴都不能模仿，也不能干奴隶的活？”

“对，不能。”

“当然，他们也不能模仿恶人，不管是懦夫还是其他什么人，都不能模仿。也不能模仿那些所作所为与我们刚才所说的截然相反的人，不能模仿那些不论醉酒与否总是恶语相向、谩骂戏弄别人的人，还有那些言行一向冒犯邻里乡亲的人。我们也不能教他们去模仿疯癫和恶劣的男性和女性的言行举止，因为疯颠就像邪恶一样，不可做，不可模仿。”

“太对了。”

“也不许他们模仿工匠或其他手艺人，比如划桨的船员和发号施令者以及其他类似的人？”

“怎么可能呢？这些事情他们最好想都不要想，怎么能去模仿呢？”

“他们也不可以模仿马啸、牛吼、河水潺潺、海水澎湃、雷声轰隆，以及这一类的声音？”

“不能。如果不许疯狂存在的话，他们也不许模仿疯子的言行。”

“如果我理解对了，你的意思是说，一个品质优秀的人只能选择一种叙述形式；而另一种说话方式则只能由与之性格和所受教育截然相反的人使用，是吧？”

“那么有哪两种叙述形式呢？”

“比方说，一位正义的德才兼备之人在讲述过程中讲到了另一位德才兼备之人的言行，我想他肯定愿意把这个人表演出来，他也不会因为这种模仿而觉得不好意思。如果这个正直的人表现得又果断又聪明，他就会心甘情愿扮演这个正直的人。可是，如果这个正直的人生病了、恋爱了，或者是喝醉酒了，甚至是碰上了其他什么灾祸，讲述者也许就不会心甘情愿扮演他了。当他碰上了一个他觉得配不上自己的人物时，他就更不会去学他的样子了。他会鄙视这样的人。如果非要他模仿，他也只是在这个人做好事时才去模仿他。否则，他会耻于扮演这么一个他从来没有经验过的角色。他也不愿意以这么一个卑鄙无耻的人为榜样。他会觉得，如果不是开玩笑，那么模仿这样的人会有失自己的身份。他会从心里产生反感。”

“我也这么认为。”阿德曼托斯说道。

“那么，他会采用一种从荷马史诗中学来的叙述方式。也就是说，他采用的是一种既包括模仿又包括叙述的方式。但模仿会远远少于叙述，你同意吗？”

“当然同意，”阿德曼托斯说道，“这种故事讲述者必须要这样做。”

“但还有另一种故事讲述人。他什么都会讲，而且他的品质越是卑劣，就越会不顾廉耻地乱讲一通。他什么都愿意模仿，并不是在开玩笑，而是在大庭广众面前一本正经地讲。正如我刚才所说，他会想要模仿隆隆的打雷声、呼呼的风声和下冰雹的声音、车轮的吱呀声，以及长笛、牧笛、喇叭等乐器的各种声音。他还会学狗的狂吠，学绵羊的咩咩叫，学公鸡的打鸣。他所讲的故事全部都是对声音和动作姿态的模仿，而很少有纯粹的叙述。”

“他的讲述风格应该是这样的。”

“这是两种不同的讲述风格吗？”

“是的。”

“而且你一定会同意我的看法：其中一种讲述风格很朴素，变化很小。如果我们选择把音调和韵律作为是否朴素的依据，我们就可以得出这个结论：讲述者要想讲得正确，那他只需要一直保持同一种风格就可以了，选择同样的音调（因为变化不大），差不多只采用一种韵律，是吧？”

“的确如此。”阿德曼托斯说道。

“但另一种讲述风格则要求有各种各样的音调和韵律，从而使音乐和讲述风格保持一致，因为这种风格是变化多端的。”

“完全正确。”阿德曼托斯回应道。

“那么，这两种讲述风格或者说这两者的混合风格，是不是就涵盖了所有的诗歌和所有的语言表述形式？一个人如果要讲述什么，是否必须采用其中一种形式或者同时采用这两种形式？”

“是的。它们包含了一切语言表述形式。”阿德曼托斯说道。

“那么，我们是应该把采用这三种风格的人全部接纳进我们的城邦呢，还是只接纳那两种采用单一风格的人，或者采用混合风格的人？”

“我应该是只愿意接纳高尚人士的纯粹模仿者。”

“对，阿德曼托斯，”我说道，“不过，这种混合的形式也很有魅力。事实上，哑剧，正好与你所说的形式是相反的，却很受孩子和照顾孩子的人的欢迎，大多数普通人也都很喜欢。”

“我并不否认这一点。”

“不过，我猜想，你可能会反驳说这种形式不适合我们的城邦。因为在我们的城邦里，每个人只能干好一件事，没有人能同时做好两件事，或者多件事，是这样的吧？”

“对，非常不合适。”

“这就是为什么在我们的城邦里，而且也只在我们的城邦里，一个鞋匠只能是鞋匠，不能同时又是航海员；一个农夫只能是农夫，不能同时又是法官；一个士兵只能是士兵，不能同时又是商人，以此类推。我说的对吧？”

“没错。”阿德曼托斯说。

“因此，我们可以假设一下，如果有一个哑剧演员依靠自己的聪明，能够模仿什么就像什么，他来到我们这里，提议让他自我展现一下，为我们朗读诗歌，我们由此就对他崇拜得五体投地，把他奉若神明。与此同时，又必须告诉他，在我们的城邦里，不允许他这种人存在。法律不允许他存在。于是，我们为他抹了油，在他头上戴上羊毛绒编织的花冠之后，就只好请他再寻理想的去处了。这是因为，为了我们灵魂的健康，我们要起用更严肃、更正派的诗人或故事讲述者，他只会模仿有德者的风格。我们在教育士兵的时候，就要以开始时我们所讲过的那些正派人物为榜样。”

“如果我们有力量这么做的话，”阿德曼托斯说，“我们当然应该如此做。”

“我的朋友，那么到现在，我们可以说是已经讲完了故事和神话中的音乐教育部分了。因为我们已经讨论过内容和方式了。”

“我也是这么想的。”阿德曼托斯说。

“接下来就该谈一谈弦律和歌曲了。”

“显然应该是谈这些问题了。如果我们要让自己前后保持连贯一致的话，那么关于弦律和歌曲，我们应该讲些什么，应该是任何人都会知道的。”

“我想‘任何人’恐怕不包括我在内吧，因为我到现在还不知道应该如何讲。当然了，我多少可以猜到一点。”格劳孔大笑着说道。

“无论如何，你总应该知道歌曲和颂曲都是由三个部分组成的：歌词、弦律和节奏。这些你总该知道吧？”

“是的，我知道你说的这些。”格劳孔说道。

“至于说歌词，哪些与音乐相配、哪些不配，应该说是没有多大区别的。它们都必须遵循同一规则，而这个规则我们早就定好了，对吧？”

“对。”

“弦律和节奏必须与歌词吻合，是吧？”

“那是当然了。”

“在讲到题材内容时，我们说过，歌词不需要哀悼和悲伤的词语，是吧？”

“说过的，不需要。”

“那么，哪些和弦是表达哀歌的曲调[1]的呢？你懂音乐，不妨给我讲一讲。”

“应该是吕底亚复调或吕底亚高调，以及全音或低音吕底亚调，诸如此类。”

“那么这些必须要清除掉，”我说道，“这些东西不用说是对男子而言，就是对那些有德行的女子来说，也是毫无益处的。”

“那是当然了。”

“其次，酗酒、萎靡不振和懒惰懈怠不应该成为我们城邦护卫者的品行。”

“绝对不行。”

“那么，表达靡靡之音或酗酒的曲调是什么呢？”

“是爱奥尼亚调和吕底亚调，”格劳孔说道，“也就是一般被称为松软的调式。”

“那么，这些曲调能用于军队中吗？对士兵会有益处吗？”

“恰恰相反，”格劳孔说道，“这样看来，就只剩下多里斯调和弗里吉亚调了。”

“我对于曲调可以说是一窍不通。但我所要的是一种能鼓舞士气的曲调，一种听上去是勇士们所吟唱的曲调，是他们在面对危险时，或显示刚毅时，或遭受挫败时，或面临伤亡和其他不幸时，他们在危急关头以坚定的步伐和决定来迎接命运的打击时所唱的曲调。还有另外一种，就是勇士们在和平时期、行动自由、没有贫困的压力时，向神祷告，用指导和训诫来规劝他人，另一方面也是当他表示愿意接受训诫时所用的曲调，表达他已谨慎地完成了自己的任务，没有被成功冲昏头脑，而是心平气和地面对这一事实的曲调。我要求你只保留这两种曲调，那些能模仿表达穷困与自由，表达不幸与幸运，表达勇敢与自制的曲调。”

“这些就是刚才我所说的多里斯调和弗里吉亚调。”

“那么，”我说道，“如果在我们的歌曲中只能使用这些曲调，我们就不需要多调乐器来奏出一切曲调了，是吧？”

“我想不需要。”

“那么，我们就用不着再保留那些制造带三角的、有复杂音的里拉琴的工匠

[1] 古希腊的音乐曲调多以地方民族命名，如吕底亚调、爱奥尼亚调、多里斯调、弗里吉亚调等。其基本音程和现代音乐的八度音程相似。——译者注

了，用不着再保留那些制造其他多弦多调乐器的工匠了，是吧？”

“当然不用保留了。”

“可是，你怎么处理那些制造长笛的工匠和吹长笛的人呢？既然你认为在使用多弦乐器方面，笛子甚至比所有其他弦乐器加在一起还要糟糕，而且其他多弦乐器也不过是对长笛的模仿罢了，你还会允许他们在我们的城邦里存在吗？”

“我显然不会允许。”

“那么，在我们的城邦里，就只剩下里拉琴、竖琴以及牧羊人在乡下使用的牧笛可以演奏了。”

“根据我们的讨论来看，当然只能得出这个结论了。”

“我们选择阿波罗使用的里拉琴，而抛弃了森林之神马西亚斯使用的长笛乐器[1]，就一点也不奇怪了。”我说道。

“毫不奇怪。”

“如此看来，凭埃及人的神狗起誓，我们已经不知不觉地开始对我们的城邦进行净化清理了。刚才我还说它太奢靡了呢。”

“我们这样做非常明智。”格劳孔回应说。

“好了，现在我们可以停止清理了。我们说完了曲调，接下来自然就该说一说韵律节奏了。它们也应该遵循同一原则，因为我们不应当寻求复杂的、五花八门的节拍，而是要发掘出什么样的韵律节奏才能表达出勇武的气概与和谐的生活。一旦我们找到了这样的节律，就要使音调和弦律能够配上具有同样精神的歌词，而不是使歌词能够与音调和弦律搭配。说出这些节奏到底是什么样的这个责任，现在落在你身上了。你可得教给我这些节奏，就像刚才你教给我曲调是什么一样。”

---

[1] 马西亚斯（Marsyas）擅长吹奏双管笛，因为他的笛子吹得好，所以十分骄傲，向音乐之神、太阳神阿波罗发出挑战。阿波罗的乐器是里拉琴，在演奏过程中，两个人的水平不相上下，于是阿波罗提出，他可以将里拉琴倒过来演奏。但是双管笛无法倒过来演奏，所以马西亚斯输了。按照约定，阿波罗提出胜利者的要求，那就是剥掉了马西亚斯的皮。——译者注

“但说句实在话，”格劳孔说道，“我实在是教不了你。因为我只知道，节奏大约有三种原则，一切节奏体系皆以此为框架。这就好比是在音乐里有四个音阶，所有的曲调都是在它们的基础上配成的。我就只知道这些。至于说它们各自模仿了怎样的生活，我实在是说不出。”

“如果是这样，”我说道，“看来我们只好请教一下音乐家达蒙了。他可以告诉我们，哪些节奏表达的是自私、傲慢、暴躁易怒，以及其他不好的品质，还有哪些节奏表达的则是相反的情感。我仿佛记得，他曾提到过一种复杂的长短长节奏，还有一种扬抑抑格或英雄格。我不太理解他是如何排列的，把一上一下的音步放在一起，变成了一短一长。要是我没有弄错的话，他还说起过一种抑扬格和一种扬抑格，他分别赋予它们长短不同的音步。另外，在某些情况下，他好像还赞扬或批评了音步的速度，其程度并不少于对节奏本身的赞扬或批评。也许他指的是两者的结合，总之我不太确定他是什么意思。然而，就像我所说的那样，这些方面最好还是请教一下达蒙本人，因为这些问题分析起来很有难度，你明白吗？”

“要我说的话，最好是请教他本人。”

“但我们不难看出，优雅还是缺乏优雅，是节奏好坏产生的影响。”

“就是这样的，一点也不难看出。”

“而且，节奏的好坏与语言的好坏也是一致的。同样，曲调的和谐与否也是由语言的好坏决定的。这是因为，我们的原则是节奏与曲调是根据歌词而做出规定的，而不是根据节奏与曲调来决定歌词的。”

“的确如此，”格劳孔说道，“节奏与曲调应该根据歌词而定。”

“难道某种语言的词语及特点不是取决于心灵的气质吗？”

“是的。”

“语言的其他方面也是由心灵的气质决定的吗？”

“是的。”

“那么，语言、曲调、风格和节奏的优美，都取决于它们是否纯朴。我指的是一种只有正直而高尚的心性才具备的纯朴，而不是作为愚蠢代名词的那种简单。”

“你说得太对了。”格劳孔回应道。

“那么，如果我们要使年轻人在其生活中做他们该做的事情，是不是不该让他们把这种优雅与和谐作为他们努力的目标呢？”

“他们理应如此。”

“毫无疑问，在画家的艺术里以及其他具有创造性和建设性的艺术里，到处可以找到这些特点，比如在编织、刺绣、建筑，以及其他各种创造性的工作中。甚至在大自然中，无论是在动物身上，还是植物身上，都可以发现优雅的存在与否。而丑陋、混乱以及不和谐几乎总是与糟糕的歌词和本性联系在一起，如同优雅、和谐与善良高尚是孪生姐妹一样。”

“非常正确。”

“我们是不是还要进一步进行监督呢？我们是否仅仅满足于让诗人们在作品里用言语淋漓尽致地表达善的形象，否则，就要把他们驱逐出城邦呢？还有，同样的控制措施是不是也要沿用到艺术家们身上，是否也要禁止他们展览邪恶、放纵、自私和猥亵的雕塑、建筑以及其他艺术作品？是不是那些不遵守我们这一法令的人都不准在我们的城邦里从事他们的艺术创作，以免我们的公民的品味被他们腐化了？我们不能让我们的城邦护卫者们在这些充满了道德缺陷的形象中成长，犹如生活在有毒的牧场里，天天以毒草毒花为食，以至在不知不觉中他们的灵魂里就积聚出腐化的脓疮来了。我们的艺术家们应该具有辨别优美和优雅的真正的本质的能力。只有这样，我们的年轻人才能生活在健康的环境里，生活在美景、雅乐之中，接受善事美物的熏陶。而佳作所流露出来的优美典雅，将会流入他们的耳目之中，就像从一片净土上吹来的微风，悄悄地吹拂他们的灵魂，使其从年少无知走向理性之美，与理性之美产生共鸣。”

“没有比这种教育更宝贵的了。”格劳孔回应道。

“因此，格劳孔，音乐教育比其他教育方式会更有效，这是因为节奏与曲调能进入到心灵深处，并牢牢地扎根在心灵中，赋予人优雅的姿态，从而会使受到恰当音乐教育的人的心灵变得优雅，而受到不良音乐教育的人的心灵则会变得粗俗不堪。而且，因为那些在内心世界受到真正音乐教育的人最能洞悉艺术与自然界中的缺陷，并且会以真正的高品味来欣赏并吸收美好事物，与此同时心灵会变得高贵而善良，所以他能够在现在还很年轻时，甚至还不知道为什么要这样做时，就会公正地抨击和憎恨邪恶。而当他明白了这样做的原因后，就能辨认出这种原因并欢迎它，因为这是他早已通过自己所受的教育就熟悉了的朋友。”

“对，我同意你的想法，”格劳孔说道，“我们的年轻人应该在你提到的那些前提的基础上接受音乐教育。”

“这就像学习阅读时一样。”我说道，“我们学完了字母表上的几个字母，并且看到了它们的排列组合之后，就觉得相当满足了。无论这些字母占据的空间是大还是小，我们都不会觉得它们哪个字母是微不足道的，反而是渴望随时随地都能把它们辨认出来。在这之前，我们是不会自认为在阅读艺术上已经达到完美的境界的。”

“没错。”

“又譬如，只有当我们知道字母本身后，才能够辨认出它们在水里或镜中的倒影来。艺术和学习都可以告诉我们这种知识。”

“确实如此。”

“即使如此，我仍然主张，不论是我们自己还是我们要教育的护卫者们，除非是懂得了节制、勇敢、宽容、慷慨及类似气质的根本形式，以及它们相对的形式和它们的综合体，并且能随时随地把它们辨认出来，不因它们的大小而忽视它们，并且认定它们肯定存在于某种艺术和学习的范围内，只有这样，才能说我们是懂音乐的。”

“绝对如此。”

“当一个人既有美好的心灵，又有优美的外表，这样的外在美和内在美和谐地给合在一起在同一个人身上展现出来时，这对一个洞察力强的人来说，是不是一道最美的景致？”

“的确是最美的。”

“最美的也是最可爱的吗？”

“可以这么说。”

“而一个保持身心和谐的精神面貌的人，最爱的就是那些可爱的事物，他绝不会喜爱一个身心不和谐的人，对吧？”

“对，”格劳孔说道，“如果那个人的心灵存在着这样的缺陷，他是不会爱他的。可是，如果那个人只不过是有一些身体上的缺陷，他对此还是能包容的，并且会一样爱他。”

“我想，”我说道，“你可能有或曾有过这样的经验，所以我同意你的看法。不过，再让我问你一个问题：过度快乐与节制能同时存在吗？”

“怎么可能呢？”格劳孔回应道，“快乐就如同痛苦一样，会让人失态，快乐会让人得意忘形。”

“那么，过度快乐与一般意义上的美德能并行不悖吗？”

“也根本不可能。”

“那么，过度快乐与纵欲、无节制是差不多一样的吗？”

“是的，关系十分密切。”

“还有比肉体感官之爱更大、更强的快感吗？”

“没有，没有比它更疯狂的了。”

“相比较而言，真正的爱是对美和秩序的爱，这是一种有节制的、和谐的爱，是吧？”

“完全正确。”格劳孔回应道。

“那么，不节制和疯狂都不能与真正的爱混为一谈，是吧？”

“当然不能了。”

“那么，永远不许把一个有爱的人和他所爱的人与疯狂的、不节制的快感混为一谈，而且如果他的爱是正确的，他也不可能和这种快感搅和到一起，对吧？”

“不行，苏格拉底，他们可不能追求疯狂的、不节制的快感。”

“那么，我设想，在我们建立的这个城邦里，你必须制定一条法律，规定一个朋友对他的爱所表示的亲密，决不能超出父母对儿子的亲密，而且亲密的目的必须是高尚的，并且征得了对方的许可。这条规定是为了限制一个人的交往而谈的，我们绝不允许他越雷池一步。如果他超越了限度，就应该判处粗鲁下流之罪。”

“我非常同意。”格劳孔说道。

“那么，关于音乐教育，我们就谈到这里吧。看这个结尾很完美，因为除了对爱美之心的培养之外，还有什么能够称得上是音乐教育的目的呢？”

“我同意。”格劳孔说道。

“谈过音乐教育之后，就该谈一谈体育了。除了接受音乐熏陶之外，我们的年轻人所要接受的训练就该是体育了。”

“当然应该谈体育了。”

“体育与音乐教育一样，应该从小就开始接受。进行体育训练不但应该十分小心，而且要终其一生。我对体育的看法是，良好的体质本身并不一定有利于心灵的修养；与此相反，美好的心灵本身却能够尽可能地改善人的体质。关于这一点，我想听一听你的看法，以便确认一下我自己的观点是否正确，你意下如何？”

“是的，我同意你的看法。”格劳孔说道。

“那么，对于那些心灵已经受到过适当训练的人，我们就可以把更多的注意力放在培养他们的体魄上了。为了避免啰唆，不要废话连篇，我们只对体育的内容讲个大致的标准，行吧？”

“很好。”格劳孔说道。

“我们早就说过，作为护卫者，他们必须戒酒。因为护卫者们是最不应该喝得滥醉连自己身在何处都不知道的了。”

“是的，”格劳孔说道，“如果一个护卫者还必须要另一个护卫者来照顾，这岂不是成了天大的笑话。”

“但接下来，我们应该对他们的饮食做出怎样的规定呢？他们是被训练来进行最激烈的竞赛的，是吧？”

“是的。”格劳孔说道。

“我们的普通运动员的身体习惯会适合这种激烈竞赛吗？”

“怎么会不适合呢？”

“我担心，运动员们的身体习惯不过是让人昏昏欲睡的习惯，是对身体健康有害的，你难道没有注意到那些运动员们几乎都是在昏睡中过了一辈子吗？而且一旦他们略微改变一下习惯了的生活方式，就很有可能患上重病，不是这样的吗？”

“是的，我也这样认为。”

“那么，”我说道，“我们就要对我们的竞技运动员进行更精致的训练，使他们总是如警惕的猎犬一样，有敏锐的视觉和听觉。他们在战役生活中要经受吃喝没有规律带来的考验，要经受严寒酷暑更替带来的考验，并且要确保不能让身体垮掉。”

“我也是这么想的。”

“真正优质的体育训练，应该是我们刚才所讲的那种纯朴音乐教育的孪生姐妹。”

“这又从何说起？”

“我猜想，应该有一种体育训练，尤其是军事体育，就像我们的音乐教育一样，既朴素又优美。”

“你到底是什么意思呢？”

“从荷马史诗中可以发现我所讲的意思。你知道，在荷马的史诗中，他并没有给英雄们鱼吃，虽然他们就驻扎在赫勒斯庞特[1]海岸。他们也没有煮肉吃，对于士兵来说只有烤肉是最方便的，他们只需要燃起篝火来烤肉就行了，用不着携带锅碗瓢盆。”

“确实如此。”

“如果我没弄错，在荷马史诗里，从未提到过甜美的酱汁。当然，也并非只有他一个人是反对士兵们享用这些美味的，所有的职业运动员都晓得要保持良好的身体状态，就不应该吃这类东西。”

“对，”格劳孔说道，“他们既然很清楚，不吃就对了。”

“那么你也不会对叙拉古人的宴会以及西西里岛人的精美烹饪[2]赞不绝口了，是吧？”

“我想我不会了。”

[1] 即今达达尼尔海峡，位于小亚细亚半岛和巴尔干半岛之间。——译者注

[2] 叙拉古（Syracuse），西西里岛上的一个城市，西西里岛以富饶、奢华著称。——译者注

“如果一个男性要保持良好的身体状态，你也不会允许他找一个科林斯[1]女性来做情妇，是吧？”

“当然不会。”

“你也不会再夸赞人们通常视为美味的雅典甜食了，是吧？”

“当然不会了。”

“所有这些繁杂的饮食和生活方式，就好比是多音调、多节奏的歌曲。”

“一点没错。”

“复杂的音乐会使人心产生浮躁，而复杂的饮食和生活方式则会导致人生病。相反，纯朴的音乐教育能使心灵变得平和、自制，而朴素的体育锻炼能使人身强体健。”

“千真万确。”格劳孔说道。

“不过，一旦不节制和疾病在城邦泛滥开来，法庭与医院、药店则会遍地开花、大行其道。可这样一来，医生和律师就会因自己有用武之地而变得趾高气扬，因为他们发现，在城邦里不但奴隶，就连自由人也把他们很当一回事了，对他们毕恭毕敬起来。”

“那是当然了。”

“一流的医生和法官，不仅工匠、庶民需要，就连那些号称受过自由教育的人也是需要的。还有什么比这更能证明城邦的教育是如此糟糕和不雅的呢？如果一个人因为在城邦内没有合适的条件而必须到城邦外去寻求法律和医药的帮助，并且把别人当作大人和法官，让自己受制于他人，难道这还不足让人觉得可耻，还不足以说明他缺乏良好的教育吗？”

“这的确是所有事情中最可耻之事了。”格劳孔说道。

“你先别急着说‘最’之类的话，”我说道，“你想一想，还有一种情况恐怕更糟糕：一个人不但整个一生都把时间花在在法庭上打官司了，不是当原告，就是

[1] 科林斯（Corinthia），伯罗奔尼撒半岛的商贸重镇，卖淫活动频繁，因此又以“美女”著称。——译者注

当被告，而且竟然以自己擅长打官司而自鸣得意；他还自认为是欺诈大师，能走任何歪门邪路，能钻所有漏洞的空子，像柳条一样弯曲着逃脱法律的制裁。而他做了这一切都是为了什么呢？只不过是为了点微不足道的小便宜罢了。可他不知道，如果他能生活得稍微规矩一些，以免让法官对着他那桩烦人的案子打盹，他就做了一件大好事了。你说，还有比这更可耻的事情吗？"

"没错，这确实更为可耻。"格劳孔说道。

"还有就是，"我说道，"如果一个人不是为了治疗伤口、流行病而向人索取药物，而仅仅是因为他的懒惰成性和我们刚才提到的那些好吃贪睡的不良习惯，使他的身体糟糕得像一片沼泽地一样，充满了烂泥和水汽。还迫使神医阿斯克勒庇俄斯[1]的后代们利用自己的聪明才智来替他的疾病起个名字，像什么肠胃胀气、鼻喉炎之类。这不是很可耻吗？"

"是的，"格劳孔说道，"他们确实为这些疾病想出了许多稀奇古怪的名称。"

"是的，"我说道，"我相信，在阿斯克勒庇俄斯生活的时代里，还不会有这些名称的疾病。我之所以这么说，是根据荷马史诗中欧律皮洛斯的故事来的。他在特洛伊受伤之后，喝了由普拉姆尼酒混合的奶酒，还加了大麦和碎乳酪。这种酒会使伤口发炎。可是，也一同参加了特洛伊战争的阿斯克勒庇俄斯的儿子们，却并没有责怪那个给他喝这种酒的女子，也没有责怪给欧律皮洛斯提供这种治病方法的帕特洛克罗斯。"

"这样一杯酒给他这样一个受伤的人喝，确实是够要命的。"格劳孔说道。

"这也算不了什么，"我说道，"你想一想，在赫罗狄科斯[2]之前的时代里，人们通常认为，阿斯克勒庇俄斯的后代们并没有使用我们现在的医疗体系。我们现在的医学可以说是疾病教育的医学。赫罗狄科斯是一名疾病缠身的教练，他把体育训练和治疗

---

[1] 阿斯克勒庇俄斯（Asclepius），天神阿波罗的儿子，神医，医学的创始人，故古希腊人把医生称为"阿斯克勒庇俄斯的后代"。他的两个儿子在特洛伊战争中是希腊军队的医生。——译者注

[2] 赫罗狄科斯（Herodicus），"运动医学之父"，古希腊体操大师，最早用运动疗法治疗疾病和保持健康。——译者注

混为一谈，首先自己受尽了折磨，而后其他人也受到了折磨。”

“这是怎么回事呢？”格劳孔迷惑不解地说道。

“他发明了延迟死亡的医术。他自己得了不治之症，并且康复痊愈是没有指望的，于是他就长年精心照料自己，而其他什么事也干不了，他就这样作为一个体弱多病的人活了好多年。他一天到晚就担心自己是否按照规定的养生方式在生活，这样小心翼翼的生活真是备受折磨，所以，他借助医学的帮助，在痛苦的挣扎中活到了老死的年龄。”

“他用他的医术换得的奖赏啊！”

“是的，”我说道，“不过，也许人们都渴望得到这种奖赏呢。但他们需要明白这一点：阿斯克勒庇俄斯之所以没有把这种虽然多病仍可延年益寿的方法传授给后人，并非是他对这一医学分支不甚了解和缺乏经验，而是因为他知道，在这么一个井然有序的城邦里，每个人都有他自己应尽的职责，因而没有闲工夫长期生病。这种情况放在手艺人身上很合适，但非常可笑的是，这个规则却对那些较为富有的人是不适用的。”

“你是什么意思呢？”格劳孔说道。

“我的意思是，如果一个木匠生了病，他会要求医生给他来点速效药。催吐剂、泻药、灼烧消炎法，甚至是用刀割，这些都是给他治病的手段。倘若有人给他开的药方是一套饮食保健食谱，或者告诉他说他得把脑袋缠裹起来诸如此类的方法。他肯定会马上说，他可没工夫生病，如果要丢下活计不做而去花时间照料自己的身体，那这样活着还有什么用处。于是，他会和医生道声再见，又回到过去的生活习惯中去，要么是病愈了继续干他的活，要么是情况恶化一死了之，也就省了许多麻烦。”

“是的，”格劳孔说道，“像他这种生活条件的人就只能这么医治了。”

“他不是有自己的职业吗？”我说道，“如果他失去了工作，他的生活就没有着落了，对吧？”

“非常对。”格劳孔说道。

“然而，对有钱人来说，这就完全是另一码事了。我们说，有钱人并不一定要做某一特定的工作，他不做工作也可以生活。”

“一般来说，他也用不着做什么事。”

“那么，你是否听说过福西尼德[1]的那句格言：有了生计后必须培养美德。”

“没有听说过。”格劳孔说，“不过我想，这种人应该早就应该开始行有德之事了。”

“我们不要去和福西尼德争论这个问题了。我们还是问一问我们自己：行有德之事对于富人来讲是一种义务呢，还是大可不必呢？如果是义务，就再让我问一个问题：由于生病而限制饮食，既然妨碍木工和其他手艺人使用自己的脑子，会不会同样影响福西尼德的看法呢？”

“毫无疑问会影响的。过分关照自己的身体健康，如果超过了体育训练的规则，就会对德性有很大的损害。”

“是的，的确是这样。”我回答说，“这也同样有害于家务管理、军队管理、城邦管理。而且，最重要的是，它也对学习、思想或自我反思有妨碍。人们常常怀疑造成头晕目眩的原因是哲学，便由此认为，所有对于德性的尝试和躬行都应该遭到禁止。人们总是担心自己被累得病倒了，而总是对自己的身体状况放心不下。”

“对，极有可能是这样的。”

“因此，我们的政治家阿斯克勒庇俄斯说不定曾经只把他的本事施于那些基本上身体健康、生活习惯良好，只不过是患了某种明确疾病的人。他采用药物和手术对这些人加以治疗，使他们一如既往地生活下去。从这种意义上来讲，他也为城邦的利益做出了贡献。但是对于那些被无数病痛纠缠的人，他就不会试图通过服药和排泄物替他们一点点地治好。这是因为，他不愿延长那些毫无用处的人的生命，也不愿让病弱的父亲再生下更病弱的儿子。如果一个人不能过正常人的生活，他就不必再去给他治疗了。给这样的人治病，无论是对于病人自己还是对于城邦来说，都是没有好处的。”

---

[1] 福西尼德（Phocylides），公元前 6 世纪中期米利都诗人，古希腊挽歌体和六音步诗人之一，凭借带有道德言论的格言对句而为世人所熟知。——译者注

“那么，”格劳孔说，“你把阿斯克勒庇俄斯也是当作政治家来看待的，是吧？”

“显而易见是的。而且，他的性格又在他儿子们身上得到了进一步的体现。你应该看到，在过去的时代里他们可以说都是英雄，并且像我所说的那样，在围困特洛伊时，曾行医救世。你也应该记得，当潘达罗斯用箭伤了墨涅拉奥斯之后，他们是怎样治疗的呢？

把淤血从伤口吸出来，给他们敷上止痛的药物。

“可是，他们并没有给墨涅拉奥斯开处方，告诉他作为病人此后该吃什么、该喝什么。对欧律皮洛斯而言，也是一样。在他们看来，如果他们受伤之前就很健康并且生活习惯规律，这些药物已经足以治愈这些人了。因此，即使他确实不小心喝了一杯由普拉姆尼酒混制的奶酒，他也一样能恢复健康。阿斯克勒庇俄斯的儿子们是不愿为那些不健康、不节制的人治病的，因为这些人的生命无论于己于人都是没有用处的。医术并非是为他们所创造的。即使他们像弥达斯[1]一样富有，阿斯克勒庇俄斯的儿子们也一样会拒绝照顾他们。”

“阿斯克勒庇俄斯的儿子们的确是独具慧眼。”

“自然是这样的，”我说道，“可是，悲剧作家们和品达这样的诗人却并不遵从我们的要求去撰写故事，他们明知阿斯克勒庇俄斯是阿波罗神之子，却说阿斯克勒庇俄斯接受了贿赂去替一个将死的富人治病，并因此而遭到雷击。但是，如果我们与我们的既定原则保持一致，那么我们就不能相信他们所说的话。如果阿斯克勒庇俄斯确实是神的儿子，我们就必须坚持，他不可能是贪婪成性之人；或者说如果他是贪婪成性之人，他就不会是神的儿子。”

“苏格拉底，你讲得太妙了。不过我想问你一个问题：城邦里难道不应该有好的医生吗？那些不论病人体质好坏都会极力行医救人的医生，难道不是最好的医生吗？同样，那些熟悉人的各种道德本性的法官们，难道不是最好的法官吗？”

[1] 弥达斯（Midas），希腊神话中的弗里吉亚国王，以巨富著称。与之相关的是点石成金的故事。——译者注

“是的，”我说道，“我也同样希望有好的法官、好的医生。但是你知道我认为什么样的人才称得上是好的医生、好的法官吗？”

“你不妨讲给我听一听，可以吗？”

“如果我能讲出来，一定会讲的。不过我注意到，你在同一个问题里，把两个完全不同的事搅和到一起了。”

“怎么可能会是这样的呢？”格劳孔问道。

“是这样的，”我说道，“你把医生和法官混为一谈了。最有本事的医生，是那些从小就把亲身对疾病的体验与他们的医术结合起来的医生。他们之所以是最好的医生，并不是身体是最强壮的，而是亲身体会过各种各样的不同的疾病。就我的观点来看，一个好的身体并不是他们治病救人的工具；如果是，我们也就不会允许他们患上或患过什么疾病了。可事实上，他们治病救人依靠的是心灵。如果心灵曾经有过或现在有了毛病，他们就不能治病救人了。”

“真是太对了。”格劳孔说道。

“但是，对于法官来说，就是另外一回事了，因为他是用心灵来治理别人的心灵的人。因此，我们可不能只是为了便于他凭直觉来推测别人的罪行，而让他置身于邪恶的思想环境中接受相应的教育，从小吸收这些坏思想，并把每种罪过都体验一次。一个能够做出公正判断、受人尊敬的人，不应该在小时侯就经历或沾染上任何的恶习。这就是为什么正直的人在年轻时会显得非常质朴，易于被不诚实的人所欺骗的缘故。因为正直的人在其灵魂里还没有邪恶的范本。”

“没错，”格劳孔说道，“他们很容易上当受骗。”

“因此，”我说道，“法官不应该太年轻，他应该学会了解邪恶，不是通过自己的心灵去了解，而是通过对别人邪恶本性的长时间观察来了解。总之，这种知识应该成为他的指南，而不是叫他去亲身试恶。”

“是的，”格劳孔说道，“只有这样才称得上是理想的法官。”

“是的，”我说道，“而且他必须是一个高尚的人（这也就是我对你的问题的回答），因为只有那些拥有高尚心灵的人才会是高尚的人。刚才我说的有些人天性狡猾多疑，这样的人往往犯过许多过错罪行，把自己看成作恶的大师。当这种恶人和同类人在一起时，的确是十分谨慎从而能够瞒天过海的，因为他可以通过自身来判断别人。可是一旦与有阅历和有德行的人在一起相处，他看起来就又像个十足的傻瓜了。因为他会毫无道理地胡乱猜疑。他自己心中没有诚实的信念，所以他也分辨不出什么样的人是诚实的人。同时，由于坏人比好人要多，而他又经常与坏人混在一起，他会自认为自己是非常精明、一点都不傻的，当然别人也可能这么认为。”

“的确如此。”格劳孔说道。

“所以，我们要寻找的具有人生智慧的法官绝不是这种人，而是另外一种人。因为，邪恶的人不会了解美德，而具有美德本性的人在接受了长期的教育之后，却能获得美德与邪恶两方面的知识。总之，具有智慧的人并非邪恶之徒，而是有德之人。这就是我的看法。”

“我也这么认为。”

“在城邦里，是不是应该把治病救人的规则和审判的规则用法律固定下来？这样将会有助于培养好的品性，给人以健康的心灵和体魄。至于那些体弱多病之人，就应该让他们自生自灭，而那些心灵堕落腐化、不可救药之人，就让他们自我了断结束自己的生命。”

“显而易见，这对于那些病人和城邦都有好处。”

“这么一来，我们的年轻人因为受到的只是鼓励纯朴的音乐教育，从而养成了节制的生活习惯，所以他们是不会愿意走上法律诉讼之路的。”

“显然如此。”

“同样道理，音乐家们也会满足于进行简单的体育锻炼，如果没有特殊情况，不到万不得已，他们是不会跟药物打交道的。”

“这一点，我倒非常相信。”

“他要进行的体育锻炼和运动是为了激发起他本性中的精神面貌，而不是为了增长他的体力。他不会像普通运动员一样，只是通过锻炼和有规律的生活来增强肌肉活力。”

“太对了。”格劳孔说道。

“音乐教育和体育这两种教育艺术也不是像人们常说的那样，一个是为了训练心灵，另一个是为了训练体魄。”

“那么它们的训练目的到底是什么？”格劳孔问道。

“我认为，音乐教师和体育教师的教育目的都旨在提升心灵的品质。”

“这从何说起呢？”

“难道你没有发现，仅仅致力于体育而忽视了音乐教育，或者仅仅致力于音乐教育而忽视了体育，对于人的心灵会产生什么影响吗？”

“会在哪些方面产生影响呢？”

“单一的体育会让人变得生硬野蛮和刚烈粗暴，而单一的音乐教育则会让人变得软弱无力与女性十足。”我回答道。

“是的，”格劳孔说道，“我十分清楚，一个人如果纯粹是运动员，就会完全变成个野蛮人，而如果纯粹是音乐家，就会温柔软弱到对自己有害无益的程度了。”

“然而，可以确信的是，这种刚烈粗暴不过来自精神，只要加以正确引导就能演变成勇敢。但如果过分强化，就有可能转变成凶恶和残忍。”

“我也完全是这么想的。”

“另一方面，哲学家也必须具备温文尔雅的气质。同样，如果他们过于温柔，也就变成软弱无能了。但只要教育得法，就会养成十分得体的文雅气质。”

“没错。”

“在我们看来，难道护卫者不应该同样具备这两种品质吗？”

“绝对应该具备。”

“而这两种品质是不是应该和谐地统一起来呢？”

“毫无疑问，应该的。”

“那么，心灵和谐，是不是包括节制和勇敢呢？”

“是的。”

“那么心灵不和谐是不是就意味着懦弱与粗野呢？”

“千真万确。”

“如果一个人纵情于音乐，通过他的耳朵向他的心灵灌输我们刚才提到的甜蜜之音、温柔之音、忧郁之音等各种曲调，让他的生命沉浸在各种器乐伴奏的歌曲所带来的偷悦之中，那么在这个过程的最初阶段，他的激情与精神就会像铁一样被锻造成有用之物，而不是脆弱无用之物。然而，如果这种软化、抚慰的过程持续下去不能自拔，在下一个阶段他就会开始被融化、被消磨，直到激情烟消云散、精神萎靡不振，最终成为一个弱不禁风的战士。”

“完全没错。”

“如果他的精神状态天生就是柔弱的，那么纵情于音乐将会加速他的柔弱无力的变化过程。但如果他的精力一向十分充沛，那么这种弱化精神的音乐力量就会使他兴奋起来，只要稍加刺激他就会暴怒无比，但又转瞬即逝。他不但不会精神勃发，反而会变得易怒、易激动，而且性情变得十分无常。”

“确实如此。”

“而且，如果一个人全神贯注于进行大量的、剧烈的体育训练，而对音乐和哲学则完全拒之门外，从不学习，那么在开始阶段，他的体魄会变得健壮，他会由此变得趾高气扬，并且狂妄自大起来，是吧？”

“那是当然了。”

“那么接下来会发生什么事情呢？如果他除了进行体育训练之外，其他什么事都不做，并且毫不理睬文艺女神缪斯，那么他原来或许还有的一点点智慧，岂不是会由于缺乏对所有学识、研究、思想和文化的兴趣而变得越来越微弱、愚钝和盲目吗？而他的心灵岂不是也将永远得不到启发和培育，他的知觉能力也永远不会受到锻炼，他的心灵将永远无法从混沌一片走向清新明亮？”

“没错。”格劳孔说道。

“结果，这种人就会变成一个讨厌哲学和艺术的人，就会变成没有教养的人，因而也将永远不会使用规劝这样的方法去说服人。他为了达到自己的目的，就会像一头野兽一样狂暴而凶残，居然不知道还有其他处理方式。他完全生活在一种无知与邪恶的不和谐状态中，对礼仪和优雅却麻木不仁。”

“真是太对了。”格劳孔说道。

“人的本性遵循两个原则，一种是精神性的，另一种是哲学性的。应该说，神赐予人类两种艺术形式以呼应这两个原则（而且只是间接地呼应灵魂和肉体），以便使这两个原则（如同乐器的弦一样被放松或拉紧）灵活机动，直到它们能达到和谐。”

“本意如此。”

“而只有那些能把音乐教育与体育以恰当的比例结合在一起，并把它们很好地融进心灵的人，或许才称得上是真正的最完美、最和谐的音乐家。这是调琴师们远远不能相比的。”

“苏格拉底，你说得很对。”

“如果要我们的管理有效持久，我们的城邦里就永远需要这样的领导者。”

“是的，这样的人是必不可少的。”

“这些就是我们关于人性教育的基本原则。我们还有必要进一步讨论公民的舞蹈、打猎、竞技体育和赛马等活动吗？这些活动都要遵循这个一般的原则。知道了这个原则，我们就很容易明白应该怎么做了。”

“我敢说并不难。”

“很好，那么接下来该谈什么问题了呢？我们是不是应该探讨由谁来治理城邦的问题了？还要探讨谁是受治理的人，是吧？”

“当然要探讨这个问题。”

“毋庸置疑，年长者应该治理年轻人。”

“显然是的。”

“而在年长者中，应该由最优秀者来治理，是吧？”

“这也是显而易见的。”

“那么，最好的农夫难道不是那些全心全意致力于农业的人吗？”

“对，就是。”

“我们既然想要最好的护卫者来保卫我们的城邦，难道他们不应该是最具有护卫者品格的人吗？”

“是的。”

“而且，这些人一定要精明能干，并且对城邦的利益极其关心，对吧？”

“没错。”

“一个人最关心的东西就是他最喜爱的东西，对吧？”

“可以肯定。”

“而他最可能会喜爱的东西，就应该是那些他认为与自己休戚相关的东西，以及那些他认为总是影响他的祸福得失的人，对吧？”

“非常正确。”格劳孔回应道。

“那么我们就必须进行筛选，我们应当注意到那些终其一生都在殷切希望为城邦利益效劳的护卫者，并且他们对于背叛城邦利益的行为深恶痛绝。”

“只有他们才是正确的人选。”

“他们处于不同的年龄段时，我们就应当一直保持对他们的观察，以便了解他们是否一直忠心未变，是否不为武力和诱惑所动，永远不会忘记和抛开他们对城邦的责任感。”

“如何叫抛开责任呢？”格劳孔问道。

“我来给你解释一下吧。一个人可能会有意或无意地放弃他的信念。当他消除了错觉并增加了对事物的了解之后，就会有意地放弃信念；当他看不到真理时，则会在无意之中放弃信念。”

“我现在已经明白什么是有意地放弃自己的信念了，”格劳孔说道，“可是我还是不太明白什么是无意识抛开自己的信念。”

“怎么，”我说道，“难道你没有看到人们总是不情愿丢掉善而却心甘情愿地放弃恶吗？难道丧失真理不是恶而拥有真理不是善吗？难道你不认为按照事物本来的样子来看待它们就是拥有真理了吗？”

“你说得对，”格劳孔回应道，“我同意你的想法：人类丧失真理是违反人的意愿的。”

“难道这种不情愿丢掉的东西，不是由于偷窃、胁迫和诱惑所导致的结果吗？”

“可我还是不明白。”格劳孔说道。

“我恐怕有点像个悲剧家，讲得太晦涩难懂了。我的意思只不过是说，有些人因为被规劝而改变了主意，而另一些人则是因为忘记而改变了主意。有些人被辩论所说服，因而丢掉了自己的主见；而另一些人则是随着时间流逝而忘记了他的主见。规劝者和时间就是我所说的偷窃者。现在你明白我的意思了吧？”

“这下明白了。”

“另外，那些受胁迫的人，就是屈服于痛苦和悲伤的威力而被迫改变主张的人。”

“我明白了，”格劳孔说道，“你说得完全正确。”

“那么，你现在也明白了那些受诱惑的人，不是受了快乐影响就是受到恐惧影响的人，是吧？”

“是的。所有具有欺骗性的东西都可以说是诱惑。”

“因此，如我刚才所说，我们必须要问一问，哪些人是捍卫自己信念的人，是最好的护卫者。他们应该坚信，他们认为凡是符合城邦利益的事情都应该成为他们的生活准则。我们必须从小就观察他们，让他们经常做那些他们很可能会忘记或受骗的事情，然后从中筛选出那些会牢记自己使命并且不会受到欺骗的人，对于那些没有通过考验的人则要加以淘汰。我说得对吗？”

“对。”

“我们也必须让他们经历繁重的劳动、身体的痛苦和激烈的竞争，让他们从中进一步证明他们具备这些优秀的品质。”

“太对了。”格劳孔回应道。

“那么，”我说道，“我们必须以诱惑来考验一下他们，这也就是第三种考验。我们来看一看他们会怎么做。就如同人们牵着小马驹到人声嘈杂的地方来看它们是否具有驯服的天性一样，我们也要把年轻人放在恐怖艰苦的生活环境中，然后再让他们品尝享乐的生活，以此对他们进行一番彻底的考验。这样做甚至比烈火炼真金还要管用，由此可以发现他们是否已具备了抵御诱惑的能力，是否总是行为高尚，是否总是做正义之事，是否已经成为了自己和所学音乐艺术的护卫者，并且在任何情况下都能保持节制，从而表现出于己于城邦均有利的天性。只有那些成功地、清白地通过了各个年龄段的考验的人——不论是在童年、青年，还是成年阶段，都通过了考验的人，才能被选拔出来做城邦的执政官和护卫者。不论是生前还是死后，他们将永远受到敬仰，并且在死后的葬礼和各种纪念活动中，都能享受最高的待遇。但是，我们要淘汰那些没有通过这些考验的人。我想这就是挑选和任命我们的执政官与护卫者的方法。当然，我这里讲的只是个选拔大概而已，并非操作细则。”

“总的来说，我同意你的观点。”格劳孔说道。

“也许‘护卫者’这个词，在最完全的意义上讲，应该只用于一个更高的阶层，即指那些既保护我们不受外敌侵略，又让民众和平相处，不让心存歹意的人加害于我们的人。先前被我们称为护卫者的年轻人，也许更应该被恰当地称为执政官的辅助者或支持者。”

“我同意你的看法。”格劳孔说道。

“那么，我们该如何设计原先提到过的那些十分必要的谎言呢？我们之所以撒一个这佯的弥天大谎，是为了期骗执政者，而且如有可能，会骗过城邦中所有的人。”

“什么样的谎话？”格劳孔问道。

“其实也不是什么新鲜的谎话。只不过是发生在很久以前的腓尼基人[1]的一个传说，这事情在许多地方都发生过（且像诗人所讲的那样，世人都相信），当然并非发生在现在的事情。而且，我也不知道它是否还有可能发生，再说，这也很难使人相信。”

“你为什么讲得这么吞吞吐吐的？”

“如果我讲给你听了，”我说道，“你就不会奇怪我为什么吞吞吐吐的了。”

“说吧，”他说道，“不用担心。”

“那好吧，”我说道，“虽然我不知道该怎样面对着你把它讲出来，也不知道该怎么把这么胆大妄为的虚构之辞讲出来，我还是试着讲一讲。我本打算把它逐步地讲出来，先是对执政者讲，然后对士兵讲，最后对所有公民讲。我要告诉他

[1] 腓尼基人（Phoenicians），历史上一个古老的民族，生活在今黎巴嫩和叙利亚沿海一带，是古代世界最著名的航海家和商人，他们曾经建立过一个高度文明的古代城邦。由于腓尼基人早已经消亡，有关他们的记载都出自曾经吃过腓尼基人苦头的希腊人和罗马人之手。——译者注

们，青春只是一场梦，而他们从我们这里接受的教育和训练只不过是一种表象而已。事实上，在这段时间里，他们一直都是处于大地母亲之腹中，被孕育，被喂养，他们在这里形成了四肢健全、头脑清醒的完整的自己。当他们被大地母亲孕育成熟之时，就会得以诞生。这样一来，他们的城邦就是他们的母亲和乳母，因而他们有责任为她造福，并保卫她不受侵略，他们要把公民视为大地之子，以及他们的兄弟。”

“我知道你刚才为什么会耻于说出这个谎话了，”格劳孔说道，“看来你是有原因的。”

“对。但我要讲的还不只是这些，我才只说了一半呢。在我们的故事里，我们要对公民们说，你们虽然是兄弟，但神却把你们造得并不是完全一样的。你们当中，一些人具有指挥能力，他们是被神掺杂了金子创造而成的，因此他们还具有最高的荣誉；还有一些人是用银子创造而成的，因而可以成为辅助者；另外一些人成了农夫和手艺人，他们是神掺杂了铜和铁创造而成的。而一般来说，这些属性又将遗传给子孙后代。不过，由于所有人都同属于人这一个种类，所以有时金质父亲会生下银质儿子，或者有时银质父亲会生下金质儿子，如此情况，不一而足。而神给予执政者的最重要的职责就是，他们要小心捍卫种族的纯正。他们应该密切注意他们的子孙体内掺杂了何种元素。因为，如果金质或银质的父亲生下了混有铜质或铁质的儿子，这就表示自然秩序要被破坏了，那么执政者就不应该怜悯那个会被降级为农夫和手艺人的孩子。因为，同样也会有手艺人的孩子由于体内混合了金或银而被晋升到尊贵的阶层，成为护卫者或辅助者。因为神谕说明，如果让铜质或铁质的人护卫城邦，那么城邦就要遭受破坏。这就是我编的故事，你说有可能使我们的民众相信这个故事吗？”

“在我们这一代人中恐怕还不行，”格劳孔说道，“但或许他们的儿子，或者儿子的儿子以及他们的子孙后代，会相信这个故事。”

“我也知道这很困难。”我说道，“但无论如何，这个故事在传播的过程中会使他们更加关心城邦和他人。好了，关于这个虚构的故事已经说得够多的了，说不定现在它已经随着谣言的翅膀传到了国外呢。在这里，还是让我们武装我们这些生于大地之上的英雄们，并让他们在执政者的指挥下奋勇前进吧。让他们环顾四周，寻找一个最能镇压反叛者的地点，并保护自己不为敌人所伤，要知道，敌人就像狼群，会从外面向羊圈发动袭击的。让他们安营扎寨，祭奠众神，然后收拾休息之所。”

“正应这样。”格劳孔说道。

“而他们的休息之所应该能为他们抵御严寒和酷暑的侵袭。”

“我想你指的是房屋吧？”格劳孔回应道。

“是的。但是这些必须是士兵们住的房屋，而不是指商店老板开的店铺。”

“有什么区别吗？”格劳孔说道。

“我会尽力解释这有什么区别的。牧羊人养了一条牧羊犬，它却由于缺乏管束或由于饥饿，或者由于某种不良习惯，会转向羊群并骚扰它们。举止不像一只狗，而像一只狼。难道这对于牧羊犬来说不是犯大错了吗？”

“的确是犯了大错。”格劳孔说道。

“因此，我们一定要十分注意我们的辅助者们，不要因为他们比我们的公民更强大就变得忘乎所以，甚至变成野蛮的暴君，从而不再是公民的盟友了。”

“是的，我们要特别注意。”

“难道最好的护卫者不应该用真正的好的教育来加以‘装饰’吗？”

“可是他们早就接受过良好的教育了。”

“我可没有那么有把握，我亲爱的格劳孔。”我说道，“我非常确定的是，他们应该如此。另外，不管真正的教育到底是什么样的，必须使人们相互之间的关系变得更加文明化、更加人性化，与受他们保护的人之间的关系也同样应该如此。”

“非常正确。”格劳孔回应道。

“不只是他们所接受的教育，还有他们的居住环境，以及他们所拥有的一切东西，都应该既不会削弱他们作为护卫者的美德，也不会引诱他们去掠夺欺诈其他公民。任何头脑清醒的人都应该了解这一点。”

“那么，现在我们需要想一想，如果要使他们按照我们设想的那样去生活，那么他们应该怎样做呢？首先，除了生活必需品之外，他们谁都不允许拥有自己的私人财产。其次，不允许他们拥有其他人不能随意进入的私人房屋和商店。他们的衣食住行的开支，应该由其他公民供给，仅仅算作受训成为节制而勇敢的斗士的报酬，这个报酬既不多也不少，刚刚够其一年的开支。他们必须同吃同住，像士兵一样住在营地里。关于金银一类的财富，我以前就告诉过他们，神明已在他们身体内植入了神圣的金银成分。既然他们体内蕴含有这些神圣的金银，他们就不应该再掺杂进其他人常有的杂质，也不许用这种世俗的混杂物来玷污神圣的心灵。因为这些世俗的金银将会导致许多不圣洁的行为，而他们自身却是纯洁无暇的。而且，在所有公民当中，只有这些护卫者们不能与世俗的金银打交道，不许私藏世俗的金银，不许佩戴金银做的装饰品，也不许用金银做的器皿喝酒。这样做将会使他们保全自己，保全城邦。如果他们一旦拥有了自己的房屋、土地和钱财，他们将会变成富裕的房主和农夫，而不再是好的护卫者了。他们将成为其他公民的敌人与暴君，而不再是他们的盟友了。他们将会憎恨公民，公民也会憎恨他们，他们会算计别人并且被人算计，他们将终其一生都生活在恐惧之中。他们惧怕身边的敌人远甚于惧怕远处的敌人。这样一来，他们毁灭自己及别人的时刻也就为时不远了。基于所有这些原因，就护卫者的衣食住行问题而言，难道我们不该说我们的城邦应该按照我们规定的准则加以管理吗？”

“应该这么说。”格劳孔说道。

卷四　富有、贫困与美德

对话者：苏格拉底
阿德曼托斯
格劳孔

就在这个时候，阿德曼托斯插话了，他提出了一个问题："如果有一个人对你说，你使这些人感到痛苦不堪，但他们的不幸福完全是自己造成的；城邦原本是属于他们的，但他们却并没有享有什么好的东西；而别的人不但拥有土地、建造了宽敞而漂亮的房子，而且他们身上还佩戴着许多好看的东西。那些人凭自己的财富向神明提供丰厚的祭品，并且热情好客。而且，正如你刚才所说的那样，他们拥有金银以及那些幸运儿所拥有的一切，但我们这些贫困的民众，连那些占据在城市一角的站岗放哨的雇用兵都不如。苏格拉底，对于这些质疑，你将如何回答呢？"

"是的，"我说道，"你还可以补充一点，护卫者仅仅有饭吃而已，不像从事其他职业的人，除了能有饭吃，还拿报酬。因此，就算他们愿意，他们也不能私下出游，没有钱给情人买礼物，也不能满足其他奢华的爱好。这些不管世界怎么变化，一直都被认为就是幸福的代名词。诸如此类的指责，你还可以补充很多。"

"但是，"阿德曼托斯说道，"让我们假定，所有这些都已包括在质询中了。"

"你的意思是要问，"我说道，"我们的回答是什么，是吧？"

"是的。"

"如果我们沿着原来的道路继续探讨下去，那么我们就会找到答案的。我们的回答会是：即使我们的护卫者过的是刚才描述的那样的生活，他们仍将是最幸福的人。而且，我们建立城邦的目的并非是为了某一个阶层的并不均衡的幸福，而是为了全体人的最大幸福。我们认为，在一个秩序井然并且是为了所有人利益的城邦里，正义是最容易被发现的，而在一个秩序混乱的城邦里，则更容易发现不正义。当我们发现正义和不正义两者后，我们便会判断哪一个是更为幸福的。现在，我认为，我们都赞成建立全民幸福的城邦，并非为了部分的或者仅仅少数几个人的幸福，而是为了全体人的幸福。接下来，我们便会逐渐接触与之相反的城邦。假设我们正在给一座雕像涂色，有一个人走上前来对我们说：'你们为什么不把身体上最美丽的地方——眼睛给涂上最美丽的颜色呢？眼睛应该涂成紫色的，而你们却把它们涂成了黑色。'对于这个人的质问，我们可以回答：'令人尊敬的人，你肯定不会让我们这样来美化眼睛的，如果把眼睛涂成那种颜色，它们就不再是眼睛了'。我们的考虑是，我们不会把人体这一部分或那一部分的特性给予特别的强化，我们要的不是支离破碎的局部的美，我们要的是根据它们固有的本质来塑造的整体美。所以，我对你说，不要给予我们的护卫者某种幸福，使他们变得不像护卫者了，因为我们同样也可以给我们的农夫穿上华丽的衣服，给他们戴上金冠，让他们按照自己的喜好去耕种土地。我们的制陶人同样可以被允许躺在卧榻上，在壁炉旁用着美食，拿着酒杯惬意地痛饮，身旁放着转轮，随自己的喜好去制陶。这样一来，我们使每个阶层都获得了幸福。那么，你可以想象，整个城邦也会变得幸福了。但是，千万不要让这种观点进入我们的头脑：因为，如果我们听从你的意见，农夫便不再是农夫，制陶人也不再是制陶人，并且没有人会保留自己阶层的特质了。而且，如果这些现象出现在个别工种的人身上，比如，仅限于鞋匠一类的人，他们变得腐化了，不愿做鞋了，则算不上是什么大的恶果。但是，如果作为法律和城邦的护卫者腐化了，不再成为真正的护卫者，只是表面上像护卫者，那么整个城邦就会鸡犬不宁，甚至遭到毁灭。我们的本意是要让护卫者成为我们城邦的拯救者而不是毁灭者，而我们的对手却在想，最好农夫们一天到晚都在享受狂欢的生活，而不是作为一个城邦公民去尽心尽责地做自己的本职工作。如果是这样的话，那么我们所指的则截然不同。他所指的并非是城邦。因此，我们必须考虑，在指派任命护卫者时，我们是为了他们的最大幸福，还是应把这一幸福原则放在整个城邦的层面作为整体幸福来考察。但是，如果后一种观点是正确的，那么，护卫者及辅助者，和所有其他人一样，必须竭尽全力把自己的本职工作做好。由此，整个城邦就会以良好的秩序发展，并且这几个阶层都将获得自然赋于他们的相应比例的幸福。”

“我认为你说得非常对。”

“我还有一个想法，不知你是否会认同。”

“什么想法呢？”

“似乎有两个原因会引起技艺的退化。”

“哪两个原因呢？”

“富有和贫困。”我说道。

“它们是怎样使技艺退化的呢？”

“使技艺退化的过程是这样的：当一个制陶人发财之后，你想，他会继续忍受他的技艺给他带来的痛苦吗？”

“当然不会。”

“他会变得越来越懒惰和越来越粗心，是吧？”

“是的，他的确会这样。”

“结果他会慢慢变成一个非常蹩脚的陶工，是吧？”

“是的。他的技艺会退化得很厉害。”

“但是，另一方面，如果他没有钱，就买不起各种工具和设备，他便不能把自己平时的工作做好，也不能和平时一样教好他的孩子和徒弟了。”

“当然不能。”

“那么，在贫困和富有的影响下，手艺人和他们的手艺同样都容易退化，是吧？”

“显然会这样。”

“那么，这里就会是新罪恶的发源地，”我说道，“护卫者必须对它保持高度警惕，否则，它就会在不知不觉中悄悄潜入城邦中。”

“什么样的罪恶呢？”

“富有和贫困，”我说道，“一旦富有则会变得奢侈和懒散，一旦贫困则可能变得粗野卑鄙和低劣恶毒，两者都是不满足的结果。”

“你说得太对了，”阿德曼托斯说道，“但是，苏格拉底，我还是想知道，如果我们的城邦面对的敌人既强大又富有，如果我们的城邦失去了战斗的财力和物力，那么我们如何有能力去打仗呢？”

“显然，这是个难题。如果与这样一个强敌开战，肯定会有很多的困难，但如果有两个这样的强敌，则会毫无困难。”

“此话怎讲？”阿德曼托斯问道。

“首先，”我说道，“如果我们必须要打仗，我们这一方的战士一定要受过训练，能与富有的敌军作战。”

“是这样的。”阿德曼托斯说道。

“那么，阿德曼托斯，你难道不会认为，一个技艺精湛的拳师，对付两个不是拳师的既肥胖又富有的绅士，是轻而易举的事情吗？”

“如果他们两个一起上，那就很难说了。”

“什么？当然不会这样。”我说道，“如果他能逃脱第一个扑过来的人的攻击，然后反戈一击，把第一个追过来的人给击倒，如果他在烈日炎炎的情况下，重复好几次这样的做法，作为专业拳师，难道不能战胜几个这种肥胖的人吗？”

“当然能，”阿德曼托斯说道，“不过这种争斗并不会有什么精彩可言。”

“而且就军事素养而言，富人极可能在拳击的知识和实战方面更有优势。”

“很有可能。”

“那么，我们便可以推断，我们的健将们，可以同数量比他们多两三倍的对手抗衡，是吧？”

“我同意你的看法，我认为你说得对。”

“假设在交战之前，我们的公民派一个使团去其中一个城邦告诉他们实情：我们既没有金银，也不被允许拥有这两种东西，但是你们可以有。那么，难道你们不想通过在战争中帮助我们，而从另一个城邦的灭亡中获取利益吗？当听到这些话时，谁还会愿意同精壮的狗打斗而又不会有利可图？谁会不愿意和精壮的狗一起，向肥美而温柔的羊发起攻击呢？”

“这不太可能，但如果很多城邦的财富集中到一个城邦，穷困的城邦就可能面临更大的危险。”

“你怎能如此简单地把‘城邦’这个名称用于我们城邦外的其他地方呢？”

“为何不能？”

“你应该用复数来称呼其他的城邦，因为正如游戏中所说的那样，他们不只包括一个城市，而是由很多城市组成的。无论在哪一个城市，无论这个城市有多小，它都在事实上被分成了两方：一方是穷人，一方是富人，穷人和富人之间是俨然对立的。不管是在穷人这一方还是在富人那一方，又有很多更细小的划分。如果你把它们看成一个单一的城邦，就去掉了它们之间的区分。但如果你把它们都看作各自独立的部分，而把一方的财富、权力、人力给另外的其他各方，那么你通常会结交很多朋友，会很少树敌。那么，如果你的城邦能按照已经制定的明智方针管理下去，就会成为最伟大的城邦。我所指的伟大不是指名声上或外表方面的伟大，而是指实际上的伟大，虽然她只有不到1000名护卫者，但你很难找到一个同她一样的独立完整的城邦。无论是在希腊还是在希腊以外的野蛮民族中，虽然很多城邦看起来很强大，数倍地强大。”

“非常正确。”阿德曼托斯说道。

“那么，”我说道，“我们的统治者在考虑城邦大小和土地多少时，他们如何做出最好的限制，把应该包括的都包括进来，同时又不越界呢？”

“你对限制会提什么样的建议呢？”

“在此，我认为，如果这个城邦持续扩张，还能够保持统一，我就会允许它扩张，这就是适当的限制。”

“非常好。”阿德曼托斯说道。

“我们必须要交给我们城邦的护卫者另一项任务，”我说道，“要让我们的城邦保持在既不太大，又不太小的程度，但必需保证它是一个整体，并且能够自给自足。”

“这肯定算不上我们强加于他们的一个艰巨的任务。”阿德曼托斯说道。

“我们刚才说的另一项任务，会更轻松。我的意思是说，如果护卫者的后代平庸，就应该把他们降低使用，而要把下层阶层中卓越的后代提拔任命，这是我们的责任。我们这样做的目的是，对公民来说都是这样，要使每一个人都能凭他们的天赋能力来做事，每个人都可以做一件事，然后人人各尽其职，各守其位，只是做一个人，而不是做很多人的工作。这样，整个城邦就会是一个整体而不会是很多城市。”

“不错，做到这一点并不难。”阿德曼托斯说道。

“我亲爱的阿德曼托斯啊！”我说道，“我们所制定的规则，并不像别人认为的那样是一些宏大的原则，是很难做到的，而是比较具体的、人们很容易就能做到的规定。如果人们能这样做，就像俗语说的，做一件大事，或不称为大事，只是与我们的目的非常吻合的事。”

“你指的是什么？”阿德曼托斯问道。

“教育和养育，”我说道，“如果我们的公民受过良好的教育，并且成长为通情达理的人，他们就很容易了解这样的事情以及那些我还不曾提到过的事情。比如，婚姻、嫁娶、生育后代的事情，这些都应该遵循那个一般原则，也就是，俗语所说的，朋友共有朋友的东西。”

“教育和养育应该是解决一切问题的最好办法了。”

“而且，如果城邦有一个良好的开端，就会像一个车轮一样加速转动的。良好的养育和教育会造就良好的体质，这些由教育带来的良好体质会不断改善其他品质，这些改善最终会影响人的生育，就像其他动物一样。”

“非常有可能。”阿德曼托斯说道。

“那么，总而言之，将音乐和体操保持原来的形式，不做任何革新，这便是我们的城邦领导者必须要一直关注的方面，否则城邦就会在不知不觉中走向衰败。他们必须竭尽全力，保持音乐教育和体育的完整无缺。如果有人说最被称颂的是‘歌者演唱的最新的歌曲’，那么，人们一定会想，诗人所赞颂的，并不是新的歌曲，而是歌曲新的种类。这不应该受到赞颂，也不应看作诗人的意愿。因为任何音乐的创新都会对整个城邦带来危险，所以应该加以禁绝。达蒙是这么告诉我的，而我也相信他的话，他说，当音乐的形式发生变化时，城邦的基本法律经常会跟着发生改变。”

“是的，”阿德曼托斯说道，“你可以认为我与你和达蒙的想法是一致的。”

“那么，”我说道，“我们城邦的护卫者应该在音乐中建立防御变化的堡垒。”

“是的，”阿德曼托斯说道，“你所说的不合常规的改变很容易悄然进入。”

“是的，”我回答道，“并且是以娱乐的形式进入，第一眼看上去似乎没有什么害处。”

“就是这样的，”阿德曼托斯说道，“它是没有多大害处，只不过这种放荡的精神，一旦找到扎根之处，就会在不知不觉中渗透到社会风俗习惯中，然后以更大的力量侵入到人与人之间的契约关系中，再从人与人之间的契约关系侵入到法律制度中。而苏格拉底，你要知道，最后的结果就是，完全鲁莽地推翻个人和全民的一切权利。”

“真的会这样吗？”我说道。

“这是我的看法。”阿德曼托斯回答道。

“那么，我们的年轻人一开始就应该在严格的制度下接受训练。这是因为，如果娱乐变得不合常规，那么年轻人自己也会变得没有规矩，他们永远不会成为行为良好和有道德修养的公民。”

“非常正确。”阿德曼托斯说道。

“他们如果能在娱乐上有良好的开端，又在音乐的协助下，养成具有良好秩序感的习惯，那么，这种有秩序的习惯与别人的恣意游戏是何等不同啊！这会在他们的一切行动中影响着他们，成为他们成长的原则，而万一城邦有什么疏忽的地方，他们一定也能加以改正。”

“没错。”阿德曼托斯说道。

“既然他们受过教育，他们就会自行制定那些先辈忽略了的微不足道的规矩。”

“你是什么意思？”

“我指的是如下这样的事情：年轻人应该在年长者面前保持肃静，他们应该起立让座，以这样的方式对长者表示尊敬。年轻人应该知道如何侍奉父母，知道应该穿什么样的衣服和鞋子、梳什么样的发型；还要有一般举止礼貌的常识。你同意吗？”

“我同意你的看法。”

“不过，为这类的做人规矩进行立法是愚蠢的。我怀疑是否有人做过这种事，也怀疑是否有准确的成文规定能持久存在下去。”

“不可能。”

“阿德曼托斯，一个人从小接受什么样的教育，大概会决定他未来的生活方式。同类不总在吸引同类吗？”

“当然是这样的。”

“这种情形的最后结果，可能是好的，也可能是不好的。”

“这是不可否认的。”

“因此，”我说道，“我不会试图去进一步为这类事情制定法规。”

“自然如此。”阿德曼托斯回答道。

“还有那些有关市场的事情，诸如人与人之间在市场上的日常交易，再如与手工匠人之间订立的契约、污蔑和伤害引起的诉讼、陪审团的指定，你有什么想法？另外，还有一些可能需要处理的事情，比如，市场和港口税金的征收问题，以及一般情况下关于市场、治安和港口等诸如此类的规定问题。但是，天神在上，你想要我们为每件事都制定法律吗？”

“我想，”阿德曼托斯说，“针对优秀高尚的人制定这些法律是没有必要的，凡是需要制定法律的地方，他们自己很快就会发现的。”

“是的，我的朋友，”我说道，“只要神能让他们保留我们给他们制定的法律，这就足够了。”

“如果没有神的帮助，”阿德曼托斯说，“他们便会不断地立法，修正他们的法律和生活方式，希望达到完美的境界。”

“你大概是想把他们比作那些没有自制力的病人，”我说道，“这种人不肯割舍他们的纵欲习惯，是吧？”

“一点没错。”

“是的，”我说道，“这种人生活得是多么轻松快活啊！他们总是去看医生，病症却越来越多，病情也越来越复杂。他们还总是幻想，他们会被某个人提供的秘方给治好。”

“有这种想法的病人非常普遍。”阿德曼托斯说道。

“是的，”我说道，“而且最有趣的是，他们会把告诉他们真相的人当作最讨厌的敌人，事实上，如果他们不放弃暴饮暴食、淫乱和懈怠，那么不管什么药物、烧灼、符咒或其他治疗方法，对他们都不会有什么好效果。”

“有趣！”阿德曼托斯说，“我看不出来什么有趣，向对你说实话的人大发脾气，这是什么道理？”

“这样的人，”我说道，“当然不是你会尊崇的对象了。”

“那是肯定的。”

“一个城邦的行为，如果类似于我刚才所描述的那种人，你大概也不会赞成的。不是存在那种没有秩序的城邦吗？它们禁止公民变更法律制度，违者会受到严惩。而那些被看成最伟大的政治家的人，却最会讨好这种城邦体制管理下的公民了，他们最会纵容、奉承他们，最擅长预料他们的一时欲望并且满足它们。这样的城邦难道不像我刚才所说的那种病人吗？”

“是的，”阿德曼托斯说，“这样的城邦同那些病人一样糟糕，对于这种城邦，我向来是不敢苟同的。”

“但是，”我说道，“你对那些在政治生活中很少从众的政治家所表现的那种冷静和技巧，难道不羡慕吗？”

“是，我佩服他们，”他说道，“但并非所有的这类人物我都佩服，因为其中还有一些人，被大众的颂扬弄昏了头脑以至自欺欺人，自认为是政治家。这种人就不值得我佩服。”

“你是什么意思？”我说道，“对这种人，你更应该同情才对。如果一个不会测量，又碰到一大群同样不会测量的人宣称他有 4 腕尺[1]高，他怎么可能不相信他们所说的呢？”

“是的，不可能。”阿德曼托斯说道。

[1] 1 腕尺（cubit）约等于 1.5 英尺，故 4 腕尺约等于 6 英尺，即 1.83 米。——译者注

“那么，你还是不要生他们的气了。他们难道不是和演戏一样有趣吗？他们尝试为我刚才所说的各种方面立法，经常幻想，他们能凭借立法，来消除世上一切契约中的欺诈和其他我提到过的恶劣行径，却不知他们只是在砍海德拉[1]的头。”

“是的”阿德曼托斯说，“他们做的正是那种事。”

“我认为，”我说道，“真正的立法者，无论是在秩序井然的城邦里还是秩序混乱的城邦里，不论是在法律上还是制度上，都不会自找麻烦去制定这一类规则的。对于秩序不佳的城邦来说，这类规定毫无用处。对于秩序井然的城邦，制定它们毫无困难，因为这类规定，有很多都可以从我们以前的规章制度中自然而然地浮现出来。”

“那么还有什么立法问题，”阿德曼托斯说，“要我们去解决的吗？”

“对我们来说没有什么事了，”我说，“但为德尔菲[2]之神阿波罗，我们还有事要做，还有最伟大、最高贵、最主要的立法的事情。”

“是什么事呢？”阿德曼托斯问道。

“规定神庙和祭祀的程序，制定整个侍奉神、半神半人和英雄的仪式，制定丧葬以及为使生活在地下世界的人们得到抚慰的仪式。对这类事情，我们是外行。作为一个城邦的缔造者，如果我们把这类事情托付给巫师一类的人，而不托付给我们的祖先神明，那我们就显得愚不可及了。阿波罗是居于大地正中央的神明，给人类以启示。”

“你说得对，我们就按你所提议的做。”

“但是，我们说了半天，正义到底在哪里呢？阿里斯同的大儿子，你告诉我吧。我们的城市已经改造得可以住人了，那就请你拿着蜡烛寻找吧，还要加上你的兄弟和玻勒马霍斯，以及我们其余的朋友一起来帮忙，让我们看一看，在城市里的什么地方，我们能够找到正义和不正义，它们之间有何不同，不论神和人看见了没有，那些

[1] 海德拉（Hydra），希腊神话中的九头蛇，传说它有九颗头，其中一颗头要是被斩断，立刻又会生出两颗头来。——译者注

[2] 德尔菲（Delphi），位于希腊中部福基斯地区的古城，以阿波罗太阳神庙闻名于世。古希腊人认为，德尔菲是地球的中心，是“地球的肚脐”。——译者注

渴望幸福的人要想获得幸福，是行正义还是行不正义呢？”

“胡说，”格劳孔说道，“你不是承诺过要自己寻找的吗？你还说过，对于你来说，不能为正义提供帮助就是对神明的亵渎。”

“我并不否认曾说过这些话，既然你提醒了我，我自然会遵守诺言的，但是，你们必须参与进来助我一臂之力。”

“我们会帮忙的。”格劳孔回答道。

“好的。那么，我希望用这种方法来找：我打算以一种假定开始，假设我们的城邦是秩序井然的，那就会是一个完善的城邦。”

“那是当然的。”

“既然我们的城邦是完善的，所以它也就是智慧的、有勇气的、有节制的、正义的。是吧？”

“是的，十分清楚了。”

“无论我们在我们的城邦里找到这些品质中的哪一种品质，没有找到的那些品质依然存在？”

“是的，没错。”

“如果有四样东西，我们要寻找其中的一样，不管是哪一样，那么我们要寻找的东西可能是我们一上来就认得出来的，那就没有任何问题了，但我们也许先认出其他三样东西，那么，第四样显然就是剩下的那一样了？”

“千真万确。”格劳孔说道。

“而且，美德也是四种，那么我们是否可以用类似的方法来寻找它们呢？”

“显然是可以的。”

“在我们的城邦里所找到的美德，首当其冲的是智慧，我在其中发现了它的一种特性。”

“什么特性？”

“我们所描述的城邦被认为是智慧的，因为它是善于谋划的。”

“的确如此。”

“谋划当然是知识的一种，因为人能够出谋划策，是因为他们有知识，而不是无知？”

“当然。”

“城邦内的知识是多种多样的？”

“是的。”

“木匠有如何做木工的知识，但是，那种知识会给城邦带来智慧或好的谋划吗？”

“当然不会，那只能使这个城邦有个善于木工的好名声而已。”格劳孔说道。

“那么，一个城市并不会因为拥有木匠的知识而能在这方面提出良好的建议，而使这个城市获得智慧的名声？”

“是的，当然不能让城市获得智慧的名声。”格劳孔说道。

“那么，能够在制造铜器上给人指点，或是拥有类似的其他知识，都不能给这个城市带来智慧的名声？”

“这都不成为理由。”格劳孔说道。

“农耕的知识也不能成为理由，那种知识只会使这个城市以农业闻名？”

“是的。”

“那么，在我们刚刚创立的城邦里，在公民之间，有没有这样一种知识所提出的建议，不是用来考虑城邦中某个特定事情的，而是用来考虑整体的城邦的，考虑城邦如何处理内部的事情以及与外部城邦的关系的？”

“当然有。”

“这是些什么样的知识？在哪些人身上可以找到呢？”我问道。

“是护卫者的知识，能够在我们刚才谈到的作为完美无缺的护卫者身上找到。”

“拥有这种知识，这个城邦会获得什么样的名声呢？”

“深谋远虑，真正智慧的名声。”

“那么，在我们的城邦里，是这种真正的护卫者多还是铁匠多呢？”

“当然是铁匠多得多。”格劳孔回答道。

“在由于拥有某种知识而获得名声的各个阶层里，护卫者岂不是人数最少的？”

“是人数最少的阶层。”

“由此可见，就是由于这为数最少的阶层或组成部分，以及他们在城邦中作为领导和统治阶层所拥有的知识，这样顺其自然建立起来的城邦便是智慧的。而这唯一称得上智慧的知识阶层，自然就是一切阶层中人数最少的了。”

“完全正确。”

“那么，这四种美德中的一种，”我说道，“它的本质和在城邦中所处的地位，不管怎样，似乎已经被发现了。”

“以我的浅陋之见来看，是已经非常令人满意地被发现了。”

“那么，”我说道，“接下来，对于如何发现勇气的本质及在城邦中的地位，以及城邦如何得以有勇气的名声，就不能发现了吧。”

“你为什么如此说呢？”

“这还用问吗？”我说道，“每当有人评论一个城邦是勇敢的还是懦弱的，他们都是以那些代表城邦出战的人为依据的，是吧？”

“不会有人想到其他人的。”格劳孔回答道。

“其他的公民可能是勇敢的，也可能是怯弱的，但他们的勇敢或怯弱对城邦勇敢与否并不起什么作用。”

“当然不会起作用。”

“一个城邦之所以称得上是勇敢的，是取决于城邦中的一部分人的勇敢品质。无论在任何情况下，这部分人都保持着一种信念：什么事物应该害怕，什么事物不应该害怕，就像立法者教育他们的那样。有所害怕，有所不怕，这一点是你所说的勇敢。”

“你能把你刚说过的话再说一遍吗？我想，我并没能完全理解你的意思。”

“我是说，勇敢是一种坚守。”

“坚守什么呢？”

“坚守某种信念，也就是，关于什么东西可怕以及它们的本质的信念，立法者通过教育给人培植的信念。我说的‘在任何情况下’，指的是一个人在快乐中、在痛苦里，在欲望及恐惧的影响下，都会坚持而不丢失的信念。我可以给你举例说明吗？”

“那就请吧。”

“你知道，”我说道，“染匠要把羊毛染成纯正的蓝紫色，首先要选出纯白色的羊毛。他们处理白色时十分地小心翼翼，以求毛料的白底色能充分完美地染上紫色。以这种方式染出的颜色绝对不会褪色，洗衣服的时候不管是否使用碱水，都不会洗掉它的鲜艳色彩。如果衣料没有经过适当的处理，你就会发现，不管染紫色还是其他任何颜色，看起来都会非常难看，一点也不漂亮。”

“是的，我知道，”格劳孔说道，“这些布料会褪色，并且看起来会十分滑稽可笑。”

“那么现在，你就会明白，”我说道，“在我们选择战士时，用音乐和体育来教育他们究竟有什么目的了。我们其实是想对他们施加影响，使他们做好充分的准备以接受法律的完美染色，而他们对于什么应该害怕、什么不应该害怕的信念的色彩，都应该通过教育和训练的方式，在他们的心灵深处产生永不磨灭的色彩，这种色彩不会被快乐这种具有强褪色能力的碱水所洗褪，也不会被悲伤、畏惧或欲望这些比快乐还要强烈的洗涤剂所洗褪。这种对法律规定的什么可怕、什么不可怕的真正的信念的坚守，如果你没有异议的话，我坚持把它称为勇气。”

“当然，我会同意这一点，”格劳孔回答说，“因为我认为，你的想法是要排除那些不是来自教育的勇气，比如说野兽或奴隶的勇气。这一类勇气，依你之见，并非法律规定的那种勇气，而是应该对它们另外命名。”

“正是如此。”

“那么，我可以推想，勇气就是你所描述的那个样子了？”

“没错，你可以那么推想。”我说道，“如果你再加上‘公民的’，也不会错得太远——如果你愿意，我们可以进一步探讨，但是我们现在寻找的不是勇气而是正义；对于我们探究的目的而言，我们已对勇气谈得够多的了。”

“是的，你说得没错。”格劳孔说道。

“我们在这个城邦中寻找的还有两种美德，一种是节制，另一种就是我们追寻的目标：正义。”

“就是这两种，一点没错。”

“现在，我们暂时不考虑节制，我们能不能找到正义呢？”

“我不知道怎样才能做到这一点，”格劳孔说，“而且我也不希望找到了正义，却丢失了节制。因此我希望你能先考虑节制的问题。”

“完全可以，”我回答道，“我没有理由拒绝你的请求。”

“那就来考虑节制吧。”

“好的，我会的，”我回答说，“就我目前所能看到的情况来说，节制这种美德比前面探讨的智慧和勇气更具有协调与和谐的本质特征。”

“为什么是这样呢？”格劳孔问道。

“节制是指一种秩序或使得一些快乐和欲望受到控制，”我回答道，“有趣的是，这一点已经在俗语‘自己做自己的主人’里有所体现，而且我们会找到其他一些类似的话，是吧？”

“是的，毫无疑问是这样的。”格劳孔说道。

“我觉得‘自己做自己的主人’这个说法有点荒唐可笑，因为主人同时也是仆人，仆人也是主人，在各式各样的说法里，所指的都是同一个人。”

“的确如此。”

“不过我相信这个说法的意思应该是，人的灵魂深处有着较善的原则和较恶的的原则，当较善的原则控制较恶的原则时，那么这个人就会被认为是自己的主人，这无疑是一句赞扬的话。但是，由于接受了错误的教育或是误交了损友，则较善的原则会变弱，受到强势的较恶原则的压制，在这种情况下，他就会受到责备，被称为自己的奴隶和没有原则的人。”

“是的，言之有理。”

“现在，我们来看一看我们新建的城邦中发生的情形，”我说道，“在那里，你会看到这两种情形中的一种已经得到了实现。如果‘节制’和‘身为自己的主人’真实地反映了较善原则控制较恶原则，那么城邦便能恰如其分地被称为是自己的主人。是吧？”

“是的，我明白你说的都是正确的。”格劳孔说道。

“让我进一步指出来，各种各样、纷繁复杂的快乐、欲望和痛苦，通常都是表现在儿童、妇女、奴隶以及实际上处于地位最低、人数最多阶层的所谓自由人的身上的，是吧？”

“当然是的。”格劳孔说道。

“在另一方面，简单而适度、遵循理性、受心灵和正确观念支配的欲望只能在具有优秀的本质又受过良好教育的少数人身上发现。”

“的确如此。”

“这两种人你都能在我们的城邦中找到，大多数人具有的本质低劣的欲望，由极少数人有德性的欲望和智慧所统治。”

“我看到了。”格劳孔说道。

“那么，如果有任何城邦，可以称得上是自己快乐和欲望的主人，能自我主宰，那么，我们的城邦自然有权利要求获得这一称谓了？”

“当然是我们的城邦了。”格劳孔回答道。

“因为同样的理由，我们的城邦也可以被称为是有节制的？”

“是的。”

“如果这个世界上有任何城邦的统治者与被统治者，对于由谁来统治、谁受统治的问题会取得一致的意见，那么也会是我们的城邦？”

“毫无疑问。”

“公民既然对节制存在于哪一个阶层这一点取得了一致的意见，那么节制是存在于统治者还是被统治者呢？”

“我认为，应该存在于双方中。”格劳孔回答道。

“你观察到没有，我们所猜想的，节制是一种和谐，并没有错得太远？”

“为什么会是这样呢？”

“因为节制与勇气和智慧不同。勇气和智慧只是在部分人的心灵中存在。一种使得城邦充满智慧，一种使得城邦充满勇气。节制则不是这样，它可以波及全体民众和社会的各个阶层，产生富者、穷者及中间阶层的和谐，尽管这些人在智慧、权力、人数、财富及其他方面，会有强有弱。因此，我们可以把节制看作本质优秀者和低劣者达成的一种一致，即对于二者谁在城邦以及个人生活中占统治地位。”

“我完全同意你的看法。”

“所以，智慧、勇气、节制这三种美德，都可以在我们的城邦中找到了。在四种美德中，还有最后一种能够让城邦变得更具美德的，只有正义。”

“这样进行推论显然是可以的。”

“那么，格劳孔，我们是时候来学一学猎人的做法了。我们应该死死包围住，并且要屏气凝神地仔细观察，不要让正义悄悄溜走，而使我们再也看不到它了，因为它肯定在我们城邦的某个地方。因此，仔细地侦察，如果你能首先发现它，可一定要告诉我。”

“我要能侦察到那就太好了！可是，你应该把我看成一个追随者，只能够看到你给我看的东西，这才是我能够做得到的。”

“跟我一起祈祷，然后跟随我来吧。”

“好吧，不过得麻烦你指明道路。”

“这里没有道路，森林是那么黑暗且令人迷失，不管怎样，我们仍应前行。”

“那就前行吧。”

“嗨！我好像看见了些什么东西，”我说道，“我开始觉察到了踪迹，相信那只‘猎物’跑不掉了。”

“好消息。”格劳孔说道。

“我们实在是太笨了。”我说道。

“为什么这么说？”

“善良的人啊，我们从开始探求这个问题算起，已是很久以前的事情了。其实正义就在我们的脚下晃来荡去，我们却从来都没有看到它，还有比这更荒唐的吗？就像那样一些人，手里拿着这个东西，却到处去寻找。这就是我们现在的情形：我们不是在看自己要找的眼前的东西，而是只看着远处的东西。我想，我们就是这样与之擦肩而过的。”

“你说的是什么意思？”

“我是想说，我们谈论正义已经有很长一段时间了，却一直对正义视而不见。”

“这么长的一段开场白，你真是把我搞得有点不耐烦了。”

“那么，请你告诉我，以下的说法是对还是不对：你还记得原来我们始终视为城邦基石的原则吧，也就是说，一个人应该从事与其天性吻合的行业。正义就是我们说的这个原则，或者是其中的一部分。”

“是的，我们常常在说，一个人应该只从事一个行业。”

“那么，我们已确定的一点就是，正义就是做自己本分内的事，不要管闲事。我们对这一点反复强调过，另外有很多人也这么对我们说过。”

“没错，我们是这么说的。”

“以某种方式做自己本分内的事，可以假定为正义。你能否告诉我，我这个推论是从哪里得来的吗？”

“我不能，但我想请你告诉我。”

“我想，当我们已考察过其他美德如节制、勇气和智慧之后，正义就是城邦中所剩下的唯一美德了。而且正义是一切美德的终极来源和存在条件，并使得它们存在下去，我们还说，如果我们已找到了三种美德，那么正义就是第四种，也就是剩下的这一种。”

“这是顺理成章的事。”

“如果要我们决定，也就是说，是统治者与被统治者之间保持意见一致，还是战士应该坚持法律规定的什么应该害怕、什么不应该害怕的信念，是统治者的智慧和警觉，还是我刚才所说的在儿童、妇女、自由人、奴隶、匠人、统治者、被统治者等身上都能找到的品质，也就是各尽本分，不管闲事，这四种美德中的哪一种的存在对建立卓越的城邦是最至关紧要的呢？对于这个问题，真的很难回答。”

“当然”，格劳孔回答道，“要说出哪一种对建立理想的城邦最重要，实在是件不容易的事。”

“那么，在城邦中，每一个人各就其业，似乎要与智慧、节制和勇气发生竞争了？”

“是的。”格劳孔说道。

“而参与这种竞争的美德，就是正义？”

“一点也没错。”

“让我们从另一个观点来看看这个问题：一个城邦的统治者，就是你要委托他对纷争进行法律裁定的人？”

“当然。”

“对纷争进行法律裁定，除了根据一个人既不能掠夺其他人的东西，也不应遭到掠夺这一原则之外，还有其他什么依据吗？”

“没有了，这就是他们的原则。”

“而且是正义原则？”

“是的。”

“那么，遵照这个看法，正义就是：拥有属于自己的东西，能做自己的事？”

“一点没错。”

“现在好好地想一想，然后再讲一讲你是否同意我的观点。假设木匠做鞋匠的事情，或者鞋匠做木匠的事情，再假设他们对换工具和职责，或是同一个人兼做这两种工作，或者是不管他们在进行怎样的变换。你认为这样会给城邦带来巨大的危害吗？”

“不会。”

“但是，当这个鞋匠或者其他天性禀赋应该是工匠的人，因为有钱或是有强壮的身体，或是有随从众多的优势以至野心勃勃，企图挤进战士阶层，或者说战士意图挤进立法者和护卫者的阶层，虽然他们并没有这种能力，却交换了他们的工具和职责，甚至一个人身兼数职，那时，我相信你就会同意我的观点，这种转换及这种相互插手别人事情的情况，必将会毁灭整个城邦。”

“极有可能。”

“既然存在三个界限明显的阶层，那么，他们之间如果相互混淆，甚至相互转换角色，对城邦都是极大的危害，可以十分准确地称之为作恶了。”

“完全正确。”

“那么，对于自己城邦的最大恶行，你会把它称为不正义？”

“当然。”

“那么，这就是不正义了，另一方面，工匠、辅助者和护卫者各自从事本职工作，履行本行的职责，就是正义，并且会使整个城邦充满正义？”

“我同意你的看法。”

“对此我们还不能过于乐观，”我说道，“不过，如果经过考证，在个人的灵魂中和城邦之内，正义的概念得到了证实，我们就没有什么值得怀疑的了。但如果还没有得到证实，我们就必须重新进行考察。首先，让我们结束前面开始的这个老话题吧。你应该还记得，我们开始探究的时候形成了这样一个印象，那就是，如果我们能从一个大事物来着手考察正义，那么在个人层面上对正义进行分析，就会易如反掌了。这个大的事物的例子就是城邦，因此我们就不遗余力缔造了最完美的城邦，并且坚信在秩序井然的城邦里，一定会找到正义。现在，让我们把已有的发现运用到个人身上吧。如果城邦正义和个人正义这两者是相符合的，那我们就会心满意足了。如果在个人身上出现了差异，我们就只好回到城邦层面上去，重新对这个理论进行一次尝试。把两者放在一起时，两者的摩擦会产生亮光，正义便会在这个亮光中显现出来。当正义变得清楚时，我们就会牢记在灵魂中。”

“这个办法很好，我们就按你的说法进行分析吧。”

“那么，我要问的是：两个东西一大一小，名称相同。这个时候，专就其名称相同而言，它们是相似的吗？”

“是相似的。”格劳孔回答说。

“那么，如果我们仅就正义的观念而言，正义的人是否与正义的城邦是相似的呢？”

“是的。”

“我们认为，当一个城邦中的三个阶层各尽其职责的时候，这个城邦就是符合正义的。一个城邦之所以被称为是有节制、有勇气和智慧的，也是根据这些阶层的表现和品质而定的，是这样的吧？”

“是的。”格劳孔说道。

“单个的人也是这样。我们尽可以假定，在他的灵魂里存在着三个原则，与城邦里是相同的。由于他受到同样方式的影响，他也可以用同样的术语加以正确的描述，是吗？”

“没错。”格劳孔说道。

“那么，我的朋友，我们好像再一次碰到了一个简单的问题：人的灵魂中是否真的存在着这三种原则？”

“太简单的问题！没有那么回事。苏格拉底，还是常言说得好，好事多磨。”

“你说得一点没错，”我说道，“我想，我们所采用的方法，不足以正确妥当地解决这个问题。真正的方法是漫长遥远的另一种。不过，我们还是会找到解决方法的，不会比前一次的探寻差的。”

“对这样的答案，我们难道还不满意吗？”他说道，“以现在的情形来说，我是很满意的了。”

“我也非常满意了。”我说道。

“那么，我们就不要懈怠，继续进行设想吧。”格劳孔说道。

“我们是不是应该承认，”我说道，“我们每个人身上都具有城邦所有的相同的原则和习惯，这些是从个人身上转移到城邦上去的吗？不然，它们又是怎样出现在城邦里的呢？就拿激情的品质或精神来说吧，当我们在城邦里找到这种品质的时候，如果我们设想它并非来自拥有这种品质的人，比如，来自色雷斯人、西徐亚人[1]，以及来自一般而言的北方各民族的人，那么这不是太可笑了吗？同样道理，我们可以引申到对知识的热爱上去，而对知识的热爱是我们这个城邦的特点；对金钱的喜好，准确地说是腓尼基人和埃及人的特征。”

“一点没错。”格劳孔说道。

“要了解这一点并不难。”

“毫无困难。”

“但是，如果我们接下去要问，一个人的美德品质究竟是分开的三个组成部

[1] 西徐亚人（Scythians），又译西古提人，公元前 7 世纪—前 3 世纪占据黑海以北地区、具有伊朗血统的一支游牧民族。——译者注

分还是一个统一的整体时，就有点麻烦了。换言之，我们学习时所动用的是我们天性的一个部分，生气时运用的则是另一个部分，而满足我们的自然欲望时则会动用第三个部分，还是我们的完整灵魂存在于任何一种活动中，是共同发挥作用的？要确定这一点，还真是个难题。”

“是的，”格劳孔说道，“是存在着困难。”

“那么，现在就让我们来确定，这两种说法是相同的还是不同的吧。”

“我们怎样才能确定呢？”格劳孔问道。

“显然是这样的，”我回答道，“同样事物的同一部分在同样的时间中不能以相反的方式发生作用，或呈现相反的关系。因此，每当相同的事物明显发生这种矛盾时，我们就会知道，这些东西实际上并不相同，而是不同的。”

“说得好。”

“举个例子来说，同一个东西，能在同一时刻和同一地点，既静止又运动吗？”

“无论如何也不可能的。”

“既然如此，”我说道，“为了避免后面再发生争论，我们不妨把这些专有名词再明确地解释一下。假设有一个人在同一时刻，既是站着不动的，同时在挥手和摇动头部，那么我们说这同一个人在同一时刻是既运动又静止的。而且，我们一定会反驳说，他身体的一部分在动，而另一部分则没动。”

“正是如此。”

“假设那位反驳者进一步做出详细的解释，指出另一种细微差别，也就是说，当陀螺旋转时，其尖端定在一点的时候，不但陀螺的各个部分而且连整个陀螺，都可以说是既静止又运动的（他当然也可以举出在同一点上旋转的任何东西，来做同样的例证），我们是不会认可他的反驳的，因为在这种情形下，这样的东西并非自己在相同的地点既静止又运动的，而是它的轴心是静止的，因为它在垂直的面上并无任何偏差，旋转的是它的圆周，但是如果旋转的时候，轴心偏左、偏右或向前、向后、那么，从任何观点来看，它都算不上是静止的。”

“这种描述方式是正确的。”格劳孔回应道。

“那么，这些辩驳不应该使我们迷惑，或是让我们相信，同一种事物，处于一个地点时，它的各个部分或关联部分不能以相互矛盾的方式，产生相互作用和受到相互影响。”

“照我的想法来看，当然是不可能的。”

“是的，”我说道，“我们不能被迫去一一考察这类反驳，并且还要详细地证明其错误。我们还是假定它们都是荒谬的吧，这样，一旦我们的假设有了错误，那么我们就可以收回全部的推论，就算这样我们也会获得谅解的。”

“是的，”格劳孔说道，“这是最好的办法。”

“那么，你是否承认，”我说道，“同意和不同意、欲求和嫌恶、吸引和排斥，不论它们是被视为主动的还是被动的，都是相反的，因为主动和被动并不能变更其性质相反这个事实，是吧？”

“是的，”格劳孔说道，“它们是相反的。”

“那么，”我说道，“还有饥饿、口渴、一般的欲望，以及意愿和希望，这一切你大约都会归纳到早已提到过的类别里去。你是不是会说，有欲望的人灵魂深处追求的就是其欲求的东西？再或者说，他会把他所希望占有的东西拉到他的身边来，换句话说，当一个人想要什么东西时，由于他本身想满足这个欲望，他的灵魂就会点头同意，来表示他占有它的愿望，就像别人问了他这样的问题一样？”

“就是这样的。”

“那么你又会怎么说不情愿、不喜欢和无欲无求呢？难道这些不应该归入到憎恶与抛弃这种与上面相反的类中去吗？”

“当然应该。”

“如果我们承认这是欲望的一般情形，我们不妨设想一下某个特定类别的欲望，我们从里面选出饥饿和口渴，因为人们认为饥饿和口渴是最显而易见的欲望。”

“就选它们吧。”

“饥饿的目标是获取食物，口渴的目标是获取饮品？”

“是的。”

“这里的要点就是：口渴难道不就是灵魂对饮品的欲望吗？而且只是想要喝饮品，并不受饮品各种属性变化所左右，比如，温与凉、多与少，或简而言之，是指某种特殊的饮品。但如果口渴是由热引起的，这时的欲望就是想要喝冷饮了；如果口渴是由冷引起的，这时的欲望就是想要喝热饮了。再比如，口渴得太厉害，那么所需的饮品也必然更多；只是有一点口渴，那么所想要的量也必然会较少。但是，饮品是专就口渴本身而言的，并不会涉及其他方面，所要想的也单纯就是饮品而已。饮品自然会满足口渴问题的解决，正如食物自然会满足饥饿问题的解决一样。”

“是的，”格劳孔说道，“正如你所说，单纯的欲望永远是以单纯的目标为目的的，有所变化的欲望则是以有所变化的目标为目的的。”

“在这里，会出现一种混淆不清的情况，需要我们提防：一位反对者走上前来跟你说，没有人只是欲求饮品，他还会欲求好的饮品；没有人只是欲求食物，他还会欲求好的食物。好的是欲求的一般目标。既然口渴是一种欲望，那么他必然欲求好的饮品。同样的情形，也可以用到其他一切欲望上。”

“是的，”格劳孔说道，“反对者是有一定道理的。”

“虽然如此，我仍然主张，相关事物的性质与关系的性质是紧密联系在一起的，本身的存在是单纯的，其相关事物及其关系也必然是单纯的。”

“我不懂你说的到底是什么意思。”

“我相信，你一定知道较大的与较小的存在着关系，是吧？”

“当然。”

“大得多与小得多是相对而言的？”

“是的。”

“某个时候较大的事物与某个时候较小的事物是相对而言的，未来的较大事物与未来的较小事物是相对而言的？”

“当然。”格劳孔说道。

“同样的道理也适用于多与少，适用于其他相关概念，比如，一倍和一半，较重的和较轻的，较快的和较慢的，冷和热，以及其他相关概念。这些不都是一样的吗？”

“是的。”

“那么，同样的道理也适用于学问吗？学问的对象是知识（假定这个定义是正确的），但是，一门具体的学问的对象是某种具体的知识。我指的是，举例来说，建筑学的定义和内容，与其他学问的知识会有所不同，因此被命名为建筑学。”

“当然。”

“难道这不是因为它具有其他种类知识所没有的特质吗？”

“是的，没错。”

“它有这种特质是因为它有个特殊的对象，而这种情形，在其他的技艺和学问上也是一样的，对吧？”

“对。”

“那么现在，如果我表述清楚了，你就会理解我们关于相对关系的本义了。具有特定本性的东西只能和各自所具有的特定本质相关，具有特定形式的东西都和某种特定形式相关。我并不是说，这些相关的关系是完全等同的，和什么东西有关的就是什么东西。比如说，有关健康的学问一定就是健康的，有关疾病的学问一定就是有病的，有关善恶的学问也一定是善或恶的。我所说的意思是，当‘学问’一词不是在绝对意义上使用，而是具有限定的对象时，此时此刻所指的则是健康与疾病的本质，那么这个名词就属于限定的术语，所以不能仅仅称之为学问，而应该称之为医学。”

“我非常理解，并且与你的想法一样。”格劳孔说道。

“你是否会认为口渴就是这些相对关系中的一个呢？”

“会的，口渴同饮品相关。”

“某一种口渴同某一种饮品相关，但仅就口渴而言，就无所谓多或少、好与差或在某一特定时间的饮品，而仅仅是饮品就可以了，是吧？”

“当然是这样。”

“那么，口渴的人的灵魂，就其口渴而言，仅需要饮品，因此也就盼望它，希望得到它？”

“显然是这样。”

“如果你假定一种事物能使口渴者的灵魂不去喝水，这当然与口渴的原则是不一致的，而这口渴的原则会使他像野兽一样不顾一切只想喝水。因为，就像我们所说的那样，同一个事物，不能以相反的方式，同时对同一事物的同一部分产生影响，是吧？”

“的确是不可能的。”

“这种可能性就像弓箭手的手一样，同一只手不能同时既推弓又拉弓。但你可以说，他一只手向前推，另一只手往后拉，是吗？”

“的确是这样。”格劳孔回应道。

“一个人能既口渴而又不想喝水吗？”

“能，”格劳孔说道，“这种事情常有发生。”

“这种情形发生的时候，又该做何种解释呢？你是不是应该说，他的灵魂里有一种欲望让他想喝水，又有另外一种力量禁止他喝水，而禁止他喝水的力量比让他喝水的欲望要更强大？”

“我想是这样的。”

“禁止原则来自理性，而允许和诱发原则来自激情和疾病？”

“显然是的。”

“那么，我们尽可能正确地去假定，这是互不相同的两种原则，人们用其中的一个原则来进行思考推理，我们不妨把它称为灵魂的理性原则，用另一个原则去感受爱、饥饿和干渴，感受其他欲望的不安，我们不妨把它称为非理性原则，或称为欲望原则，而后者与多种快感与满足感紧密联系，是吗？”

“是的，”格劳孔说道，“我们尽管假设这两种原则是不同的好了。”

“那么，我们可以下个最后的结论了：人的灵魂里有两种行事原则，但激情或精神，遵循的是什么原则呢？它是与前面那两种相似的第三种原则吗？”

“我倾向于认为，激情与欲望有相近的关系。”

“然而，我记得我听说过这么一个故事，我也相信其中讲的内容，”我说道，“故事里说，有一天，阿格莱翁之子勒昂提俄斯[1]，从比雷埃夫斯到城里来。他在北

[1] 二者在其他地方没有记载。——译者注

城墙外面，看到刑场上有几具死尸，他感到自己有种欲望想去看一看，却又厌恶去看。他内心挣扎了好一阵，还捂住自己的眼睛。但是最后，还是想看的欲望占了上峰，他就强迫自己的眼睛张得大大的，跑到死尸跟前，骂着自己的眼睛：'混账东西，你就看吧，把这个美景看个饱吧！'"

"我也听说过这个故事。"格劳孔说道。

"这个故事的寓意是，愤怒有时是和欲望相冲突的，就好像它们是两个完全不同的事物似的。"

"对，就是这个意思。"格劳孔说道。

"在其他许多情形中，我们不也会观察到，当一个人的欲望在力量上超过了他的理性时，他就会指责自己，这是由于他的内心产生了激烈的冲突而生气发怒的缘故。这种冲突与一个城邦内部派系的冲突是类似的，这时他的激情与理性是亲密盟友。但是当理性决定它自己绝不可以被推翻的时候，精神或激情竟然会企图与欲望联手。我相信，这种情况你从未看到在你身上发生过，我猜想，也从未在任何人身上发生过，是不是？"

"一点没错。"

"假定一个人自认为曾经害过别人，他越是天性高贵善良，就越不能对所害者报复到他身上的痛苦，比如饥饿、寒冷等，感到愤怒不已。他会认为受害者这样做是公正的，如我所说，他的怒气并不会因为他遭受到这些痛苦而被激发出来。是这样的吧？"

"没错。"

"但是，当他认为自己是受害者的时候，他就会怒气冲天，他还会自认为是站在正义一方的。他的高贵的灵魂或精神不会平静如水，他越是遭受到饥寒交迫的痛苦，就越会想方设法、坚忍不拔地去摆脱这种困境。直到他听到了理性的呼声而停止抗争，就像牧羊人止住牧羊犬的吠叫那样，我说得没错吧？"

"这个解释真是太完美无瑕了，"格劳孔回应道，"在我们的城邦里，牧羊犬就像辅助者一样，他们必须听他们的牧羊人即执政者的话。"

"我听得出来，你理解我说的意思了，"我说道，"不过，还有一点希望你能加以考虑。”

“哪一点？”

“你总应该记得，情感精神或者激情表面看起来像是一种欲望，但是我们现在想说的是，实际上它们与欲望是恰好相反的，因为在灵魂的冲突中，激情是站在理性这边的。”

“完全正确。”

“但这又引起了另一个问题。激情与理性是截然不同呢，还是仅仅是理性的一种？假如它仅仅是理性的一种，那么灵魂不是有三个原则，而是只有两个，即理性原则和欲望原则。如果不是这样，那么灵魂就会具有第三因素，就像城邦有工商阶层、辅助阶层和执政阶层三个阶层一样，这个第三因素就是精神或者激情。如果激情没有受到低劣教育的影响，就会成为理性的辅助，是吧？”

“是的，”格劳孔说道，“一定有第三种因素。”

“激情如果与欲望是不同的，”我说道，“那么，它与理性也是不同的？”

“这一点是很容易证明的：我们可以从小孩子身上看出来，他们几乎一生下来就充满精神，从另一方面讲，他们当中有的人永远也达不到理性的境界，而大部分人则是很晚才会变得理性。”

“说得真好，”我说道，“你同样也可以在兽类身上看到这种情感，而这一点会进一步地证明你所说的话是对的，我们还可以引用荷马的话为证：

> 他捶胸顿足，以责备他的灵魂。

“荷马在这句诗里明确地假定，能够判断出好与坏的理性的部分不同于受理性谴责的非理性的愤怒的部分。”

“一点没错。”格劳孔说道。

“那么，我们在水里挣扎颠簸了好半天，总算上了岸，我们大体上达成了一致的意见，存在于城邦中的原则也存在于个人身上，数量同样都是三种？”

“确实如此。”

“那么，我们是否可以推论，使得城邦智慧的部分以同样的方式使得个人智慧？”

“当然是。”

“在城邦层面构成勇气的品质，与在个人身上构成勇气的品质，它们与各自层面的其他美德的关系都是一样的？”

“毫无疑问。”

“那么，我们认可一个人是正义的，就像我们认可一个城邦是正义的那样？”

“这个推论是顺理成章的。”

“我们应当还记得，城邦层面的正义是包括三个阶层的，他们各司其职，各尽其责？”

“我们不太可能忘记。”格劳孔说道。

“我们一定还记得，按照他的天生禀赋从事相应工种的人，是正义的，也是尽其本分的？”

“是的，”格劳孔说道，“我们肯定还记得这一点。”

“由于理性原则表现的是智慧，并且掌控着整个灵魂，它当然就应该成为执政者的品质。而情感或激情原则，当然就应该是执政者的下属和盟友的品质？”

“当然。”

“我们不是曾说过吗？音乐教育和体育会联合起来产生作用，使两者和谐，因为它们以高雅的文字、榜样来强化和支持理性，并且以韵律和节奏来进行调节，抚慰和驯化激情的放荡不羁。”

“一点没错。”格劳孔说道。

“理性与激情，受到音乐教育的熏陶和体育的训练，又能深知音乐和体育有什么样的功效，所以就能驾驭欲望。而欲望在我们的灵魂中所占的比重最大，也是天生对金钱最不知满足的，理性和激情都会对欲望保持高度的警惕，以免欲望灵魂由于受到肉体快感的驱使，而变得专横跋扈，不想安守本分，想奴役和统治那些天生不属于它的东西，由此而颠覆人的整个生活。”

“非常对。”格劳孔说道。

“理性和激情联合在一起，岂不变成了整个灵魂和肉体的最佳守卫者，从而对抗外来的攻击？理性做参谋，激情在理性的指导下积极参战，英勇地执行理性的命令和建议？”

“是的，没错。”

“一个人如果不论是快乐还是哀伤，都能对什么应该畏惧和什么应该无所畏惧的问题，遵循理性的要求，那么他是否就能被称为是有勇气的人？”

“能。”格劳孔说道。

“一个人如果能承担发号施令、执行政务的责任，既能够明了三个部分各自的利益，又能知晓三部分总体的利益，那么，我们就可以称这样的人为智慧之人？”

“毫无疑问。”

“一个人如果能使他身上的三个部分和谐而融洽，理性在其灵魂中起统帅作用，激情和欲望乐意一致赞成听从理性的指挥而不反叛，你是不是会说这样的人就是有节制的人呢？”

“当然，”格劳孔说道，“这无论对于城邦还是个人来说，都体现了节制的真义。”

“确实是，”我说道，“那么我们又一而再、再而三地解释了人是用何种方式和以什么品质来成为正义之人的。”

“这一点是肯定的。”

“那么，个人正义与城邦正义相比，个人正义是微不足道的呢，还是只是形式有异而实质是完全相同的呢？”

“依我看，实质上没有什么不同。”格劳孔说道。

“我之所以这样问，是因为，如果我们还心存疑问，则可以通过举几个例子来确证我说的是正确的。”

“你指的是什么样的例子呢？”

“假如有人问我们，我们是不是要承认，在正义的城邦中，或是受到城邦的正义原则教育的人，与不正义之人比较而言，是不是更不会带着金银逃走？会有人否认这一点吗？”

“不会逃走，没有人会否认这一点的。”格劳孔回答道。

“正义之人或正义的公民，会犯下亵渎、盗窃、欺骗朋友、背叛城邦的罪行吗？”

“永远不会。”

“那么他也永远不会违背誓言或协议吗？”

“不可能。”

“没有人比他更不可能犯奸淫、羞辱父母或是不履行宗教责任的吧？”

“没有人。”

“其原因在于，他灵魂的每一部分都在各尽其能，处于领导地位的起领导作用，处于被领导地位的甘于被领导。”

“正是如此。”

“那么，造就这种人和这种城邦的原因是正义，你是满意这个回答呢，还是希望有别的答案？”

“我并不希望有别的答案。”

“那么，我们的梦想就实现了：我们在一开始缔造这个城邦时所进行的假设，也就是，某种神圣力量引导我们认识正义的本质，这一点已得到证实。”

“是，当然。”

“劳动的分工要求木匠、鞋匠以及其他一切公民，各尽其本职责任，不管其他闲事，这就是正义的影子，也因此有正义的功效？”

“这是显而易见的。”

“实际上，正义确实就像我们所描绘的那样，不过正义的目标不在于人的外在表现‘各做各的事’，而在于内在的自我，这是真正的自我，是人的重要事务。正义之人不允许其内心的各个因素相互干扰，互相代替，而要为自己的内心生活建立秩序，要做自己的主宰，制定自己的内在法律，因而获得自我内心的宁静。当他把内心的三种原则统一在一起时，这就好比将音阶上的高中低三个部分及其中间音合在一起变成和谐音一样，再强调一下，当他把这一切统一在一起、使之不再是分割的不同部分，而成为一个全然有节制、完美和谐的天性的时候，那么，如果他需要做事，则不论是挣钱还是进行身体保健，或是从事政治工作或其他私人事务，他的行为举止一定会经常顾及维持这种和谐的状况，并且把跟这种状况协调一致的事务，称为正义的善行，也一定会把驾驭指导这种状况的知识称为智慧。至于在任何时候妨碍这种状况的，他必然会称其为不正义的行为，而把指导不正义行为造成不和谐状况的意见，称为愚昧无知。”

“你说的是真理，苏格拉底。”

“是的。假如我们确定，我们已找到了正义之人和正义的城邦，以及正义之人和正义的城邦中的正义有何种本质。我们这样说没错吧？”

“绝对没错。”

“那么我们能这样说吗？”

“我们就这么说吧。”

“那么，我们下面就该讨论不正义了。”

“显然是的。”

“不正义难道不是三种原则之间的不和与冲突吗？爱管闲事，互相干扰，灵魂的一个部分起而反对整个灵魂，企图夺取领导地位，而它本应为天生的属臣，应像奴隶一样为领导者服务。这一切混淆是非和错觉的东西，不正是不正义、无节制、怯懦与无知以及一切形式的罪恶吗？”

“绝对是的。”

“正义和不正义的本质已经明了，那么装作不正义而行正义，或是装作正义而行不正义的意思，也很清楚明白了吧？”

“你是什么意思？”格劳孔说道。

“我想说的是，”我说道，“正义和不正义就像健康和疾病，健康的东西带来强健的体魄，不健康的东西导致疾病？”

“是的。”

“正义的行为导致正义，不正义的行为导致不正义。”

“那倒是真的。”

“创造健康，为的是在身体的各个部分建立自然的秩序，使一部分受制于另一部分。引发疾病指的是产生一种违背这种自然秩序的状况？”

“是的，没错。”

“那么，创造正义，岂不就是在灵魂的各部分之间建立自然的秩序，使这一部分受制于另一部分。引发不正义，岂不就是产生一种违背这种自然秩序的状况？”

“是的，的确如此。”格劳孔说道。

“那么，美德就是灵魂的健康、美丽和幸福，罪恶就是灵魂的疾病、软弱无力和充满缺陷？”

“没错。”

“行善会形成美德，行恶会形成邪恶？”

“那是必然的。”

“不过，我们还有个老问题未能获得解答：比较正义与不正义哪个更有利。也就是，不论是否为神或人所看见，为人正义、行事正义、实践美德，与为人不正义、行事不正义而不受惩罚、不知悔改，哪一个更有利？”

“依我判断，苏格拉底，这个问题已经变得荒谬可笑了。我们知道，如果身体组织结构本身已腐坏，纵使拥有美酒佳肴，拥有权力和财富，对他的人生而言也是毫无意义的了。如果我们赖以活着的生命要素遭到贬低和毁坏，活着也就没什么价值了。正义美德已遭遇破坏的人，或许还可以做任何别的他想做的事，只是无法摆脱不正义和邪恶的影响，无法赢得正义美德了。假定这些品质跟我们的描述相似，是这样的吗？”

“没错，”我说道，“如你所说，这个问题已经变得荒谬可笑了。我们既然离那个让我们的眼睛看到真理的地方已经不远了，我们还是不要胆怯吧。”

“当然不要。”

“那么来吧，”我说道，“来看一看那些邪恶的种种形式，我的意思是，它们是值得看一看的。”

“我听着呢，”格劳孔说道，“请你赐教吧。”

“我们的辩论，似乎已达到了一种高度，就像站在推理的高塔上，一个人可以看下去并且发现，美德只有融为一体的一种表现形式，而邪恶的表现形式却是多种多样的，而其中有四种特殊的表现形式，是值得我们注意的。”

“你说的是什么意思呢？”格劳孔问道。

“我的意思是，灵魂有多少形式，城邦就有多少形式。”

“有多少形式呢？”

“城邦、灵魂，都有五种形式。”

“哪五种呢？”

“第一种形式我们已经描述过了，据说有两个名称，即君主制和贵族制，其分别在于，是一人执政还是由多个杰出的人执政。”

“没错。”

“不过，我认为这两个名称是在描述一种形式，因为不论是一个人还是多个人执政，如果执政者受过我们提到过的那种教育，那么城邦的基本法律必然能维持下去。”

“那是肯定的。”

卷五　婚姻与哲学

对话者：苏格拉底

格劳孔

玻勒马霍斯

阿德曼托斯

色拉叙马霍斯

“这就是优秀的和真正的城邦，优秀的和真正的人也一样，而且，如果这种城邦是优秀的、公正的，那么其他的就是低劣的、不公正的。这种恶不但会影响城邦井然有序的状态，而且会影响个人心灵的调节。恶会以四种形式表现出来。”我说道。

“它们是哪四种形式呢？”格劳孔问道。

当我正要将这四种恶的形式根据我所认识的顺序一一讲出时，坐得离我较远的阿德曼托斯，离玻勒马霍斯较近。这时，玻勒马霍斯扯住阿德曼托斯肩头的衣服，将他拽着更靠近自己一些，并开始与阿德曼托斯窃窃私语起来。由于距离有点远，他们说的，我只能听到几个字：“我们放他走，还是怎么办？”

“当然不能让他走。”阿德曼托斯提高了声音说道。

“你们两个说的‘不能放他走’，‘他’是指谁呢？”我问道。

“指的是你。”阿德曼托斯说道。

“指我？你们为什么不让我走？”我再次问道。

“为什么？”阿德曼托斯说道，“因为我们认为你只想偷懒，打算把整个辩论中最为重要的一部分糊弄过去。你别以为我们看不出你那种装腔作势、空洞无物的叙事方式。你说对妇女儿童而言，‘朋友之间应该一切共有’应该是对任何人都是不言自明的真理，是吧？”

“阿德曼托斯，难道我说得不对吗？”

“你说的是对的，”阿德曼托斯说道，“虽然在这个特定命题上是对的，但是要像其他任何事物一样，需要有充分的解释。因为所谓的‘共有’是多种多样的，所以请告诉我们你说的是什么样的‘共有’。我们早就盼望你能告诉我们一些关于公民的家庭生活情况。他们是如何把孩子们带到这个世界上来的。而且当孩子们来到这个世界之后，他们又是如何抚养和教育孩子的。简而言之，妇女和儿童的‘共有’是什么意思呢？我们认为，对这种‘共有’制度的认识正确与否，对一个城邦的生存和发展来说有着重大且至关重要的影响。而现在，这个问题还没有解决，你却又说起城邦中的其他事情了。所以，正如你听到的，如果你不能给我们把这件事讲个一清二楚，我们已经下定决心不会让你离开这里了。”

“就是要解决这个问题，我也赞成这个决定。”格劳孔说道。

“而且不必担心什么，你就当我们都是同意的吧。”色拉叙马霍斯说道。

“你们在搞什么名堂啊，如此来围攻我？”我说道，“你们正在挑起关于城邦的争论！我还以为我已经讲完了呢。而且我很乐意将这一问题搁置起来，我对你们能接受我所说的一切感到十分欣慰。然而，你们却要我从最基本的地方重新讲起，全然不顾你们所说的话如何漏洞百出。由于我可以预见到正在不断加剧的麻烦，所以我才想要回避它。”

“你以为我们是为什么目的而来的？是来寻找黄金的，还是来听论述的？”色拉叙马霍斯说道。

“是来听论述的，但论述也应有个限度。”

“苏格拉底，你说得对。”格劳孔说道，“但有头脑的智者听取此类论述往往是以整个一生为限的。你不用管我们会如何，就请你自己扪心自问一下：在我们的护卫者中，究竟应当推行一种什么样的妇女儿童‘共有’制度呢？我们又如何去看待一个人从出生到接受正式的教育呢？这一时期需要受到极大的关注，还是请告诉我们这些方面会是怎样的情形吧。”

“好吧，我的单纯的朋友们，但答案却并不单纯；比起我们得出的上一个结论来，这个结论会引起更多的疑惑。因为我们所说的是否具有可行性是值得怀疑的。从另一个角度看，我们会认为，具有可行性的计划是不是最好的计划，也是值得怀疑的。因此，我十分不愿意讨论这个问题。我的朋友们，还是给我们自己保留一点希望吧。别让我们到头来发现那只是一场梦而已。”

“不用害怕，”格劳孔说道，“你的听众不会为难你的，他们对你并没有怀疑，也没有敌意。”

“我的正直的朋友，”我说道，“我猜想你是在用这些话鼓励我吧。”

“没错。”格劳孔说道。

“那么，让我告诉你们吧，你们这样做的结果会适得其反的。如果我相信自己所说的一切是什么，那么你们的鼓励就会起作用。但一个人要向爱他的志同道合者说明一件他所敬仰、热爱的头等大事的真相，需要排除心中的恐惧与犹豫不决。我现在的状态就像个犹豫不决的探索者，这样去探讨这个问题是十分危险和难以捉摸的。但危险不在于我会被嘲笑，这未免太幼稚了，而在于我害怕迷失真理，本应自己先站稳，却拉着我的朋友和我一起摔倒。我祈求涅墨西斯[1]的宽恕，不要把我下面所说的应验到我身上来。因为我的确认为，失手杀人所犯下的罪行，比起混淆是非美丑、善恶、正义与不正义、欺世惑众的罪行，后者所犯罪行更大。所以我宁愿跑到敌人中间去冒险，也不愿待在朋友中间冒险。因此，你们对我的鼓励实在是不恰当，不可能增加我的勇气。”

格劳孔大笑着说道：“那么好吧，苏格拉底，就算你和你的观点会给我们造成某种伤害，我们也会像在误杀罪中一样赦你无罪并释放你的，而且承认你并未欺骗我们。你就放心大胆地讲下去吧。”

“那么好的，法律规定，当一个人被宽恕时，他就是无罪的。法律所规定的，在此辩论中也应成立。”

“那么你还担心什么呢？”

[1] 涅墨西斯（Nemesis），希腊神话中的复仇女神。——译者注

“好的，我想我必须回过头来说一些我也许只会在一个合适的时机才说的话。关于男性的部分我已讲完了，下面该轮到讲女性的部分了。尤其是根据你们的要求，我更要开始准备讲一讲她们了。由于男性生来就会接受公民教育，所以根据我的看法，获得对妇女、儿童拥有和使用的正确结论的唯一途径，就是顺着我们开始时的思路，即我们所说的男性是保护者，如同羊群的护卫犬一样。”

“是的。”

“让我们进一步假设，如果我们对妇女的生、养的教育采用相同或相似的规则，那么我们就应该看一看其结果与我们的假设是否相同。”

“你说的是什么意思呢？”格劳孔疑惑地说道。

“我的意思是，我们不妨以问题的形式来表述。”我说道，“牧羊犬是否分为公犬和母犬？它们在捕猎、守望以及其他事情上是平等分担责任的吗？当我们离开家时，我们是否总是把看护羊群的全部责任托付给公犬，而把母犬留在家中，让它们只想着生育喂养幼犬就已经足够了？”

“不是这样的，”格劳孔说道，“它们是平均分担责任的，它们之间唯一的不同就是，公犬更为强壮，而母犬较为弱小。”

“但是，如果它们不是以同样方式喂养的，你能让不同的动物干相同的事吗？”

“不能。”

“那么，如果要女性和男性承担同样的责任，他们就必须接受相同的养育和教育？”

“是的。”

“男性要接受音乐教育和体育训练。”

“是的。”

“那么女性也必须同男性一样接受音乐教育、体育甚至军事训练？”

“我想，这是理应推导出的结论。”

“我们这些建议是非同寻常的，一旦实行起来，恐怕会让人觉得滑稽可笑。”

“无疑会这样。”

“是的，而且最可笑的莫过于看着一丝不挂的妇女们在摔跤场里和一群男性一起操练，特别是当她们已不再年轻时。她们满脸皱纹、丑陋不堪，与热情似火的老头儿们一样，继续经常去体育场所锻炼，她们肯定不会给人们带来美的视觉感受。”

“是的，确实如此。根据现在的人们的看法，人们肯定会觉得这个建议是滑稽可笑的。”

“那么，”我说道，“既然我们决心直言我们的想法，就不能害怕那些来自直接反对这一革新的文人雅士们的嘲笑。他们会怎样谈论女子的成就呢？他们会说，女性们懂得音乐，擅长体育，没准还能头戴盔甲身披战袍，骑上马背上阵杀敌呢！”

“说得太对了。”格劳孔回答道。

“但是，我们既然已经开始走上立法的艰难征途，就不要怕遇到困难。同时我请求这些先生们，哪怕是一生中就那么一次，也一定要严肃地对待这个问题。请他们回顾一下希腊人，在不久之前还与一些野蛮民族差不多，都持有这样的观点：赤身裸体是可笑的而且不恰当的。当初的克里特[1]人和后来的斯巴达[2]人开始推行赤身裸体训练这一习俗时，当时的智者们不也同样讥笑过这一革新做法吗？”

“毫无疑问讥笑过。”

“但经验表明，让所有事都大白于天下，比让它们掩藏起来要好得多。眼睛看来好像十分可笑的事情，在由理性支配的最佳原则面前却并不那么可笑。这就说明这种人所说的话不过一派胡言：他们不认为邪恶是可笑的，而认为其他事物是可笑的；他们不去讥讽愚昧和邪恶，而是眼睛盯着其他事情加以讥讽；或者他们一本正经用某种标准来衡量美，而不是用善的标准。”

“你说得完全正确。”格劳孔回应道。

“那么，首先，不论这个问题是以嘲笑还是认真的方式提出的，我们都先要对女性的本质达成共识：她们是有能力分担全部或部分男性做的事情，还是根本不能分担？行军打仗是她们能分担的几种事务之一吗？这将是我们探讨这个问题的

[1] 克里特（Crete），位于地中海东部，是希腊第一大岛。——译者注

[2] 斯巴达（Sparta），古代希腊城邦之一，位于希腊半岛南部。——译者注

最佳方法，并可能得出最公正的结论。”

“这极有可能是最好的办法。”

“我们是不是应该先从另一方面来考虑一下？即从自我辩论开始，这样一来，就不会使我们的对手显得没有辩护能力了。”

“为什么不可以呢？”格劳孔说道。

“那么，就让我们以对手的口吻开始发言吧。他们会说：‘苏格拉底和格劳孔，没有哪个对手会判你们有罪的，因为你们自己在建立城邦之初就承认了一条原则：人人都应该去做顺应自己天赋能力的事情。’当然，如果我没有弄错，这条原则是我们大家都认可了的。‘然而，男女有着本质的差别，事实上不是很明显吗？’我们会回答说：‘当然男女有别。’然后他们会问：‘分配给男女的任务是否也应该有所区别，从而能与他们不同的本质相匹配呢？’他们当然应该做不同的事。‘但如果是这样，你们所说的本质完全不同的男性与女性却应做同样的事，是不是在此又陷入了更加严重的矛盾之中呢？’我亲爱的先生们，要是有人以此来反驳我们，我们该如何为自己辩护呢？”

“当突然被这样提问时，还真不容易回答。我应该请求你们，站在我们这一方的角度，想个摆脱困境的办法。”

“格劳孔，这里有一些反对意见，还有许多我早就预见到了的类似的反对意见。它们令我不敢也不愿去谈论任何关于妇女、儿童的拥有和养育的法律问题。”

“宙斯在上！”格劳孔说道，“这个问题实在是不好解决。”

“真的不容易。”我说道，“但事实在于，当一个人掉进水里双脚够不到水底时，不论是掉进小水池还是汪洋大海中，他都只能靠游泳来求生。”

“非常正确。”

“我们难道不应该全力以赴游到岸上，而是去希望音乐家阿里翁的海豚把我们驮上岸[1]或是希望有其他什么奇迹出现，使我们得救？”

“我猜想会这样。”

“那么好吧，让我们看一看是不是能找到一种解决方法。我们认可不同天赋能力的人应该接受不同的教育，从事不同的职业，并且认为男女的天赋能力是不同的。那么现在我们又说，不同的天赋能力应该从事同样的事，这就是他们指责我们自相矛盾的地方。”

“十分准确。”

“格劳孔，说真的，”我说道，“矛盾艺术的力量是多么伟大啊！”

“你为何会这么说呢？”

“因为我认为，很多人使用这一艺术都是与其本意相悖的。当他想与人理论时，实际上是在与人争吵，这仅仅是因为他不能进行界定和区分，以此来得知他到底在说些什么。这样，他就只会以一种争论精神来进行单纯的语言争辩，而不是在进行公平的辩论。”

“是的，”格劳孔说道，“通常就是这样。但这与我们的辩论有什么关系吗？”

“关系很大。很显然，我们会不知不觉陷入到这种语言争辩的危险中去。”

“怎么陷入进去的呢？”

“为什么我们总是不依不饶、好斗似的支持语言真理？即支持不同禀赋的人应从事不同的工作，而根本不去考虑禀赋的相同点和不同点的真正含义。换言之，当我们把不同工作分配给不同禀赋的人、相同的工作分配给相同禀赋的人时，我们为什么要把它们区分得那么一清二楚呢？”

“为什么？”格劳孔说道，“我们可从来没有考虑过这个问题。”

---

[1] 海豚是古希腊人喜欢的动物，传说中有很多海豚救人的故事。其中一则与古希腊诗人、音乐家阿里翁（Arion）有关。据历史学家希罗多德（Herodotus，约前 484—前 425）的《历史》记载，阿里翁是一位著名的酒神颂歌作者。一次，他携带在演出中获得的大量金钱返回希腊的科林斯。途中，水手们图谋他的金钱，起了谋财害命之念，威胁说要杀了他。当时，阿里翁祈求演奏平生最后一曲。在演奏完之后，他便投身大海。但他演奏的音乐把海豚吸引到了船的周围，其中一只海豚救起了阿里翁，将他安全送上岸。——译者注

“为了说明这些方面，”我说道，“我想问你一个问题：秃头的人与有头发的人之间到底有没有本质的区别？如果我们承认有区别，那么，如果秃头的人是鞋匠，我们是否应禁止有头发的人成为鞋匠，或者如果有头发的人是鞋匠，就该禁止秃头的人成为鞋匠？”

“这实在是太可笑了。”

“是很可笑，”我说道，“为什么可笑呢？因为从建立城邦之时起，我们就从来没有打算把人的禀赋的异同看成绝对的，而只是针对那些影响到个人参与事务方面而言的。比如说，我们应该讨论一个医生和一个自认为是医生的人，是否会被认为具有相同禀赋的问题。”

“对。”

“那么，医生与木匠一定是有本质区别了？”

“当然有。”

“那么，如果男性和女性在不同艺术与事务的适应性上会显示出差异，”我说道，“我们就应该说某种事务或艺术应该分配给他们中的一些人或另一些人。但如果差异反而是存在于女性生孩子、男性养孩子，那就不足以证明，女性所接受的教育应与男性有差异。因此，我们要坚持说，我们的护卫者和他们的妻子应该追求同样的事业。”

“非常正确。”格劳孔说道。

“下面，我们要问我们的对手，考虑到日常生活事务或艺术，女性究竟与男性有何不同呢？”

“这个问得很贴切。”

“他们可能会像你们自己一样，要一下子拿出个充分的答案并不容易。但等他们好好思考一番，就不会存在问题了。”

“是的，可能没问题。”

“那么，假设我们邀请他们加入我们的辩论，我们可能会希望向他们表明，女性的身体结构上并没有什么方面会影响到她们治理城邦的能力。”

“绝对没有。”

“让我们对他们说：来吧，我来问你们一个问题：当你们谈到一个人在某方面有天赋或是没有天赋，你们是不是在说，一个人学会某件事很容易，而对另一个人来说，要学会这件事就很困难？对一个人来说，学一点东西就会使其感觉收获颇多，而对另一个人来说，尽管在不断学习和应用，却是边学边忘，没什么收获。或者，你是不是认为：一个人的身体是他意志的忠实奴仆，而另一个人的身体对他来说却是个障碍。难道这就是一个人有天赋和没有天赋的区别所在吗？”

“没有人会否认这些。”

“那么你能否指出，任何一种人类事务，并不要求男性在天赋素质上有任何高于女性之处？你也不需要我耗费时间去赘述：在纺织、烤圆饼和做果酱方面，女性确实比男性强，而且在这些方面，男性想超过女性是荒谬可笑的。”

“在坚持认为女性总体上处于劣势这一方面，你说得很对。”格劳孔回应道，“虽然女性在诸多事情上比男性要强，但总的来说，你的看法没错。”

“我的朋友，如果是这样，”我说道，“在城邦机构中，没有什么职位是专为女性设置的，也没有什么职位是专为男性设置的。但天赋禀性则是同样分布于男性和女性之中的。所有男性能做的事务，女性也都可以做，但总的来说，女性比男性处于弱势。”

“非常对。”

“那么我们是否只把事务强加给男性而丝毫不加给女性呢？”

“绝对不是。”

“一个女性生来具有治病的天赋，另一个则没有；一个是音乐家，另一个却毫无音乐素养。”

“完全正确。”

“一个女性乐于接受体育和军事训练；而另一个则生性温顺，并且厌恶体育训练。”

“当然有这种情况。”

“一个女性是哲学家，另一个却是哲学的敌人，厌恶哲学；一个有气度，另一个则气量狭小。”

“这种情况也是有的。”

“那么一个女性可能会有护卫者的气概，而另一个则没有。难道男性护卫者的挑选不也是因人而异的吗？”

“是的。”

“男性和女性同样具有护卫者的素质，只是男性相对强一些，女性相对弱一些？”

“显然是的。”

“那些具有这种护卫者素质的女性，应被选择与能力和性格上与她们具有相同素质的男性作为伴侣和伙伴，共同承担守卫任务。”

“十分正确。”

“那么，同样的本质应担负同样的事务责任吗？”

“应该的。”

“正如我们之前强调过的那样，让护卫者们的妻子学习音乐和体育是很正常的，这又回到了原来的话题上去了。”

“当然没有。”

“我们即将推行的法律是承认天性禀赋的，因此不是没有可能的，也不完全是空想。那么，现在占上风的行为实在是一种违反自然本性的相反的行为。”

“听起来是这样的。”

“我们必须考虑到：第一，我们的建议是不是可能的；第二，它们是不是最有益的。”

“是的。”

“那么，我们的建议的可能性已经被肯定了？”

“是的。”

“既然大家认为它们是可能的，那么它们是不是最有益的呢？”

“确实是最有益的。”

“你们会承认，使男子成为优秀护卫者的教育，也同样能使女子成为优秀的护卫者，因为他们的本质原本是一样的，由此看来，男女护卫者要接受同样的教育？”

“是的。”

“我非常想问你一个问题。”

“什么问题？”

“你能说所有的男性都一样优秀吗？还是会说一个比另一个要更强些？”

“我认为会说一个比另一个更强些。”

“在我们正在建立的城邦里，在我们示范的体制下成长起来的护卫者会成为更完美的人，你是这样认为的呢，还是认为接受过鞋匠教育的鞋匠才是更完美的人？”

“这真是荒谬可笑的问题！”

“你已经回答了我的问题，那我就不用进一步说我们的护卫者是公民中最优秀的人了吧？”

“是的，至今为止，他们都是最优秀的。”

“那么，还有什么会比使一个城邦里的男性和女性都尽可能优秀这个利益更高的吗？”

“没有比这个利益更高的了。”

“这正是我们所描述过的音乐教育和体育所能实现的利益？”

“当然。”

“那么，我们的建议不但是可行的，而且对城邦也是大有益处的？”

“确实是的。”

“那么就让护卫者的妻子脱去衣服进行体育操练吧，她们的美德足以作为她们的衣服了。让她们也分担行军打仗和保卫城邦的义务吧。只有在分配体力活时，才把轻的分给体质较弱的女性。但在其他义务方面，女性和男性要承担的应当是一样的。至于有些人笑话女性为了达到高贵的目的而裸身训练。在他们的笑声中，他们正在采摘下‘不成熟的智慧之果’[1]。他们自己并不知道自己在笑什么，在做些什么。这样说最好，将来也是如此：‘有用的就是高贵的，有害的就是低贱的。’”

[1] 出自古希腊抒情诗人品达。——译者注

“非常正确。”

“关于妇女的法律问题这个难题，我们可以说已基本解决了。我们规定护卫者不分男女，必须承担相同的义务和责任。还算幸运，由此引起的轩然大波并没有将我们吞噬。对于这个法律建议，不仅是有用的而且是可行的，我们前后连贯的论证本身足可以作为见证。”

“是的，你确实逃过了这个大浪头。”

“没错，”我说道，“但更大的风浪即将到来，当你见到下一场风浪时，就不会这么想了。”

“说下去，让我看一看是什么大风浪。”

“这场风浪的余波就是产生了如下这样一条法律，”我说道，“我们的护卫者的妻子应该共有，他们的孩子也应该共有，父母不应知道谁是自己的孩子，孩子也不知道谁是他们的父母。”

“是的，”格劳孔说道，“和前者比起来，这确实是更大的风浪。而这种法律的作用和可行性却是更加让人怀疑的。”

“我认为，”我说道，“对于妻子、孩子共有的法律条文的强大作用是不会引起太大争议的，而可行性则是另外一回事了，它必将会引起更大的争议。”

“我认为，无论是作用还是可行性，这两方面都会引起不少质疑。”

“你是在暗示这两个方面必须结合起来看吧，”我回答道，“现在我的意思是，你应该承认这条法律的作用。这样，我想，我就可以免于对作用问题费神了，只要应对其可行性就行了。”

“你这点小伎俩早被我们识破了，因此还是麻烦你一一进行辩护吧。”

“那好吧，我只得接受我的命运了。”我说道，“但我还是要请你帮我个小忙：让我的心灵像有着自我满足习惯的做白日梦的人一样，自我满足一下吧。因为在他们发现任何会影响他们愿望的方式之前，他们其实是从不为此操心的。他们绝不愿意去为思考可行性的问题而劳神费力，而是假设自己已如愿以偿。然后就在想象中开始详细地拟订计划，如果他们梦想成真，他们会高高兴兴去做他们愿意做的事情。这就是他们这种人的思维方式，没有本事做出什么实实在在的有益的事情，也从来没有做出过什么实实在在的事情，我现在的心态也跟他们差不多。如果我能得到你们的许可，我想现在先避开可行性的问题不谈。因此，既然我假设了这个建议的可行性，我现在想继续探讨统治者会如何执行这些法律条令。我想证明，如果可行，我们的这个计划会给城邦及其护卫者们带来多大的益处。那么，首先，如果你们没有异议，我将在你们的帮助下来考虑这种措施的优点，然后再考虑其可行性的问题。”

“我不反对，请继续说吧。”

“第一，我认为，如果我们的统治者与辅助者都名副其实，那么，他们一方面有服从的义务，另一方面又要有行使权力和发号施令的能力。护卫者们本身要服从法律，而在执行法律授权他们办理的事情时，在任何细节上都必须遵循法律精神。”

“没错。”格劳孔说道。

“你们作为他们的立法者，”我说道，“既然你们已经选择了男性，就应立刻选择一些女性配给那些男性。这些女子必须与那些男子尽可能有相同的本质；他们必须同吃同住。他们不允许有任何私有财产。他们必须待在一起，必须一起接受教育，一起从事体育锻炼。这样，他们就会因为本能的吸引而必然发生性爱关系。‘必然’这个词，我想并不是过分刺眼的词语，是吧？”

“是的，”格劳孔说道，“不是几何学上的必然性，而是另一种恋人们所知道的必然性，对大多数人而言，爱情的必然性比几何学的必然性更有说服力、更具约束力。”

“确实如此，”我说道，“格劳孔，性爱和其他事情一样，必须要倡导井然有序的风尚。在神佑的城邦，淫乱是一种不光彩的亵渎神明的事情，统治者应予以禁止。”

“是的，”格劳孔说道，“这是应该被禁止的。”

“那么，显而易见，下一步要做的就是使婚姻尽可能神圣，而且是不是凡是最有益的，也就是最神圣的？”

“的确如此。”

“那么，婚姻怎样才能最为有益呢？这是我向你提出的问题，因为我看到你家有不少良种猎犬和名贵的鸟类。现在请你告诉我，你是否曾经注意过它们交配和繁殖后代的情况？”

“有什么特别之处吗？”

“当然！首先，虽然它们都是高贵的品种，但比较而言，是不是一些会比另一些更为优良呢？”

“是的。”

“你是让它们随意交配繁殖后代，还是特别注意只选择最优良的进行繁殖？”

“当然是挑选最优良的加以繁殖。”

“你是挑选那些年龄最大的和最小的呢，还是只选择成熟期的？”

“当然只挑选成熟期的。”

“如果你对繁殖不加注意，你的猎犬和鸟的品种是不是就会退化？”

“当然会。”

“那么，对于马和其他一切动物也都是一样的，是吧？”

“不容置疑。”

“天神在上！我亲爱的朋友，如果同样的原则也适用于人类种族的繁衍，那么我们的统治者则要具备多么高超娴熟的技巧啊！”

“这个原则当然适用，但为什么这要牵扯到特别的技巧呢？”

“因为，”我说道，“我们的统治者经常不得不使用‘药物’医治身体，如果只是依靠严格过有规律的生活而不用对症下药，那么一个普普通通的医生也就足以应对了。但是，如果不得不用药物时，那么这个医生就必须是个敢想敢做的人才行。”

“你说得很对，”格劳孔说道，“但这与我们探讨的问题有什么关系吗？”

“我的意思是说，”我说道，“我们的统治者们，为了公民的利益，不得不运用相当剂量的谎言与欺骗。我们说过，这些被作为药物使用极有可能很有优势。”

“这样说是对的。”

“好像在结婚生子的法规中，经常需要合法地使用谎言和欺骗。”

“怎么会需要呢？”

“因为，”我说道，“根据我们已确定的原则：男女两性中的最优秀者应尽可能多地结合在一起，而两性中的低劣者则应尽可能少地结合在一起。而且，如果一个群体要保持一流的品质，就应该只养育最优秀者结合所生育的后代，而不养育低劣者结合所生育的后代。所有这一切安排只有统治者是知情的，其他人都不应该知道。否则，我们的社会将会面临更大的危险，即使是护卫者，也会发生争吵甚至是叛乱。”

“非常正确。”

“那么，我们是不是最好指定某个特殊的节日，在那一天让所有的新郎、新娘聚集在一起，举行祭祀活动，弹奏并演唱我们的诗人们写的婚礼曲。婚礼举行的次数应该由统治者决定，以便保持平均的人口，统治者还要考虑其他诸多事情，比如战争、疾病及其他类似事件对人口产生的影响，统治者要尽量防止城邦人口数量变得过于庞大或过于稀少。”

“当然应该控制。”格劳孔说道。

“我们应当发明某种有技巧的抽签活动，每次让那些较劣质的男女在指定场合进行抽签。这样他们只会怪自己的运气不好，而不会责怪统治者了。”

“应该这样做。”格劳孔说道。

“我认为，对于那些更勇敢、更优秀的年轻人，除了给他们以其他的荣誉和奖赏，还应为他们提供最大的便利条件和机会，使他们能与赐予他们的女性结合。他们的勇敢就是理由，他们应该生育尽可能多的子孙后代。”

“是的。”

“称职的官员，无论是男子或女子，都可以担任，因为男女都有担当官员的责任。”

“是的。”

“称职的官员会把优秀父母的后代抱到育婴所，把婴儿托付给单独居住的护士们照管。但劣质父母的后代或是优秀父母的残疾后代，则应该被抛弃到神秘而不为人知的地方去。”

“是的，”格劳孔说道，“要想保持护卫者后代的纯粹性，就必须这么做。”

“这些官员应尽职尽责地给婴儿提供保育，当母亲有了奶水，就应带她们到育婴所喂奶，并确保她们认不出自己的孩子。如果需要，还要招募更多的保姆。还必须注意，喂奶的时间不可过长，母亲不必为了孩子的麻烦事而夜里起床，这一切都应交给护士、保姆和仆人去做。”

“你假设我们护卫者的妻子的生育是一件轻松愉快的事情？”

“为什么是假设呢，她们本应该享受这样的待遇。”我说道，“但还是让我们继续探讨我们的计划吧。我不是曾说过，为人父母应该在年轻力壮之时比较合适，是吗？”

“很正确。”

“那么，年轻力壮的年龄段是什么呢？是不是能规定为女子在 20 岁左右，男子在 30 岁左右？”

“你认为应该包括什么年龄？”

“一个女子，”我说道，“应从 20 岁开始为城邦生孩子，一直生到 40 岁，男子应从 25 岁开始，此时他们已过了心浮气躁的年龄，一直应持续到 55 岁。”

“当然，”格劳孔说道，“符合这个年龄段的男女都正处在生理、智力和体力的高峰期。”

“任何在此年龄段以上或以下的男女，如果参加集体婚礼，都应被看作亵渎神明和不合法的事情。他们的孩子如果属于偷偷生下的，则不会得到男女祭司和全城邦的祈福祝祷，因为这些孩子是愚昧无知和淫乱诱惑的产物，而通过正式婚礼的父母所生养的孩子则会得到这样的祝福。他们会祈祷那些对城邦做贡献的父母所生育的下一代会比他们的父母更加优秀、更加有用。”

“非常对。”格劳孔说道。

“同样的法律也应适用于这种情况：任何在规定年龄内的壮年男子，与任何最佳育龄女子未经统治者允许而发生关系生育孩子。这样的孩子我们会认定为私生子，因为他们生下的孩子是未经批准的，不神圣的。”

“非常对。”格劳孔说道。

“但是，这只适用于那些在此特定年龄段的人，超过了这个年龄的人就可以按自己的愿望自由行事了。而且这个人不得娶自己的女儿或女儿的女儿，或者娶自己的母亲或母亲的母亲。从另一方面来说，女性也不得嫁给自己的儿子或儿子的儿子，或者嫁给自己的父亲或父亲的父亲，以此类推。我们承认自由的婚姻，但同时应让他们遵从严格的法律，禁止他们生育不合法的孩子。如果有任何人不顾一切生下孩子，他们必须知道，这种结合所生的孩子是不能进行养育的，应当接受相应的处置。”

“这个建议也是有道理的，”格劳孔说道，“但他们又怎么知道谁是父亲，谁是女儿呢？”

“他们永远不会知道，但有一个办法：从婚礼之日算起，结过婚的新郎要把此后 7 个月至 10 个月出生的男孩都看作自己的儿子、女孩都看作自己的女儿；他们也称他为父亲，他称他们的孩子为孙辈；而他们称他的上辈为爷爷和奶奶。所有在其父母结合时所生的后代，都应互相称呼为兄弟、姐妹。正如我所说过的，他们之间近亲结婚是禁止的。但是，兄弟姐妹间的婚姻不是严格禁止的；如果抽签抽上了，神兆也显示吉利，法律就要允许他们结婚。”

“十分正确。”格劳孔说道。

“格劳孔，这就是我的计划，依此计划，便可使我们的护卫者们共享妻、子和家庭。现在，你可能会表示这与我们政治制度的其余部分并没有什么抵触的地方，而且没有什么比这个做法更好的了。我说得没错吧？”

“是的，当然没错。”

“我们要想取得一致意见，是不是首先应该问一问我们自己，立法者在立法和治国方面的主要目标应该是什么，何为极大的益处，何为极大的害处，然后再想一想我们从前说的话是有益的还是有害的。”

“理应如此。”

“所以，对一个城邦来说，还有什么是比闹不和与分裂更大的害处呢？或者说还有什么是比团结一致更大的益处呢？”

“不可能有的。”

“这就是全城邦公民的同甘共苦——全体公民处于相同的悲喜场合时，则会同喜同悲的。”

“毫无疑问。”

“是的。那么当一个城邦中的人有私人感情而没有共同感情时，就会走向无序：同样一件事情的发生，会使一半的人兴高彩烈，而另一半则备感悲伤。这种喜不同喜、悲不同悲就是混乱无序。城邦团结一心的纽带就会断裂。”

“当然。”

“这种情况的发生就是我们对这一措施使用时意见不一致造成的，诸如使用‘我的’‘不是我的’和‘他的’‘不是他的’这些词语时造成的意见分歧。”

“确实如此。”

“所以，一个城邦中大多数人对相同的事物，都会在同一意义上使用‘我的’和‘不是我的’，这个城邦是不是就是最秩序井然的城邦了呢？”

“的确是。”

“那么我再问你，一个城邦最接近团结一致的状态，就像是一个人的身体一样，当他的一个手指受伤，身心会作为一个整体处在灵魂的控制之下，并以此为中心形成身心王国，而同时感到疼痛并对受伤的部分深表同情，我们会说这个人手指痛；同样的话也可用于身体的其他部分，当其他部分感到疼痛或因疼痛减轻而带来快感，都可以这么说，是不是？”

“十分正确，”格劳孔说道，“我同意你说的，在一个最秩序井然的城邦，应该如你所描述的那样，是有共同的感情的。”

“那么，当任何一个公民遭遇了好的事情或坏的事情时，全城邦公民都应该把他的事当作自己的事一样，并能与他同喜同悲。”

“对，”格劳孔说道，“这就是井然有序的城邦应该发生的事。”

“现在是时候了，”我说道，“让我们回过头来看看我们的城邦，看看这样或那样的形式是不是符合这些最基本的原则。”

“好主意。”

“我们的城邦是不是和其他城邦一样，也有统治者和公民？”

“是的。”

“所有的人都互称为公民？”

“当然。”

“但是，在其他城邦，公民有没有给他们的统治者别的称呼呢？”

“通常称他们君主，但在民主式的城邦则称其为统治者。”

“在我们的城邦，除了称其为公民外，人们还称他们的统治者为什么呢？”

“他们称他为救助者或扶助者。”格劳孔回答道。

“那么统治者如何称呼他的公民呢？”

“称他们为自己的供养者或培养者。”

“在别的城邦，统治者如何称呼公民的呢？”

“奴隶。”

“在其他城邦，统治者相互之间如何称呼的呢？”

“共同统治者。”

“那么，在我们的城邦里是如何称呼的呢？”

“共同护卫者。”

“你是否听说过，别的城邦的统治者会称其某一同僚为朋友，而对另外一个却又不以朋友相称？”

“是的，经常会这样。”

“他们是否会把朋友看成并且描述为一个与自己切身利益相关的人，即自己人，而把另一个对他毫无利益可言的人称为陌生的外人？”

“确实会如此。”

“但是，你们的护卫者会如何认为呢？他会把其他护卫者说成陌生的外人吗？”

“他当然不会。因为对于他所遇到的每个人，他都会把他们看成他的兄弟姐妹，或是看成父母长辈，或是看成与他有亲戚关系的人的父母、子女，或者是与他有关系的人的父母、子女。”

“说得太好了，”我说道，“不过，让我再问你一次：他们是否只是名义上的家庭成员？他们的所作所为是否名不符实？比如说，在用‘父亲’这个词语时，是不是隐含了对父亲的敬爱及赡养等法律规定的义务？那么，违反了这些义务规定的人是不是应该被认为是不虔诚、不公正的，而无法从神和人那里得到任何的祝福？这些话是不是应当由全体公民不断在儿童的耳边重复灌输，使他们知道对自己的父母应该承担什么义务？”

“这些思想必须反复灌输，”格劳孔说道，“因为没有什么事情比只把家庭二字挂在嘴上而不以实际行动表现出来更可怕的了。”

“这样，在我们的城邦中，和谐一致的语言会比在其他任何城邦听到的都要多。正如我从前所描述的那样，当任何人表现良好或糟糕时，大家都会一致认为，‘对我来说这是好的’或‘对我来说这是糟糕的’。”

“很对。”

“而且，这种思维和语言表述方式如此一致，难道我们不会说他们也会同甘共苦吗？”

“是的，他们会。”

“他们对同样的事物会同样地称为‘我自己的’，因为他们有着共同的利益。既然他们有这样的共同利益，难道他们还不会同甘共苦吗？”

“当然会，比其他城邦的人更能同甘共苦。”

“这里面的原因，除了和城邦设立的一般制度有关外，是不是还有一个原因，就是在护卫者中，妻子和孩子共有？”

“这是主要的原因。”

“我们进一步认为，这给城邦带来了最大的好处，如同我们把秩序良好的城邦比作人的身体是由各个能同甘共苦的部分组成的统一体一样，是吧？”

“我们承认，这个比喻非常正确。”

“那么，在公民之间，妇女儿童的共有，显而易见也是城邦最大好处的来源，是吧？”

“当然可以这样说。”

“这同我们强调的另一条原则是一致的，即护卫者不必有私人房屋、土地或其他私有财产，他们为公民服务的报酬就是他们从其他公民手中得来的食物，护卫者是同吃同住的，他们不应该有私人的花费，因为我们想要他们保持护卫者的本色。”

“是的。”格劳孔回答道。

“如我所说，财产公有和家庭共有，会使他们更像名副其实的护卫者。他们不会为了区分‘我的’和‘不是我的’而把城邦弄得四分五裂。这样就会避免每个人把所获之物拿到住着自己妻子儿女的家里去，并把妻子儿女当作家庭私有，使得欢乐和痛苦成为个人的感受。财产和家庭公有制度使护卫者对什么都一样亲近，对什么是珍贵的有着一致的看法。所以他们会为共同的目标而齐心协力，努力奋斗。”

“当然。”格劳孔回答道。

“他们除了自己要去护卫的公民，别无他物是自己私有的，他们之间也就不存在什么诉讼与纠纷，他们之间不会因为金钱、子女和亲戚关系而发生争吵。”

“当然不存在。”

“在护卫者中间，也不会经常发生打架斗殴或侮辱骂人的案件。因为，人们进行自我保护就是保护自己的荣誉和正义，所以我们对个人的保护也就成为一件必要的事情了。”

“这样很好。”格劳孔说道。

“是的，这项法律还有一种好处就是，当一个人与另一个人发生争吵，他可以当场发泄怒气，而不致走上事后报复的危险道路。”

“的确。”

“年长者有责任管教年轻人？”

“显然有。”

“毫无疑问，年轻人不会殴打长辈，或对长辈采取什么暴行，除非法官命令他们这样做，他们也不会以任何方式对长辈不敬。因为，羞耻心与畏惧心尤如两个护卫者，可以阻止他们这样做。羞耻心，使他们畏于对他们是父亲关系的人动手，畏惧心使他害怕受伤的人会得到他的兄弟、儿子、父亲等的援助。”

“那是真的。”格劳孔回答道。

“法律会在各个方面帮助公民维护人与人之间的和平安宁。”

“对，没有人不想要和平安宁。”

“当护卫者之间不再争吵不休，城邦的其他人也就没有四分五裂和相互争斗的危险了。”

“无论如何不会了。”

“我实在不想提及他们本应该消除其他一些区区小事带来的烦恼，因为它们根本不值得关注。比如说，穷人向富人谄媚，男性在供养家庭中经历的各种苦恼和伤痛，为购买家庭生活必需品而四处赚钱，先借债而后却拒绝还，赚钱不择手段，把钱交给女性或奴隶保管……人们在这些区区小事上所花费的心思和精力，既卑劣又显而易见，实在不值一提。”

“没错，”格劳孔说道，“这样的事连盲人也能明白。”

“人们一旦免除了这些琐碎小事带来的烦恼，他们的生活就会像奥林匹克运动会的胜利者[1]一样幸福快乐。”

“此话怎讲？”

“奥林匹克运动会的胜利者，”我说道，“只得到了我们公民所获得的幸福的一小部分，就感到很幸福，而我们的护卫者所获得的胜利则是更为荣耀的，他们会获得完全的城邦公养。因为，他们所赢得的胜利拯救了整个城邦，他们一生的需要就是为自己和自己的孩子赢得桂冠，他们在生时会获得城邦的奖赏，死后也会获得荣耀的葬礼。”

“是的。”

“你还记得吗？”我说道，“在上次辩论中，我不记得是谁指责我们让护卫者感到不幸福，他说，护卫者本应该获得一切，却一无所有。我们回答说，如果有机会，我们过一会儿会再来考虑这个问题。但是，我们当时的想法是要使护卫者成为真正的护卫者，以确保他们是为全体人而不是为任何特殊阶层谋取最大幸福的，我们是按这样的观念塑造我们的城邦的。”

“是的，我还记得。”

“既然我们的护卫者的生活比奥林匹克获胜者的还要更好和更高贵，你们还有什么可说的呢？鞋匠、手工业者或农民的生活能和他们相比吗？”

---

[1] 古希腊时期，对于获胜的奥林匹克运动会的胜利者，此后的生活费用都由城邦来支付。——译者注

“当然不能。”

“同时，我必须在此重申我在其他地方说过的话，如果哪一个护卫者试图以这种方式谋求幸福，那他就不再是名副其实的护卫者了。如果作为护卫者，不再满足于我们认为的最好的生活，即安全而和谐的生活，而满脑子都是年轻人追求的那种幸福生活，巴不得将整个城邦据为己有。这时，他们就会知道，赫西俄德的话‘一半要比全部好’真乃至理名言。”

“如果他来请教我，我就会告诉他：你有现在这样的生活，就知足吧！”

“那么，你同意男女应该有共同的生活方式，就如我们描述过的那样，共同接受音乐教育和体育，共同养育子女。他们要共同监管和保护其他公民。无论是居住在城邦中，还是外出打仗，他们要像猎犬一样共同站岗放哨，共同追逐敌兵。只要他们能做到，一切事情都应男女共同承担。这样，既不会违反男女之间的自然差别，也会保持男女之间自然的伙伴关系，他们会把事情做到最好的程度。”

“我同意你的看法。”格劳孔回答道。

“探讨还得继续，”我说道，“我们是否可以证明，这样的共有制就像在其他动物中一样，在人类中也是可行的。如果可行，可行的方式又会是什么呢？”

“我正要提这个问题，你却抢先提了。”

“回答这个问题并不难，”我说道，“只要看看他们是如何发动战争的就可以了。”

“他们是怎么发动战争的呢？”

“这个嘛，当然是他们要继续一起远征；他们要带上他们所有的十分强壮的孩子，好让这些孩子如同工匠的孩子一样，观察他们将来要从事的工作是什么样的。不仅是观察，他们还必须帮忙并参加到战斗中去，并且侍候他们的父母。你是否注意过陶匠的儿子们，在他们正式做陶工之前很长一段时间，必须在旁观察和做帮手。”

“是的，我注意到了。”

“难道陶匠比我们的护卫者还要更注重教育子女吗？他们会给孩子提供观摩机会，让他们在实际操作中学会承担责任。”

“这个想法真是荒谬可笑。”格劳孔说道。

“就像其他动物一样，这对父母也有影响，有孩子们在场，父母们受到激励会越战越勇的。”

“苏格拉底，你说得非常正确。但如果他们战败了，而这种情况在战争中经常会发生，那么危险当然会很大！儿女同父母会一起丢掉性命，而城邦从此也就无法复兴了。”

“对，”我说道，“但是，难道你从来都不让他们去冒任何险吗？”

“我可没有这么说。”

“那就好，但如果他们要去冒险，难道他们不应在某些场合这样做吗？如果他们能逃脱危险，那岂不是更好？”

“显然是的。”

“未来的战士在他们年轻时，是否见识过战争是十分重要的，为了这个阅历去冒险是应该的。”

“是的，非常重要。”

“那么，这一定是我们的第一步。让我们的孩子成为战争的观察者；但我必须要强调的是，要想方设法保证他们的安全。这样就没有问题了。”

“对。”

“他们的父母应该充分了解战争的危险性。但是，以人类的预见力，他们应该知道什么样的远征是安全的，什么样的远征是危险的。”

“这是可以设想的。”

“这样，他们在安全的远征中可以带上孩子，而在危险的远征中就要格外小心了，不要带孩子。”

“确实是这样。”

“经验丰富的战士将成为孩子们的领袖和老师。”

“非常合适。”

“但是，战争的危险仍然不可能总会被预见到，其中有很多偶然因素？”

“是的。”

“遇到这种偶然情况，孩子们必须马上装上一对翅膀，在必要的时候能飞快逃走。”

“你说的是什么意思呢？”格劳孔问道。

“我的意思是，在他们很小的时候，就把他们放在马背上，教他们学会骑马后，再带他们骑着马去观看战场。他们骑的这些马一定不能是骠悍凶猛的战马，而应该是可以得到的跑得最快的、又容易驾驭的马。这样一来，孩子们就能清楚地看到他们未来的任务是什么；而一旦发生危险，他们只需跟着他们的年长一些的队长，就可迅速逃离危险。”

“我相信你说的是对的。”格劳孔说道。

“其次，说到战争纪律问题，你们的战士与战士之间、战士与敌人之间是个什么关系呢？我倾向于建议，应该把那些不负责任、丢下武器或因任何其他怯懦行为而有罪的人，降职为农夫或工匠，你意下如何？”

“我肯定会说，理应如此。”

“那些自愿做俘虏的人就送给敌人当礼物吧，他们是敌人合法的猎物，随敌人怎么处置他们好了。”

“那是当然。”

“但是，对那些靠奋力征战而名声大振的英雄，我们应怎样对待他呢？首先，他应当在军队年轻的战友们中获得荣誉，受到他们的致敬，他们应依次为他加冠。你是否赞成这样做呢？”

“我赞成。”

“你是否认为大家应以右手与他相握，以表敬意？”

“这样做，我也同意。”

“但是，你恐怕不会同意我下面这条建议。”

“什么建议？”

“他应该亲吻别人，并接受别人的亲吻。”

“那当然是应该的。而且我要更进一步地说，在远征过程中，不要让有意亲吻别人的人遭到拒绝。这样，如果一个人有他所爱的人在军中，无论是少男还是少女，他都会更加渴望赢得英勇的战功奖赏。”

“很好，”我说道，“那么勇敢者可以比其他人拥有更多的妻子，这一点已经决定了。他在这方面比别人更有优先选择权，这样他就可以尽可能多地生孩子了。”

“我同意。”

“还有另外一件事，根据荷马史诗所说，勇敢的年轻人应当受到尊敬。据说，埃阿斯[1]因作战英勇而出名，他在庆功宴中得到了一长条里脊肉作为奖赏，这似乎是给这位风华正茂英雄的恰当褒奖。这个奖赏对年轻勇士来说不仅是荣誉，而且也能增强体质。”

“很对。”格劳孔说道。

“那么，在这件事上，”我说道，“荷马可以做我们的老师。在祭祀或类似的场合，我们也会根据勇士们的勇敢表现奖赏他们，不论男女，都会为他们高唱颂歌，还会授予他们提到过的其他荣誉。也要赐予他们

荣誉席位、肉食和成杯美酒

“在奖赏他们的同时，我们还要对他们加强训练。”

“这真是太好了。”格劳孔回答道。

“是的，”我说道，“当一个人在战斗中英勇牺牲，我们是不是应该说他属于金质种族。”

“肯定的。”

“我们是否相信赫西俄德诗篇中所说的，金质种族的勇士死亡后会变成：

他们是大地上的圣灵，是益事的创造者，是恶事的天敌，是能言善辩的保护者。”

“是的，我们接受他的权威说法。”

“我们要向神学习如何布置神圣、英勇之人的陵墓，指出他们的特殊荣耀是什么，我们必须遵照神的旨意去做？”

“一定的。”

[1] 埃阿斯（Ajax），特洛伊战争中的希腊联军英雄，出自荷马史诗《伊利亚特》。——译者注

“我们要世世代代在他们的陵墓前跪拜并崇敬他们，就像对英雄的陵墓一样。不只是他们，凡是我们认为出类拔萃的有德之人，不论他们是否寿终正寝，还是以别的什么方式去世，都应受到同样的崇敬。”

“非常对。”格劳孔说道。

“还有一个问题，我们的战士应该如何对待敌人呢？你有什么样的想法？”

“你是从哪方面说的呢？”

“首先，就奴役战俘来说吧。你认为希腊人奴役希腊城邦，或者说他们虽然可以阻止，却坐视其他民族奴役希腊人，这样做是对还是不对？考虑到整个希腊民族有可能有朝一日会落入到野蛮人统治的危险之中，他们的做法是否应得到宽恕？”

“宽恕他们是最好的。”

“那么，所有的希腊人不应当被其他希腊人变成奴隶，这是他们应遵守的法则，建议其他希腊城邦的人都遵守这个法则。”

“当然，”他说道，“这样，他们就会齐心协力对付野蛮人，而不会在内部发生相互争斗。”

“下面，再谈一谈战死的人。征服者是否应取走他们身上除盔甲之外的一切东西？难道对敌人的掠夺就可以成为怯战的理由吗？懦夫通过对敌人死尸的搜索而躲闪实战，却装作尽职尽责的样子。在此以前，已有许多军队由于热衷劫掠而导致失败。”

“说得很对。”格劳孔说道。

“劫掠尸体难道不是野蛮、贪婪的行为吗？当真正的敌人丢下武器已经逃走，却把死尸当作敌人，这不也是心胸狭窄的妇人之见吗？这岂不是像一条狗，无法咬到攻击他的人，却冲着打它的石头狂吠不已。”

“非常像一条狗的行为。”格劳孔说道。

“那么，我们就一定要避免破坏敌人的尸体或是阻碍他的埋葬。”

“是的，我们必须这样做。”

“如果我们想获得其他希腊城邦的好感，我们也不应该把缴获的武器祭献在神庙中，特别是希腊人的武器。我们确实有理由害怕，如果没有神明的指示，把同族亲属身上掠夺来的战利品送到神庙去是一种亵渎神明的行为。”

“说得很对。”

“还有，对希腊地区的掠夺和纵火烧屋的行为，你有什么好的解决办法？”

“我能有幸听听你的高见吗？”

“要由我来裁决的话，这两种行为都应禁止。我只会取走当年的粮食，仅此而已。要我告诉你为什么吗？”

“请讲吧。”

“为什么？你要知道，‘不和’与‘战争’两个词是截然不同的，我想它们的本质也有差别。一种是自己内部的、城邦内的；另一种则是外部的，是与外邦人的关系。前者称为不和或内讧，只有后者才叫战争。”

“这种区分非常恰当。”格劳孔说道。

“我是不是可以同样恰当地指出，希腊民族是以血缘与友谊的纽带团结起来的，而野蛮民族则是异己的，是外人？”

“正是。”格劳孔说道。

“因此，当希腊人与野蛮人作战时，或野蛮人与希腊人作战时，我们称他们之间处于战争状态，那么他们从本质上讲彼此是敌人。我们称这种对抗为战争。但当希腊人互相作战时，我们称之为内讧和不和状态，因为他们从本质上讲还是朋友。这种敌意就被称为不和。”

“我同意你的说法。”

“那么，请考虑一下我们在此所探讨的不和或内讧问题吧。”我说道，“一个城邦内发生不和，城市之间发生分裂，互相毁田烧房，那么这种争斗显得是何等荒谬和邪恶！双方都不会被看成是热爱自己的城邦的。所有热爱城邦的人都不愿意蹂躏自己的奶妈和母亲。征服者剥夺被征服者的收成或许有一定的道理，因为他们内心仍然抱有和平的理想，不愿意无休无止地打下去。”

“是的，”格劳孔说道，“这种想法比较温和，比其他的做法要好。”

“那么，你们创建的城邦，难道不是希腊的城邦吗？”

“应该是的。”

“那么，这里的公民不都应该是正直而有教养的吗？”

“是的，非常有教养。”

“他们会不会热爱希腊人？会不会把希腊看作自己的故土？会不会分享共同的神庙？”

“当然会。”

“他们之间产生的任何分歧都只会被认为是不和，只是朋友之间的争吵而已，而不能被称为战争？”

“当然不能称为战争。”

“他们虽然会发生争吵，但还是希望有朝一日会重归于好？”

“当然。”

“他们会友好地加以纠正，而不会奴役或毁灭对方，他们只是纠正者，而不是敌人？”

“正是这样。”

“因为他们自己都是希腊人，他们不会劫掠希腊，也不会烧毁房屋，更不会把某一希腊城邦的男性、女性和孩子等同为他们的敌人。因为他们知道，战争的罪行只是一小部分人犯下的，而大多数人还是朋友。所以，他们不会心甘情愿去荒废自己的土地，毁掉自己的房屋。大多数参战者都是无辜的受害者，他们之所以参战是为了迫使少数罪魁祸首能够悔悟停战，是吗？”

“我同意你的看法，”格劳孔说道，“我们的公民应该这样对待他们的希腊对手，而对于野蛮民族，他们应像现在的希腊人互相对待那样。”

“那么，让我们也为了我们的护卫者们而实行这样一项法律吧：他们既不可以蹂躏希腊人的土地，也不可以烧毁希腊人的房屋。”

“我同意。而且这就像我们前面建议颁布推行的法令一样，非常好。

“但是，苏格拉底，我还要说的是，如果我们同意你这样无休止地讲下去，你就会完全忘记我们在开始时决定探讨的问题，而现在你似乎已把它抛置一边了：我们所描述的这个城邦的法令是否可能执行？如果有可能执行，又如何去执行？因为我很想承认，你所提议的这些计划，如果具有可行性的话，会给城邦带来各种各样的好处。我还要补充一点就是，你忽略了你设计的城邦的公民都是最勇敢的战士，而且永远不会擅离职守。因为他们相互熟识，亲如父子、兄弟。如果你建议女子从军，不论她们的级别是高还是低，无论是与男兵并肩作战，还是只起辅助作用吓唬敌人，我都会认为她们绝对是不可战胜的。而且应该提到的是，我们有许多来自内部的优势。但是，尽管我承认这些优点，只要你也高兴接受，就假设这些在你设计的城邦中已经存在了，因此我也就不用再多说什么了。那么，我们就假设这个城邦已经存在了吧，让我们回到可能性的方式及实现途径的问题上来吧，其他问题就暂时不必管了。”

“要是我再胡说八道，你们尽可以立刻毫不留情地攻击我，”我说道，“我几乎无法逃脱第一轮和第二轮的问题，而你又发动了第三轮的攻势。而且是最强大的一轮攻势。当你们看到和听到这第三轮问题时，我想你们会更有体贴之心的，并承认我现在提出和探讨的问题是如此不寻常，因而我自然就会有些恐惧和犹豫了。”

“你提出的这类请求越多，我们就越要坚持让你一定要告诉我们，你构想的这种城邦如何才有可能实现。请立刻说出来吧。”

“我在开始说之前还是要先提醒你们一下，我们来到这里是为了寻求什么是正义和不正义的。”

“对，”格劳孔说道，“那又怎样呢？”

“我要问的是，如果我们发现了正义之人，我们是要求他们在任何事情上都要做到绝对正义，还是我们可以满足于他们做事接近正义就可以了？这种正义是一种比我们在其他人身上发现的更高程度的正义。”

“最大限度接近正义就足够了。”

“我们在探究的是正义的本质究竟是什么和什么是完全正义的人，以及不正义的本质究竟是什么和什么是完全不正义的人，对此，我们应该有一个理念。我们之所以探究这些问题，是为了根据它们显示出来的标准，根据我们与它们的相似程度，来判断我们自己是幸福还是不幸福的，并不是为了表明它们事实上是存在的。是这样的吧？”

“是的。”格劳孔说道。

“是否如果一个画家以完美的艺术勾画出了理想中完美的人，由于无法证明这样的人曾经存在过，由此就可以认为他的绘画水平极差？”

“不可以，没有人会认为他的绘画水平低劣。”

“那么，我们是不是在创造理想中完美的城邦呢？”

“肯定是的。”

“那么，是否如果我们还不能证明一个城邦就像我描述的一样是秩序井然的，不能证明这个可能性是存在的，那么，我们的理论就是低劣的？”

“当然不是。”格劳孔回答道。

“这就是事实，”我说道，“但是，如果根据你的要求，我应尝试展示给你们，在什么情况下，如何做，这种可能性才会最大。反过来，我必须请你们带着这个观点来重复你们刚才的认可。”

“什么认可？”

“把任何一件事做得和说的一样，这是否可能？或者是否不可避免地说的总是比做的要更能达到真理，尽管表面看并不是这样。你怎么认为的？”

“我同意。”

“那么你必须放弃你非要我证明不可的念头，现实的城邦应在各方面与理想相符合：只要我们能够发现一个城邦有用接近于我们所构想的方式治理城邦的做法，你就得承认，我们已经发现了你所要求证明的可能性；并感到非常满意。我敢担保我一定会满意的，那么你呢？”

“我也会满意的。”

“那么下面，就让我尽其所能向你展示引发现在城邦统治混乱不堪的症结原因。使一个城邦接近真正城邦的形式，最小程度的变革是什么样的呢？如有可能，仅限于一项变革，如果不行，就改革两项。无论如何，变化越少越好。”

“当然。”格劳孔回答道。

“我认为，”我说道，“如果只进行一项城邦层面的变革，尽管不是小的或容易的变革，但是有可能的变革。”

“那是什么样的变革呢？”格劳孔问道。

“那么现在，”我说道，“我要遭遇到迄今为止最强大的浪潮。有句话不知是否合适讲？就算是浪潮过去了，我也会被嘲笑和耻辱淹死的，你现在就听我讲下去吧。”

“请继续吧。”

“除非哲学家成为君主，”我说道，“或者所有城邦的君主、权贵们都具有哲学精神和哲学力量，从而能使政治的伟大与人的智慧相结合，那些只追求两者之一的平庸之辈被赶到一边去，否则，城邦永远不能免于由于他们的邪恶带来的不安宁。不只是城邦，我相信，全人类都会遭受自身的邪恶带来的祸害。只有哲学家当政之后，我们的城邦才有生存发展的可能性，才有得见天日的可能性。亲爱的格劳孔，这就是我的想法。如果我不是觉得这个想法太不可置信，我早就把它讲出来了。因为要让一般人坚信除非实行这样的制度，否则，在其他任何城邦都绝不会有个人和公众的幸福，实在是件困难的事情。”

“苏格拉底，你这是什么意思？我希望你考虑到，你刚才所发表的一番议论，会令无数人特别是高贵显赫的大人物们，在你还不知道是怎么回事、一点没有反应过来之前，立刻脱去上衣，赤膊上阵，顺手抓起一件武器向你发动猛烈攻击。如果你准备不出一个答案，并立刻行动起来为自己辩护，你无疑会被‘他们优秀的智慧所撕碎’的。”

“这都是你把我陷入这个尴尬境地的。”

“你说得没错。但我不会袖手旁观，我会尽我所能使你逃出这个尴尬之境。可我能给你提供的帮助只是美好的祝愿和正直的建议而已。而且，我也许能比别人更好地回答你提出的问题，这就是我所能做的一切了。现在，你既然获得了这样的辅助，你必须尽你的最大能力，向不相信你的人证明你所说的是正确的。”

“既然你对我提供如此宝贵的帮助，我理应竭尽全力去尝试一下。”我说道，“我想，如果我们没有机会逃脱，我必须向他们解释，当我们说哲学家应该统治城邦时，我们指的是谁，那样，我们就应该能为自己辩护了。人们会发现，那些天生应研究哲学的人，可以做城邦的领袖；而那些生下来没有哲学气质的人，最好就做追随者，而不要做领袖。”

“那么，你就给哲学家下个定义吧。”

“那么，听我说吧，”我说道，“我希望我能以某种方式给你一个满意的解释。”

“讲下去吧。”

“我敢说你一定还记得，因此我不必提醒你了。一个有爱之人，如果他是名副其实的，就应该会爱所爱的对象的全部，而不是只爱其部分。”

“我实在是没有反应过来，所以还是请你帮我回忆一下吧。”

“你这样说对别的人来说倒是合适的，”我说道，“但像你这种喜好寻欢作乐的爱情高手应该知道，对于任何处于花儿一般年龄的青春少男少女们，谁见了他们不会在心中泛起隐隐有痛感的爱的涟漪？谁不会认为对他们的深情关注是值得的？对待美人你不正是这样的吗？你说那个鼻子扁平的人长相英俊；你说那个长着鹰钩鼻的人长相贵气；介于两者之间的，你说他长相匀称；看到面色黝黑的人，你说他有男子气概；看到肤色白的人，你说他是神的孩子，还形容这种白就像是人们所说的甜密的‘蜜白’，其实这种说法不过是恋人们发明来进行昵称的语言，他们并不讨厌苍白，只要它是出现在年轻人脸上的，是吧？一句话，为了不失去在春光般的青春年华绽放的每一朵青春之花，没有什么语言你不会去用的。”

“如果为了辩论，你把我看作爱情方面的权威，我乐意接受。”

“那么，对爱好喝酒的人你怎么看？你难道不知道他们在做着同样的事情？他们什么酒都想喝。”

“说得很对。”

“有野心的人也是一样：如果他们不能统领一个军队，他们也愿意率领一队士兵；如果他们不能受到真正伟大的重要人物的敬重，他们也乐意接受地位较低的小人物的敬重。无论如何，他们一定要感受到某种敬重感才觉得舒坦。”

“很正确。”

“我再问一个问题，一个人渴望得到某类物品，他是想要整体意义上的这类物品呢，还是只要部分意义上的这类物品？”

“整体上的。”

“那么，对于哲学家而言，我们是不是也可以说，哲学家是爱智慧之人，他不只是爱智慧的一部分，而是爱智慧的全部？”

“是的，爱全部。”

“不爱学习的人，特别是还处于年轻阶段不爱学习的人，当他没有判断是非好坏的能力时，我们绝不会认为他是哲学家或爱知识之人，就如同一个根本不饿的人会拒绝给他的食物一样，我们不会说这样的人有好胃口，或说他是一个美食家。”

“非常对。”格劳孔说道。

“而当他对各种知识都有兴趣，并且对学习充满了好奇心，对学习永不满足，这样的人，我们就可以恰如其分地称之为哲学家了。我说得对吗？”

“如果对学习有好奇心就可以成为哲学家，”格劳孔说道，“那么你就会发现很多奇怪之人都有资格叫作哲学家了。所有喜欢一饱眼福的看景人都乐于学习，哲学家一定包括他们了。那些爱听音乐的外行人，也应算是哲学家了。但是，他们是一群有些奇怪的人，他们对什么都感兴趣，唯独对哲学辩论没有兴趣。如果他们还能帮上什么忙的话，那就是如同要竖起耳朵听每场演唱一样，会一个不拉地出现在每个酒神节上。不论这些表演是在乡村还是城市，都没有多大区别，他们都会每场必到。现在，我们是否会坚持把这些人或与他们品味相似的人，包括那些有雕虫小技的人，称为哲学家呢？”

“当然不能，”我说道，“他们只是冒似哲学家罢了。”

“那么，什么样的人算得上真正的哲学家呢？”格劳孔问道。

“那些热爱真理的人。”我说道。

“这话说得也很好，”格劳孔说道，“但我想知道你说的到底是什么意思？”

“对别人讲，我可能很难解释清楚。但对你讲，我确信你会同意我将要提出的观点。”

“什么观点？”

“既然美与丑是对立的，那么它们是两种东西？”

“当然。”

“既然它们是两种东西，那么它们各自为一？”

“那还用说，当然了。”

“那么，正义与不正义、高贵与低劣以及其他类似的概念，都可以这样表述：单个地看，各自为一；但从行动中、事物中和相互关系中看这些事物的各种各样的组合，它们是不是看起来又是纷繁复杂得多？”

“的确是的。”

“这就是我所划出的界限，以区分观景爱好者、艺术爱好者、重实务类的人以及我们所讨论的这类名副其实称得上哲学家的人。”

“那么，你是如何区分他们的呢？”格劳孔问道。

“据我了解，那些爱听音乐、爱看风景的人，”我说道，“喜欢美丽的声音、色彩、形状以及所有人工制作的艺术品，但他们的心灵却看不见美本身，不能热爱绝对的美本身。”

“的确。”格劳孔说道。

“他们中很少有人能达到这种见识水平。”

“说得很对。”

“有人具有对具体的美丽事物的感觉，却没有对绝对美的感觉；有的人就算是有人教给他关于美的知识，他也无法领悟真正的美。对于这样的人，我要问的是，他是清醒的，还是正处于做梦状态呢？请你反思一下：做梦者，不论是睡着的还是醒着的，都是把相似的东西当成相同的东西，把复制品当作原件，是吧？”

“我敢肯定地说，这种人是在做梦。”

“但我们可以再考虑一下另外一方面，有人能够认识到绝对美的存在，并且能区分绝对美这个观念与掺杂于绝对美这个观念中的许多具体现象，他既不把美的现象看作美的观念，也不把美的观念看作美的现象。那么，这个人是在做梦呢，还是醒着的？”

“他是十分清醒的。”

“那么，我们能不能说：知道的人心中只有知识，另一个只表达意见的人心中就只有意见？”

“当然可以这样说。”

“但假设只表达意见的人与我们争吵，对我们的观点大加驳斥，我们能够好言好语安抚他并为他提出建议吗？还是我们根本不告诉他，他的智慧是不健全的？”

“我们当然必须给他提出一些好的建议。”格劳孔说道。

“那么，让我们来想一想，我们要对他说些什么呢？我们是不是一开始就向他保证，他有知识，我们是很欣赏的，我们对他已有的知识感到很高兴？但我们还是要问他一个问题：一个有知识的人是知道一些东西呢，还是什么也不知道？（你替他回答一下吧。）”

“我会回答，他知道一些事情。”

“他知道的一点是存在的呢，还是不存在的？”

“知道的一点是存在的，因为不存在的如何能知呢？”

“我们是不是也能确定，如果从各种观点的角度看一个事物的话，绝对的存在物就会完全地为人所知，完全的不存在物就会完全不为人所知。”

“再没有比这更确定的了。”

“好的。但是，如果有那么一种东西，从本质上讲既存在又不存在，它的位置就应处在纯粹的存在与绝对的不存在之间了？”

“是的，是处于两者之间。”

“那么，有知识就相当于存在，无知识就相当于不存在，要寻找介于存在和不存在的中间状态，就必须发现相当于有知与无知中间状态的东西，如果有这样的东西存在的话？”

“当然。”

“我们承认意见是存在的？”

“毫无疑问。”

“意见与知识的功能相同，还是另外一种功能？”

“是另外一种功能。”

“那么，意见与知识是与不同种类的事物相关联的，不同事物又有不同的功能？”

“是的。”

“知识与存在和可知的事物有关，但在进一步阐述之前，我要先做个分类。”

“做什么样的分类？”

“我会以把所有功能归为一类作为开始：它们是我们和一切事物的内在能力，是我们所作所为的依据。比如，我们的视觉能力和听觉能力，我已经解释清楚我的分类了吗？”

“是的，我已理解得很清楚明了。”

“那就让我告诉你我对它们的看法吧。我看不见功能，我只能通过形状、色彩及其类似东西的区分使我能识别一些事物的差异，这不适用于功能。说到功能，我只考虑其范围与结果。具有相同的范围和结果，我们就称之为相同的功能。如果范围和结果是不同的，我们就称为不同的功能。你也会这么认为吗？”

“是的。”

“你能好人做到底，再回答我一个问题吗？你会不会说知识也是一种功能？或者说，你会把知识归入哪一类？”

“知识当然是功能，而且是所有功能中最强的。”

“意见也是一种功能吗？”

“当然，”格劳孔说道，“因为意见能使我们形成意见的东西。”

“但是就在前面，你还承认，知识与意见是不同的。”

“哦，是的，”格劳孔说道，“任何一个头脑清楚的人都不会把错误的与容易错的混为一谈，是吧？”

“你回答得很好，”我说道，“证明我们已经很清楚知识与意见之间的差异。”

“是的。”

“那么知识与意见有着不同的能力，也有不同的范围或内容？”

“那是肯定的。”

“存在就是知识的范围和内容，知识就是知道存在的本质？”

“是的。”

“那么意见就是指有意见了？”

“是的。”

“那么，我们知道我们的意见是什么吗？或者说，意见的内容与知识的内容是一样的吗？”

“其实，那已是不证自明的道理。如果功能的不同意味着范围和内容的不同，而且如果像我们所说的那样，意见与知识有不同的功能，那么知识和意见的范围就不可能是相同的。”

“那么，如果存在是知识的内容，一定有什么别的东西是意见的内容？”

“是的。是别的什么呢？”

“好了，那么，意见的内容是不存在？或者说，如何能有关于不存在的意见呢？想一想，当一个人有意见，他难道不是对某事物有意见吗？他能不能对不存在的有意见呢？”

“不可能。”

“有意见的人，是对某件具体事物有意见？”

“是的。”

“不存在并非一件事物，但准确地说，是什么也没有？”

“是的。”

“那么，意见与无知是紧密相关联的，存在与知识是紧密相关联的？”

“是的。”格劳孔说道。

“那么，意见是否因此既与存在无关，也与不存在不相关呢？”

“好像是的。”

“但意见能超出存在或不存在中的任何一个而找到吗？意见能否比知识更清楚，或比无知更为模糊不清？”

“都不能。”

“那么我假设，意见对你来说，比知识更为模糊不清一些，比无知更清楚一些，可以吧？”

“可以，而且很清楚。”

“那么，意见也是处于两者之中、两者之间的了？”

“是的。”

“那么，你会推测认为意见就是那个中间物？”

“毫无疑问，是的。”

“但我们前面是不是说过，如果任何事物看起来同时既存在又不存在，那么这种事物也存在于纯粹的存在与绝对的不存在之间。那么，相当于功能的东西就既不是有知也不是无知，但又可以在有知与无知这两者之间找到？”

“是的。”

“我们把在有知与无知之间找到的东西称为意见？”

“是的。”

“那么，我们接下来要做的事情就是去发现包括存在与不存在这两种性质的事物，但又不能纯粹、简单地界定为任何一种。这个未知的东西一旦被我们发现，我们很可能称之为意见的内容，并分配给它包含的部分恰当的功能，把两个极端的归于极端的功能，中间的归于中间的功能？”

“是的。”

“这是前提，我要问那个持‘没有绝对的美或不变的美的观念’的意见的好心的朋友。他的意见是，美是多维度的。我认为他是爱看美景的人，他不能忍受有人告诉他，美是唯一的，正义是唯一的，或者任何事都是唯一的。我要请教他，朋友，你能不能非常好心地告诉我，在所有美的事物中，有没有一种看来是丑陋的事物，或者在正义中，有没有看来是不正义的，或者在神圣的事物中，有没有一件看来是不神圣的事物？”

“不，”格劳孔回答道，“美从某种角度来看，也存在着丑的一面；对于其他事物也是一样。”

“许多是倍数的东西，是否也可能是半数？或者说，许多既是一种东西的倍数，同时又是另一种东西的半数？”

“很对。”

“无论被看作大小还是轻重的东西，都可以以相反的名称来表示？”

“对，这些或其相反的名称都是存在于所有事物之中的。”

“在许多被称为一些特殊名称的事物中，能否有一个可以称为‘这个’而绝不会是‘那个’？”

“它们就像宴会上说的一语双关的俏皮话，”格劳孔回答道，“或者是像给儿童讲的意思含混不清的谜语：讲的是关于一个阉人用什么东西瞄准一只蝙蝠，蝙蝠又停站在什么上面。我要说的那个个别事物也是个谜语，也有两层意思：你不能在头脑中确定，它们既是存在的，又是不存在的，或者两者都是，或者只是其一。”

“那么，你将如何对待它们呢？”我说道，“它们会有比处于存在和不存在之间更好的位置吗？因为它们显然并不比不存在更模糊不清、更具否定意义，也不比存在更加充满光明、更加实在。”

“非常正确。”格劳孔说道。

“那么，我们好像已经发现，大多数人关于美和其他事物的常识性看法，是在纯粹存在与纯粹不存在之间漂浮不定的？”

“是的。”

“对，我们已经达成了一致，对于我们可能发现的任何这类事物，我们应称之为意见而不是知识，这种不断变化的中间状态是由中间的功能捕捉的。”

“非常正确。”

“那么，那些看了许多美的事物，却即没有看到绝对的美，也不能按照别人的指路去到那里的人；那些看了许多正义的事物，却看不到绝对的正义的人；以及类似的人——这些人就可以被认为有意见而不是知识？”

“当然。”

“而那些看到了绝对和永恒不变的人，可以说他是有知识而不是只有意见的人吗？”

“这也是不可否认的。”

“一种人是热爱并信奉知识内容的人，而另一种是只关注意见的人，对吗？我敢说你们都记得，只是关注意见的人，他们喜欢听甜美的声音，看漂亮的颜色，却不能容忍绝对美的存在。”

“是的，我还记得。”

“我们称他们为爱意见的人，而不是爱智慧的人，是不是有言之不当的罪责？他们会不会因我们如此描述他们而迁怒于我们呢？”

“我应当告诉他们：千万不要生气，没有人应该为真理而生气。”

“但那些凡事都热爱真理的人，应被称为爱智慧的人而不是爱意见的人。”

“确实是。”

卷六　治理哲学

对话者：苏格拉底

格劳孔

阿德曼托斯

“由此看来，格劳孔，经过漫长的辩论之后，我们终于把真哲学家和假哲学家区分出来了。”

“我认为，”格劳孔说道，“这场辩论不应缩短。”

“我也认为不应该，”我说道，“但我相信，如果讨论能集中在这一论题上，如果不是许多别的问题在等着我们去讨论，在那里，看一看正义和不正义在生活的哪一方面有所不同，我们可能会更好地去认识一下真哲学家和假哲学家。”

“那么要讨论的下一个问题是什么呢？”他问道。

“下一个问题当然是根据顺序排出来的，”我说道，“既然只有真正的哲学家才能抓住永恒的和不变的东西，而那些在众多的变化不定的领域中彷徨的人又不是真正的哲学家，那么，在这两种人中，哪一种应该成为城邦的统治者呢？”

“我们怎样才能正确地回答这个问题呢？”

“在这两种人中，我们让最能守护城邦的法律与制度的那种人做我们的护卫者。”

“很好。”

“守护任何事物的人，应该使用心明眼亮的人，还是使用盲人，这个答案应该是一清二楚的吧？”

“当然清楚。”

“一些人非常缺乏各种事物的真相方面的知识，他们的灵魂里没有清晰的原型，不能像画家一样有一双洞察得出绝对真理的眼睛，不断进行复原工作，能够完美地认识另一个世界，在这里制定出美、善与正义的法则，并且当这些法则一旦确立就能守护它们。我要问的是，这些不能洞察真相的人不就是一个盲人吗？”

“是的，”格劳孔回答道，“情况差不多。”

“如果有另外一种人，他们除了在经验和美德方面与上述的人没有什么差别外，同时也知道每件事物的真相；那么，那些如同盲人一样的人应该成为我们的护卫者呢，还是这种德才兼备、知道事物真相的人应该成为我们的护卫者？”

“我们没有任何理由去拒绝那些拥有最重要品质的人做我们的护卫者，”格劳孔说道，“如果这种人在其他方面没有欠缺，他们就应处于首要的地位。”

“那么，”我说道，“假设我们可以决定他们将在多大程度上将这种品质和其他优点相结合，可以吗？”

“可以。”

“首先，正如我们开始时所观察的那样，哲学家的天性必须得以确定，我们必须对哲学家有个正确的理解。然后，如果我没有想错的话，我们同样必须承认，把这些品质结合起来是有可能的，而且只有那些已将这些品质结合起来的人才能做城邦的统治者。”

“此话怎讲？”

“让我们假设一下，哲学家总是热爱一种知识，这种知识具有永世不变和永不消亡的性质。”

“同意。”

“还有一点，”我说道，“让我们同意，他们热爱所有的真实存在的东西，无论是大的还是小的，高贵的还是低贱的，他们都不愿意放弃，这一点正像我们在前面所说过的爱人者与野心家的情形一样。”

“你说得对。”

“如果他们正如我们所描述的那样，那么，他们是不是还应该具有另一种品质呢？”

“什么品质？”

“诚实品质：他们永远不会故意接受虚假的东西，因为他们热爱真理，憎恶虚假。”

“是的，这一点也许可以确定。”

“我的朋友，不能用‘也许可以’这样的词语，”我说道，“应该说‘一定可以确定’，因为一个人天性热爱什么，都会情不自禁地喜欢他的情感会亲近的事物。”

“对。”格劳孔说道。

“还有什么比真理更接近智慧的吗？”

“怎么可能有？”

“同一个人既喜欢智慧又喜欢虚假，可能吗？”

“绝对不可能。”

“这么说，真正热爱学习的人一定是从很小的时候就开始追求所有的真理了？”

“是的。”

“但还有一点就是，我们的经验告诉我们，如果一个人在一方面的欲望非常强烈的话，他在别的方面的欲望就一定会变弱。他们就像一条已被引入另一渠道的小溪一样，只会朝着所引的方向前进。”

“是的。”

“一个人的欲望如果被牵引到各种形式的知识中之后，他将会陶醉于追寻灵魂的快乐，很难再去寻求获得肉体的快感。我的意思是说，如果这个人是一个真正的哲学家，而不是一个冒牌哲学家时，就会是这样的情况。”

“那是当然。”

“这样的人肯定有节制、不贪婪；因为另一种人一心追求拥有财富与大把花钱的行为，就他的性格来说，对此是不屑一顾的。”

“非常对。”

“同样，我们还应该考虑到另一个判断真正哲学家的天性的标准。”

“那是什么呢？”

“真正的哲学家应该心胸开阔。因为哲学家无论对人事还是神事，都会永远追求完整和完美，气量狭隘是与哲学家的天性最水火不容的了。”

“说得没错。”格劳孔说道。

“那么，既然真正的哲学家眼界开阔，又能洞察历史长河中的所有存在，他会对苟且偷安的生活很在乎吗？”

“他不会的。”

“或者，这样的人会认为死很可怕吗？”

“肯定不会的。”

“这么说，真正的哲学中肯定不会有懦弱和小气的本性？”

“当然没有。”

“那么，如果一个人身心健康，他既不贪婪也不小气，既不狂妄也不懦弱，我要问的是，他会办事不公正或很难相处吗？”

“不可能。”

“这样，很快就能看出一个人是公正和有教养，还是粗鲁和离群索居了。即使他们还处于年轻时期，根据这些迹象也能把真正的哲学家和伪哲学家区别开来。”

“对。”

“还有一点应该说明。”

“哪一点？”

“他是否热爱学习。因为谁也不会热爱给他们带来痛苦的事情，也不会热爱经过艰苦奋斗却几乎没有成效的事情。”

“当然不会。”

“再说，如果他很健忘，学过的东西一点也没有记住，那么他不还是一个空皮囊吗？”

“肯定是的。”

“劳而无获，他肯定会痛恨自己，痛恨自己所做的那项毫无成果的工作。”

“是的。”

“因此，一个健忘的灵魂是不能被列入真正哲学家的天性之中的，我们必须坚持认为，哲学家必须要有好的记忆力，对吧？”

“对。”

“再问一下，不和谐、不得体的天性只能导致不适度，是吧？”

“毫无疑问，是的。”

“那么，你认为真理是接近于适度呢，还是接近于不适度呢？”

“接近于适度。”

“那么，除了别的品质之外，我们还必须寻找到一个适度而又优雅得体的心灵，这个心灵会本能地追求事物的本质。”

“当然。”

“好了，我们所列举过的品质是互相配合的，在某种程度上，它们是灵魂必需的，而这个灵魂又将完整地参与到存在中去，是吧？”

“它们是绝对有必要的。”格劳孔回答道。

“具有良好的记忆力，擅长学习，豁达大度，优雅得体，亲近真理，有正义感、有勇气、有节制，如果这样的人去从事学习，一定是无可指责的了吧？”

“对于这样的学习，就是嫉妒之神自己也难以挑剔的。”格劳孔说道。

“像他这样的人，通过年龄的增长，加上教育的帮助，他们会使自己变得日益完美，你只能将城邦委托给这样的人去管理。”

阿德曼托斯插话说道：“苏格拉底，你所说的这些言论虽然没有人能够反驳。但是当你这样说时，你的听众们的脑海里可能会掠过一种奇怪的感觉：他们会认为，由于缺少提问与回答的技巧，他们在辩论中的每一阶段都被一小步一小步地引入歧途，这些小步积累起来，到最后辩论结束时，他们发现自己的见解似乎完全被颠倒过来了。正如两个人下棋一样，棋艺蹩脚的棋手最后会被技艺高超的棋手围困得无路可走，他们发现自己最后也被封闭了起来，因为他们在这个以言语为棋子的比赛中已无话可说。然而，他们却总是站在了正确的一方。我以上的言论是从现在发生的一切得来的。因为我们中任何一个都可能会说，尽管在言语上，我们不能在辩论的每一个阶段都与你一争高下，但是却看到了这样的事实：那些热爱哲学的人，当他们把研究不仅作为年轻时教育的组成部分，而且作为成年后一直追求的目标时，他们大部分人都会变成稀奇古怪的人，虽然还不能说他们变成了十足的无赖。那些被认为是他们中最优秀的人，都被你所颂扬的研究弄得对这个世界毫无用处了。”

“那么，你认为这样说的人都是错误的吗？”

“我说不准，”阿德曼托斯回答说，“但我乐意听听你的看法。”

“听着吧，我认为他非常对。”

“既然我们认为哲学家对城邦毫无用处，可是你却说如果哲学家不统治城邦，城邦就不会从邪恶中解脱出来，那么你怎样才能证明你自己是正确的呢？”

“你提出的问题，”我说道，“只能通过一则寓言故事来做出回答。”

“好吧，苏格拉底。我想，那根本不是你惯常使用的说话方式。”

“我察觉到，”我说道，“你已让我陷进了一个毫无希望的辩论深谷中，同时还来取笑我。现在还是听听这个寓言故事吧。但是，你听到我的想象力是如此贫乏后，更会笑话我的。因为最能干的人在自己城邦的地位是如此令人心痛，世上简直没有什么东西可以与之相比了。所以，如果我要为他们进行辩护的话，我就必须求助于故事，拼凑出一个由许多特点组成的人物，就如画家在画画时把山羊和鹿拼凑组合在一起一样。设想一下，有这么一支舰队或一艘轮船，船长比别的任何一位船员都要高大和强壮，但他的耳朵有点聋，视力也不怎么好，航海知识也不太精。水手们正在就掌舵的事互相争吵不休。每个人都认为自己有权掌舵，虽然他们谁也没有学过航海技巧，也说不出谁教过他们，什么时候学过，甚至还说航海技术是不可教授的。他们还准备将与自己唱反调的人碎尸万段。他们围住船长，想方设法恳求船长让自己掌舵。如果自己没能掌舵而被另外的人掌舵了的话，他们就会把这个人杀死或扔进大海，他们用酒或麻醉药一类的东西使船长失去了知觉，夺取了对这艘船的掌控权，于是任意拿取船上的财物，随意吃喝玩乐。就这样，他们以人们可以想象得到的方式，在大吃大喝中继续他们的航程。他们这一伙人，以暴力或劝服的方式从船长手中夺取了对船只的掌握权。在夺权过程中出过力的人，便被授予水手、舵手、航海家一类的称号，而对其他的人则加以贬低，把其他人叫作窝囊废。然而，真正的航手如果想称职指挥整艘船只的话，他就必须注意一年的四季更替和天象、星星、风云以及其他与他的航海技术有关的事情，并且无论别人赞成与否，他都必须愿意做舵手。作为掌握航海知识的权威人物与掌舵技术结合起来的可能性从来没被他们考虑过或成为他们事业的一部分。现在，在发生了哗变的船只上，在这些哗变者中间，真正的舵手受到了怎样的对待呢？他会被水手们叫作唠叨者、占星家、窝囊废，是吧？”

“正是。”阿德曼托斯说道。

“那么，既然你已理解了，就用不着来听我解释这个寓言故事的含义了。其实，我是要用这个故事来阐释真正的哲学家在城邦中所处的地位。”

“当然。”

“那么，现在请你把这则寓言故事讲给那位奇怪为什么哲学家在他们的城邦中不受尊重的好心的朋友听。你向他解释并使他相信，哲学家不受尊重一点也不奇怪。”

“我会的。”

“你可以对他说，如果他认为哲学家中的最优秀者对其他世人毫无用处，他是对的。但是你还要对他说，应该把优秀哲学家的无用归咎于那些不肯用他们的人，而不应归咎于他们自己。舵手不能谦卑地请求水手们听从自己的命令，这不符合自然顺序。也不应该是“智者登上富者之门”，这些说法是不可信的谎言。而事实是，一个人无论贫穷还是富有，如果生病了，都必须去看医生。被管理的人必须自己找上门去，请能管理好他们的人来管理。能干的统治者不应求他的公民们去听从他的管理，尽管现在的统治者不属于这种人。他们也许可以与哗变的水手们做一下对比，而真正的舵手也可以与被他们称之为窝囊废或占星家的人对比一下。”

“完全可以。”阿德曼托斯说道。

“由于这些原因，在这样人当中，哲学作为所有事业中最高贵的一种事业，不太可能被它的敌对者所尊重。其实，给哲学带来最大、最长久伤害的，不是它的敌对者，而是它自己的虚假追随者，这就是你控诉的那种人，他们中的绝大多数都是臭名昭著的无赖，最优秀的真正的哲学家却毫无用处，这一点我同意。”

“是的。”

“为什么最优秀的哲学家是一无所用的人，个中原因我已经解释了，是吧？”

“是的。”

“那么，我们是否可以继续说明一下，多数人堕落是不可避免的，与别的情形一样，不能以此来指责哲学？”

“是的。”

“我们按顺序讨论吧。首先，回到对优雅和高贵天性的描述。你还记得吧？真理是他的领导，他总是在所有事情上追随真理；如果不能追随真理，他就只是一个骗子，与真正的哲学毫不相干。”

“记得你是这么说过。”

“不提别的，这种品质不是和目前人们对哲学家的看法大相径庭吗？”

“是的。”

“我们是否有权为他辩护呢？真正热爱知识的人，总是追求事物的本质，这就是他的本性。他不会只停留在个体事物表面上的多样化，而是会继续前进追求事物的本质。热爱的锋芒不会变钝，热爱的力量也不会变弱，他通过灵魂中的同情力量，与事物的本质和真正属性产生亲近感，而且通过这种力量对事物进行融会贯通的理解，由此产生了智慧和真理。他将拥有知识，真正地生活和成长，也只有在那个时候，他才会停止对追求真理的辛勤耕耘。”

“没有什么比这种描述对他来说还要公正的了。”阿德曼托斯说道。

“爱说谎是哲学家天性的一部分吗？或者说他是非常憎恨谎言的？”

“是憎恨的。”

“如果真理成了‘船长’，我们便不能怀疑他领导的人群中有邪恶存在了吗？”

“不可能的。”

“正义与健康的心灵将会伴随，节制也会紧随，对吗？”

“对。”阿德曼托斯说道。

“我也没有理由再一次列举哲学家有什么样的美德品质了，因为毫无疑问你还会记得，有勇气、豁达大度、理解力强、记忆力好是他的天赋。你曾这样反对过我的看法：虽然没有人能否认你那时所说的话，但如果你不要深究言语如何讲的，而去看一下事实，那么，你就会看到，在我们所描述的人当中，很显然有一部分人是毫无用处的，而大部分人已经腐化至极了。由此看来，我们需要了解这些指责产生的根源。现在又到了该问如下问题的时候了：为什么大多数人变坏了？这个问题又必然会使我们重新考察并界定真正的哲学家这个问题。”

“是的。”

“下一步我们就考虑一下哲学家天性腐化变坏的问题。为什么这么多人都腐化变坏了，而只有极少数人免于堕落的命运？我说的是那些被说成毫无用处但并不邪恶的人，讨论完这样的人之后，我们就会讨论那些伪哲学家，他们把自己装扮成研究哲学的人。这些追求自己并不理解也不匹配的职业的人们究竟是什么样的人。他们的种种自相矛盾的言论，使哲学和所有哲学家遭受到了我们谈到的普遍指责。”

“这种腐化败坏是什么样的呢？”阿德曼托斯问道。

“我来试一试能否给你解释清楚。每个人都承认，我们所要求的哲学家应具有的品质达到的这种完美程度是极少能培植出来的，就是有，也只能在极少数人身上培植出来，是吧？”

“的确很稀少。”

“而且，摧毁这些宝贵的哲学家品质的因素既多又力量巨大！”

“什么因素？”

“首先是他们的种种美德品质，他们的勇气、节制及其他的品质。每种值得赞扬的品质都会破坏哲学（这是非常荒唐的情形），并会使拥有这些品质的灵魂都远离哲学。”

“是很荒唐。”

“然后是生活中一切日常的好东西——美丽漂亮、财富、身强体壮、地位头衔，以及在城邦里的种种连带关系，你要知道，这些东西同样具有腐化和离间作用。”

“我理解，但我应该更想知道，具体来讲，你到底指的是哪方面的。”

“以正确的方式在整体上把握真理。”我说道，“这样，你再来理解前面所说的话就不会有多大困难了，那些话你听起来也不会觉得奇怪了。”

“我怎样才能做到这一点呢？”阿德曼托斯问道。

“这个嘛，我们知道，”我说道，“所有的幼芽或种子，无论是动物的还是植物的，如果得不到适当的养料、气候或土壤来与其匹配，越生长就会越缺乏适合它生长的东西。因为与不优秀的东西比，低劣的东西是优秀东西更强大的敌人。”

“非常对。”

“我们可以假设一下，如果处于不利的条件下，最好的天性所受到的伤害比差些的天性所受到的要大得多，因为反差太大了。”

“当然。”

“那么，阿德曼托斯，我们是否可以说，最有天赋的人如果没有受到良好的教育，就会变得异常邪恶？罪大恶极和纯粹的恶是那些最有天赋的心灵受到糟糕教育的摧毁所导致的，而不是来自天赋较差的人，因为天赋较差的人很少能做出极好之事或大恶之事来，可以这样说吗？”

“我觉得你说的有道理。”

“我们所说的哲学家正好适合进行这种类比。他就像一株植物，如果有适当养分的话，一定会成长为具备所有美德的人。但是如果被种植在不合适的土壤中，如果没有某种神圣力量的保护，就会成为所有种子中最毒的一颗，会长成完全不同的样子。你是否也会真的认为，正像人们经常所说的那样，我们的年轻人被诡辩家或者私人教师所腐化，已到了值得探讨的地步了？那些说这些话的人，不就是最大的诡辩家吗？他们在教育男女老少时，不是根据自己的意愿，调教这些受教育者的吗？”

“这是什么时候的事？”

“当他们聚在一起时，当人们坐在集会上、坐在法庭上、坐在剧院里、在军队驻地或其他人们经常去的地方，在喧闹中，当人们颂扬一些已说过或做过的事而指责其他的事时，与此同时，他们大肆夸张，大加颂扬或大加指责，他们大声喊叫，热烈鼓掌，颂扬声与指责声震动了聚会地点的墙壁。在这种时候，一颗年轻的心会不会像他们所说的那样，会激动万分，深受感染呢？会有一种私人教育能使他抵制住众人观点的冲击而矢志不移吗？或者说，他是否会随波逐流呢？他能否有普通常人的高贵和低劣的观点呢？能否做普通常人所做的事并成为普通常人那样的人？”

“是的，苏格拉底，必然性会促使他这样做。”

“是的，”我说道，“但还有一种更大的必然性，我们还没有提及。”

“什么更大的必然性？”

“使用的柔性威力就是剥夺公民权利，财产充公，使用的刚性威力就是处死刑，以此处罚不听话的人。你很清楚，这些大众新诡辩家和教育家在言语苍白无力的情况下就会运用这样的手段。”

“是这样的，还很急切。”

“那么，在这种不平等的竞争中，有其他的诡辩家或私人教师能取得胜利吗？”

“没有。”阿德曼托斯说道。

“的确没有人，”我说道，“即使有人会试图这样做，也是愚蠢的行为。试图用美德教育培育出一种与公众品味不同的美德来，过去没有发生过，现在并未正在发生，将来也不会发生的。我的朋友，我只是在说人类的美德，并不包括超人类的力量，根据格言，让我们把它当成例外不谈。我希望你知道，在目前这种城邦管理混乱的情况下，那些被拯救而且成为高贵的性格，都是由于神力的拯救所导致的，这也是我们经常会说到的。”

“我非常同意你的看法。”阿德曼托斯说道。

“我还得请你也同意下一步的观察。”

“你接下来会说什么呢？”

“那些唯利是图的个人被人们称作诡辩家，并被认为是人们的敌人。事实上，他们只会教授众人普遍接受的意见，也就是说，他们教授的意见是在集会中得到的，这就是他们所谓的智慧。我不妨把他们比作一个研究自己豢养的一只凶猛野兽的脾气与欲望的人：他应该学会如何接近它，如何照料它。同样应知道在什么时候或由于什么原因，它会是有危险性的或是安全的。他应该知道野兽的几声吼叫意味着什么，用其他什么样的声音能安慰它，或是会激怒它。你还可以进一步假定，通过不断关注野兽的生活习性，他对这些方面的了解已胸有成竹。他将自己的知识称为智慧，使之成为一个体系或一门艺术，然后去教授这些方面。虽然他并不真正懂得他所讲的原则或情感是什么意思，但他却称这是令人敬佩的，那是让人可耻的，称这是高贵的那是低劣的，或称这是正义的那是不正义的，所有这些都是根据他的野兽的性情和脾气而定的。他声称的高贵的是他的野兽所喜欢的，低劣的是他的野兽所不喜欢的；除了正义的和高贵的是必不可少的以外，他没有办法解释清楚它们。他本身并没有见过，也没有力量对别人解释清楚二者的本性或它们的区别。其实两者的差别很多。天神在上，这样的人难道不是很少见的老师吗？”

“是很少见。”阿德曼托斯说道。

“有人认为，智者派的老师就是辨别在绘画、音乐方面甚至是政治场合里的形形色色的人的性情与情趣的人，他们与我前面描述的这种人有什么区别吗？一个人迎合众人的口味时，就会将自己的诗歌作品、其他艺术作品或对城邦所做的贡献展现在众人面前，在并非必要的情况下让众人成为他的评判者。这种所谓的‘狄奥墨得斯的必须’[1]会驱使他创造出众人所赞扬的作品。然而，人们在强调他

[1] 在希腊神话中，狄奥墨得斯在特洛伊战争中是希腊的战将。他与奥德修斯一起把特洛伊的守护神雅典娜的巨大雕像从特洛伊偷走，导致特洛伊城被焚烧。在回来的路上，奥德修斯企图对他行不义，他反制其人，这种行为乃是被迫的，所谓“必须”。——译者注

们的作品令人敬佩或很优秀时所给的理由是荒谬可笑的。你是否曾听过不可笑的理由？”

“我过去没有听说过，将来也不可能会听到。”

“你承认我所说的是真理，是吗？那么我要请你再进一步考虑一个问题，世人是否会被诱导去相信绝对美的存在，而不再去相信美的许多表象？或者说，世人是否会被诱导去相信每一种类中的绝对性，而不是每一种类中的众多个别性？”

“当然不会。”

“那么世人不可能成为哲学家了？”

“不可能。”

“如此说来，哲学家遭受世人的责难是不可避免的了？”

“绝对不可避免。”

“也会遭受到那些趋附于他人，取悦于他人的人的责难？”

“很显然，是的。”

“那么你有没有什么办法使哲学家免受攻击，使得他们把自己的事业坚持到底？你还记得我们怎么说真正的哲学家的吗？他必须擅长学习，要有良好的记忆力，要有勇气，要豁达大度，对于这些真正哲学家的天赋能力，我们已达成一致意见了。”

“是的。”

“这样的人，是不是从幼年开始就在一切事情上都会超出普通常人的表现，特别是如果他的身体好得可以配合他的灵魂？”

“当然。”阿德曼托斯说道。

“他的朋友和同胞，在他长大后，都会出于自己的目的而利用他？”

“毫无疑问，是的。”

“人们朝拜他，然后向他提出请求，并尊奉他，吹捧他。因为他们想将来有一天能把他现在拥有的力量据为已有？”

“这种事经常会发生。”阿德曼托斯说道。

“像他这样的人，尤其是如果他是来自伟大城邦的公民，不仅富有、出身高贵，而且外貌英俊、身材魁梧，在这种情况下，他会怎么办呢？？他是否会充满无尽的野心？他是否会认为自己有能力掌管整个希腊和其他国度的事务？有了这种想法后，他是否会夸大自己，会变得妄自尊大和虚荣自满？”

“老实说，他肯定会的。”

“那好，当他处于这种精神状态的时候，如果有人走过来温和地对他说：‘你缺乏智慧，必须要学会理解，而理解能力只有通过像奴隶一般的劳作才能获得。’在这种恶劣的境况下，你认为他能听得进这个人所说的话吗？”

“绝对听不进。”

“即使有人由于其天性优秀或天生理智，微微张开了双眼，受到了哲学的熏陶，变得谦恭起来，并献身于哲学。如果他这样，他的朋友们会怎么认为呢？他们会认为不再有可能通过与他交往而获得好处。那么，这个时候，他们会怎么做呢？他们会采取行动或者进行劝说，阻止他追随本身的优秀天性，还是会通过阴谋诡计和公开的指控来使劝告他的人变得无能为力呢？”

“毫无疑问会用后者。”

“在这种情况下，人还有可能成为哲学家吗？”

“不能。”

“那么我们这样说应该没错吧：即使一个人具有哲学家的品质，如果他接受的却是糟糕的教育，这个人不但成不了哲学家，而且会与哲学的方向背道而驰。糟糕教育为成为哲学家所起的反作用，不亚于所谓的财富及其附属物、其他所谓的生活之物所起的作用。”

“非常正确。”

“所以说，我高明无比的朋友，你看到了吧，我描述过的那种最适合从事所有职业中最优异的天性，已遭到毁坏并且不再存在，那些天性在任何时候都很少见了。在他们这个阶层里，出现了制造城邦和个人大灾难的人。如果潮流将他们带到正确的方向，他们同样也会创造最大的好处。但一个平庸无为的人，无论是对城邦还是对个人，都做不出什么大事情来。”

“极其正确。”阿德曼托斯说道。

“因此，那些最配得上哲学的人就这样把哲学抛置在一旁，使其孤独寂寞，并未举行过完整的婚姻仪式，因为爱她的人已离她而去，这些人只能过着不真诚、不匹配的生活。其他配不上哲学的人，看到她没有亲人在旁边保护，就乘虚而入，并且玷污了她。然后，这又使她遭受了你曾经说过的她的反对者加诸她身上的责难。她的责难者说，爱她的人是窝囊废，大部分人应该受到最严厉的惩罚。”

“这些话当然有人说过。”

“是的，当你想到这些卑微小人，看到这片充满荣耀美名或至尊头衔的土地向他们敞开时，”我说道，“就像从牢笼中逃出来而进到了避难所的囚犯一样，这些人从原来的各种行业中脱离出来，一跃进入哲学的神圣殿堂。他们在自己原来充满痛苦的行业中可能是最心灵手巧的。这时，你还能期望些什么呢？因此，尽管哲学处于这种不利的环境中，她仍然保留着一份别的技艺行业所没有的尊严。正因为这样，许多人还是被哲学深深吸引了，虽然这些人的天性和灵魂已因从事卑微行业而变得不完美和畸形了，正像他们的身体被自己所从事的行业变得畸形一样。这种情况是不可避免的，是吧？”

“是不可避免的。”

“他们是不是很像一个刚从监狱中被释放出来并且发了一笔横财的秃头小铜匠？他洗了个澡，穿上新衣服，打扮得像就要迎娶自己师傅女儿的新郎一样，而师傅自己却从此变得穷困潦倒，孤独寂寞。”

“简直一模一样。”

“这种婚姻生下的孩子会是什么样的呢？会是卑鄙的下贱人吗？”

“毫无疑问会是这样的人。”

“当那些不配接受哲学教育的人接近哲学，并与远远高于自己的哲学进行结合，结合后会创造出什么样的思想观点出来呢？会不会是听起来十分动听但实际上言之无物，只不过是与真正的智慧相去甚远的诡辩术呢？”

“毫无疑问，是的。”阿德曼托斯说道。

“那么，阿德曼托斯，”我说道，“与哲学相称的哲学爱好者只会是少之又少的一些人了：他们可能是一些出身高贵且受过良好教育的人，由于被放逐而躲过了腐化带来的影响，仍然在为哲学尽心尽力，对哲学忠心耿耿；他们可能是出生于鄙陋小城的高贵灵魂，他们对本小城的种种政治事务不屑一顾；或许还有少数几个天赋超群的人，离开自己所轻视的行业，投奔了哲学；还可能有一些人受到了我们的朋友忒阿格斯[1]的束缚，因为在忒阿格斯的生活里，所有事情都是使他远离哲学的，但病弱的身体又使他无法从政，只能亲近哲学。我自己的情况不值得一提，因为这种情况很少有人碰到过。属于这个小阶层的人，已品尝到了哲学是一种甜蜜而神圣之物的滋味，也看到了众人的疯狂愚蠢。他们知道，没有一个政客是诚实无欺的，在政客的一方也没有他们可以再去争取的并要拯救的正义可言。我们可以将这样的人比作落入野兽群中的人。他不会和同伴一样拥有邪恶本性，但独自一个人又不能抵抗他们的凶猛本性，因此，鉴于他对城邦和对朋友都没有什么用处，又考虑到他必定要虚度余生，对自己、对他人都无益处，他于是就选择安宁的生活，走自己的路。他就像一个在狂风席卷尘暴和雨雪交加之时躲在墙后头的人一样，看到其余的人都充满了邪恶、干尽了坏事，但求自己能过自己的生活，远离邪恶和不正义，能在平和而美好的愿望以及充满光明的希望中去世，也就心满意足了。”

“是的，”阿德曼托斯说道，“他在去世之前能这么做，他的人生成就就很伟大了。”

“伟大的成就。你说得对，但不是最伟大的成就。如果他能找到一个合适的城邦，他的成就就算最伟大了。因为只有在一个合适的国度里，哲学家才能充分地成长，不仅能挽救城邦，也能挽救自己。

“哲学为什么会有这样一个恶名的原因，现在已经充分进行阐述了，对哲学的不公正谴责早已说过。你还有什么想说的吗？”

“关于这个话题，不想再说什么了。”阿德曼托斯说道，“但我想知道，你认为现存的城邦体制中，哪一种是适合哲学的？”

---

[1] 忒阿格斯（Theages），苏格拉底的学生。在柏拉图《苏格拉底的申辩》中，苏格拉底提到了他的名字。——译者注

“一种也没有，”我说道，“而下面的话正是我们对他们的谴责——他们一个也配不上哲学的天性，因此哲学的天性被歪曲、疏远了；奇异花草的种子，种在外乡的土壤里就会失去天性，容易在新的土壤里屈服并失去本性。哲学的成长也是如此。如果不坚持使其在正常土壤里生长，她也会堕落腐化，变成另一种品质。但是，如果哲学能找到最好的城邦体系，就像她是最完美的一样，就会看出只有她才是真正神圣的，哲学乃神圣之物。而所有其他的东西，无论是人的本性还是政治制度，都只是凡俗之物，现在我知道，你一定会问：那么这样的城邦会是什么样的呢？”

“不是的，你猜错了，”阿德曼托斯说道，“因为我要问的是另一个问题：这个城邦是我们缔造的，还是其他人缔造的？”

“差不多是我们缔造的，”我说道，“但你可能还记得我以前说过，在这样一个城邦里，必须永远要有这样的权威人物存在，当你以立法者的身份制定法律时，他会用已经拥有的与法律制度一致的意识观念来指引你。”

“这些说过。”阿德曼托斯说道。

“是的，但是说的方式并不令我满意。你插话反驳着实把我们吓了一跳，你的反驳当然使这个讨论变得漫长而困难了。尚待讨论的那部分也变得不容易对付了。”

“尚待讨论的是什么呢？”

“是这样的问题：哲学的研究如何通过调整秩序从而不会对城邦利益造成损害。一切伟大的尝试都存在风险性。人们常常会说，好事多磨。”

“仍然要请你再澄清一下这个问题，”阿德曼托斯说道，“这样，我们的探究就彻底了。”

“我不是不愿意澄清，”我说道，“而是心有余而力不足。你们应该看得出我的热情是很高的。请注意我下面所说的话，我将大胆地、毫不犹豫地主张：城邦应该追求哲学，不是以目前他们所采取的这种方式，而是以不同的精神去追求。”

“用什么方式？”

“目前，”我说道，“学哲学的人还相当年轻。他们从还是孩童的时候开始，在还没有赚钱谋生和管理家庭之前这个人生阶段进行哲学学习。甚至那些赢得了具有哲学精神名声的人，看到从事哲学如此困难重重时（我指的是学习辩证法非常困难），也会逃避学它的。在他们长大成人后，在别人的邀请下有机会去听一场哲学辩论，他们就会认为这是非常重大的事情了。他们认为学哲学是饭后茶余的事情。最后，当他们变老时，在多数情况下，他们会比赫拉克利特的太阳[1]还要熄灭得更彻底，因为他们再也不能发光发亮了。”

“那么，他们应该走什么样的哲学之路呢？”

“做与上述相反的事情。在童年和青年时代，他们从事的哲学学习，应与他们的年龄特点和理解水平相当。在这一时期里，随着他们日益长大成人，他们应重点注重身体锻炼，以储备充沛精力服务于哲学事务。随着生命的推进，智力趋向成熟，应加强他们的灵魂训练。但是当我们的公民开始衰老，过了从政和从军的年龄之后，应让他们自由安排，不再参加任何艰苦的劳动，因为我们要使他们在这段时间里快乐地生活，而且让他们在死后仍能在另一世界快乐地生活。”

“苏格拉底，你说得非常真切！”阿德曼托斯说道，“我敢肯定这一点。然而，如果我没有弄错的话，你的大部分听众可能更热衷于反对你，而且将再也不会信服你，玻勒马霍斯也不会信服你的。”

“你可不要挑拨我和玻勒马霍斯发生争吵，我们最近已成为了朋友。其实以前我们也并非是敌人；但是我会尽最大努力直到说服他和别的人，或者做些事使他们在有生之年能获益，或对他们来生碰上类似辩论会有所帮助。”

“你说的时间可不短啊。”

“与永恒相比，”我说道，“我说的这个时间实在是微不足道。然而，有许多人不愿意相信这一点，我也并不觉得奇怪。因为他们从来没有见到我们所谈论的哲学理想变为现实。他们只见过习以为常模仿哲学的假哲学，而那种模仿只是人为地将语言拼凑起来，并不像我们所说的真正的哲学那样，是自然的组合。但是，一个在言语和行为上都尽可能达到与美德相匹配、相似的人，统治着一个同

---

[1] 赫拉克利特（Heracleitus，约前 535—前 475），爱菲斯学派的代表人物，著有《论自然》。他说过，太阳每天傍晚熄灭，每天清晨又将自己点燃。——译者注

样形象的城邦，这种情形他们没有见到过，这样的人不管是一个还是多个，也没有见到过。你认为他们有可能见过吗？”

“没有可能。”

“是没有，我的朋友。他们很少听说过自由、高尚的情感。这是人们为了知识的缘故，诚挚地运用各种方法追求真理所进行的辩论时表现出来的情感。然而，无论他们在法庭上，还是在社交场所，他们遇到什么辩论的话，都会置之不理，因为这种辩论只会导致意见与争执。”

“他们听不懂你所说的话。”阿德曼托斯说道。

“这一点，我们早已预见到了。这也是真理迫使我们承认的原因，虽然我们也曾害怕和犹豫过，承认无论是城邦、城邦体系还是个人，都不能达到完美的境界。只有我们称之为窝囊废的还没有被腐化的极少数真正哲学家，无论他们是否愿意，都被迫去掌管城邦；只有城邦已经感到听从哲学家的领导是必要的，而且君主本人或君主的儿子或权贵，都热爱真正的哲学；只有这个时候，城邦、城邦体系和个人才能达到完美的境界。至于这两种情形之一或两种情形是否都有可能实现，我没有理由假定它们不可能。如果它们真的不可能实现，我们被人嘲笑，说我们是梦想家或幻想家，也没有什么奇怪的了。我说得对吗？”

“非常对。”

“那么，如果在遥远的岁月里，或者在当今不为人知的异乡他邦，优秀的哲学家曾经、正在或有朝一日将要被上天力量所迫来掌管城邦，我们就愿意竭尽全力主张：我们构想的这种政治制度曾经、而且正在、并且将要得以实现。只要哲学女神在掌管着城邦，这种事是有可能的；虽然我们自己也已承认过，实现也是有很大困难的。”

“我同意你的观点。”阿德曼托斯说道。

“你的意思是想说，这不是大众的观点，是吧？”

“我认为不是。”他回答道。

“哦，我的朋友，”我说道，“别攻击众人了。他们会改变主意的，如果你不是以好斗的精神，而是温和而善意地去劝慰他们，消除他们对过多教育的成见，并告诉他们真正的哲学家是什么样子的，像刚才你所描述的那样，还告诉他们真正哲学家的特点是什么样的，他们在从事怎样的事业。这样，人们就会发现，你所描述的哲学家与他们所认为的哲学家是不一样的。如果他们以新的眼光看待哲学家，他们肯定会改变对哲学家的看法的，而以另一种姿态来回答问题。谁会与热爱自己的人为敌呢？一个人本身温和，不嫉妒别人，他又怎么会去嫉护一个不嫉妒他人的人呢？肯定不会的，我来替你回答吧：这种严苛的人，只会在少数人中找到，不可能在多数人中找到。”

“我非常同意你的看法。”阿德曼托斯说道。

“你是否也像我一样认为，众人对哲学的成见来自哲学家中的伪哲学家，这些伪哲学家不请自来，充满敌意，总是嘲弄真正的哲学家，挑剔他们，又把人而不是事物作为他们谈话的主题？这种行为最配不上哲学家的称号了。”

“是最配不上。”

“阿德曼托斯，一个集中精力于探索真正本质的人，是没有时间去注意人世间的琐碎杂事的，也不会心中充满恶毒与妒意去与众人争论不休的。他的关注点常常会放在永恒不变的事物上。这些事物在他看来，既不会伤害，也不会被伤害，总是遵循理性要求，井然有序地向前推进。追求本质存在的人会想方设法模仿这样的事物，尽其所能与之相吻合。一个人对自己恭敬称颂的东西，怎么可能不去效仿呢？”

“不可能不去效仿的。”

“与神圣秩序有着亲密对话的哲学家，在人的本性容许的范围之内，也会变得有条不紊、神圣高明的。但他也会跟别人一样，受到诽谤。”

“是的。”

“如果有必要，他不仅会加强自身修养，而且会培养一般的人类本性（城邦的素养或是个人的品质），使之与他在神圣国度见到的理想境界保持一致。你认为，他会是塑造正义、节制和所有公民美德方面的手艺不精的工匠吗？”

“肯定不会。”

“如果世人感到我们对哲学家的论述是正确的，他们会生哲学家的气吗？如果我们告诉他们，一个城邦要是不是艺术家通过模仿神圣模式设计出来的话，就不会幸福快乐。他们会相信我们吗？”

“如果他们理解，就不会生气。”阿德曼托斯说道，“但他们是怎样描绘出这个蓝图的呢？”

“他们开始可以先把城邦和人的生活方式拿出来，就好像拿出一块画板一样，首先要有一块干净的表面。当然，做到这一点，并非容易的事。不管是否容易，这正是他们与别的立法者不同的地方。他们在他们发现或自己创造出一块干净的表面之前，是不会动手去描绘个人或城邦的形象的，是不会描绘任何法律草图的。”

“他们做得对。”阿德曼托斯说道。

“实现了这一点以后，他们接下来就会去勾勒出政治制度的基本轮廓了吗？”

“毫无疑问会的。”

“他们在描绘这一轮廓的过程中，我猜测，他们会时常上下观看的。我的意思是，他们首先会看绝对正义、美和节制，然后看人世间的种种摹本。再不断添加人的种种要素，使其更接近人的原型，他们也会根据存在于人们中的其他形象，即荷马所称的具有神的形式或类似于神的形象进行构想。”

“太对了。”阿德曼托斯说道。

“他们还会尽其所能，使人类的表现方式符合神的方式，由此他们擦擦画画，这里擦掉一些，那里加画上一些，从而画出人性与神性充分结合的形象？”

“的确，”阿德曼托斯说道，“没有什么画会比这幅更好的了。”

“现在，”我说道，“我们就开始劝一劝那些你所描述的不顾一切朝我们冲过来的人吧，我们会对他们说，政治制度的绘制者就是我们正在赞扬的那种人。他们可能会生我们所赞扬的那种人的气，因为我们把城邦委托给他管理了。他们听到我们刚刚所说的话之后，会不会稍微平和一些呢？”

“会平和很多的，如果他们讲道理的话。”

“他们还能在从什么地方找到反对的理由吗？他们会怀疑哲学家是热爱真理

与存在的人吗？”

“他们不会如此不讲道理的。”

“或者，如果他的本性正如我们所讲述的那样，是否会接近至善呢？”

“他们应该不会怀疑这一点的。”

“另一方面，他们会不会认为，这样的本性如果放在有利的环境中，受到合适的教育，就能培育出完全智慧和高贵的哲学家？或者，他们是不是会更喜欢我们反对的那类人？”

“当然不会。”

“如果我们说，在真正的哲学家执政之前，城邦和个人不会脱离邪恶，我们用理论构想出的城邦也不会得以实现，他们是不是仍然会生气？”

“我想他们不会那么生气了。”

“我们是否可以设想，他们不但不会非常生气，相反还会非常温和。因为害羞而非其他原因，他们只得屈服，不好意思拒绝接受我们的论点？”

“一定是的。”阿德曼托斯说道。

“那么，让我们假定调解成功，他们已接受了我们的看法。一些君主或权贵的子女可能天生是哲学家，是否有人会否认这一点呢？”

“当然不会。”阿德曼托斯说道。

“这些天生的哲学家出生后，有任何人说，他们遭受毁灭是必然的，他们很难被挽救，这一点我们难以否认，而且从古至今，没有一个人能幸免的，有谁会冒险这样讲吗？”

“没有谁会这样讲的！”

“但是，”我说道，“有一个人这样讲就足够了。假如有一个人，有一个城邦愿意服从他的统治，他有可能使世人还将信将疑的理想政治制度变成现实。”

“是的，一个就足够了。”

“这个统治者可能将会颁布我们所说的这种法律制度，公民会愿意服从他的统治吗？”

“当然。”

“我们赞成的，别人也会赞成，这并不是奇迹，也不是不可能的？”

“没错。”

“我们已充分说明了，所有这些如果是可能的，肯定也是最好的，是吧？”

“是已充分说明过了。”

“那么，如今，我们的法律如果能执行，一定是最好的。而且这些法律的执行尽管困难重重，却不是不可能的。”

“太好了。”

“虽然这个话题我们好不容易费尽周折终于谈完了，但还有更多的话题等着我们去探讨呢。这些话题也就是：这些法律制度的挽救者如何产生出来？借助什么样的学习和训练才会产生出来？他们在何种年龄从事这些学习和训练？”

“当然要探讨。”

“我忽略了一些令人头疼的难题：拥有妻子，生儿育女，选拔统治者，等等。因为我知道，完美的城邦会遭他人嫉妒，并难以实现。然而这些小聪明对我没有用处，因为我必须还得讨论这些问题，妇女和儿童的问题已经讨论过了，但另一个问题即关于统治者的问题，必须还得从头开始讨论。你或许记得，我们曾经说过，他们热爱他们的城邦，却经历了苦与乐的考验，无论是在痛苦时刻还是危险时刻，亦或是其他关键时刻，他们都没有丢掉对城邦的热爱。没有能保持住对城邦的热情的人将遭到唾弃，而那些经烈火检验过的真金则会被选拔为统治者，并会在有生之年享有荣誉，在死后受到祭拜。这类事情我们前面已说起过，却将话题转到了另一方向，对这个话题则闭口不谈，是因为不想引起刚才出现的那样的争论。”

“我记得非常清楚。”阿德曼托斯说道。

“是的，我的朋友，”我说道，“我过去不想冒然说出这样的话。但是现在我斗胆说出来，完美的护卫者应该是哲学家。”

“是的，”阿德曼托斯说道，“这一点我承认。”

“不要以为这种人很多。因为我们认为的真正哲学家所具备的天赋，很少能生在同一个人身上，而总是这个人有这种素质，那个人有那种素质。”

“你说的是什么意思？”阿德曼托斯说道。

“你应该知道，”我说道，“擅长学习、记忆力好、睿智、聪明以及其他诸如此类的品质，很少会生在同一个人身上，并且拥有这些品质的同时还要思想崇高、豁达大度，而且要求在本性上会追求井然有序地过平和安稳的生活。其实，一个具有这些品质的人，会被冲动所驱使，一切稳定的秩序都会被打破。”

“非常对。”阿德曼托斯说道。

“另一方面，那些更为可靠的、性格稳定的人，在作战时无所畏惧，毫不动摇。但在学习时也同样会无法动摇，他们总是十分懒散，学不进去，碰到任何需要用智力动脑筋的时候，总是呵欠连天，想睡觉。”

“非常正确。”

“然而，我们认为，这两种品质对于接受高等教育都是必要的，对于从事城邦管理或发号施令也是必须具备的。”

“当然。”阿德曼托斯说道。

“这种人是不是很不容易找到？”

“是的，的确是不易找到。”

“这么说，有志于这种任务的人，不仅要接受我们以前提及的种种劳苦、危险以及享乐的考验，而且可以用另外一种我们未曾说过的考验方法，我们必须把他们安排在多种学习环境中去学习，由此观察他们是能够忍受最高知识的学习，还是会在最高知识的面前昏厥过去，就像不能忍受其他形式的学习和训练一样。”

“是的，”阿德曼托斯说道，“你考验他们是对的。但你说的最高知识是什么意思呢？”

“你可能还记得，”我说道，“我们将灵魂分成了三部分，区分了正义、节制、勇气和智慧等几种品质的特征？”

“的确还记得，”阿德曼托斯说道，“如果我忘记了，就不配再听下去了。”

“你是否记得在讨论以前所提出过的警告？”

“你指的是什么？”

“如果我没有弄错的话，我们曾经说过，任何人如果要想看到这些品质的完美状态，就必须走过一条蜿蜒曲折的长路，走到路的尽头，就会看到完美的状态。这是在以前讨论的基础上加上的一个大众化的说法。你会回答说，这样的解释方式对你来说已足够了，因此这个讨论在我看来，是以极不准确的方式进行着的。你满意还是不满意，只有你自己知道。”

“是的，”阿德曼托斯说道，“我和其他人也都这样认为：你给我们提供了一个衡量真理的恰到好处的标准。”

“然而，我的朋友啊，这类东西在任何程度上都没有达到完美真理的程度，因此它不可能成为恰到好处的标准。因为任何不完美的东西都不能用来衡量其他事物，虽然人们太容易满足，不愿再去寻找完美的真理。”

“人们在惰性十足的时候，这也是经常出现的情况。”

“是的，”我说道，“对于城邦和法律的护卫者来说，没有什么比这个懒惰毛病更糟糕的了。”

“对。”

“因此，护卫者必须走一条更为蜿蜒曲折的路，努力学习知识，勤于锻炼身体，否则他永远也无法获取最高知识，而我们刚才已说过，获取最高知识正是他的人生使命。”

“还有什么知识比正义和其他美德品质更高的吗？”阿德曼托斯说道。

“是有的，”我说道，“对于正义一类的美德，我们不能像现在这样只看其大概轮廓，只有最完美的绘画才能让我们满意。当我们对一些小问题尚且费尽口舌将它们解释得清清楚楚，从而对它们有更全面、清晰、透彻的理解，而我们却认为最高的真理不应达到最精确的程度，难道不是非常可笑的事情吗？”

“多么正确、多么高贵的想法！但是，你认为我们不会问你最高层次的知识是什么了吗？”

“没有的事！”我说道，“你尽管来问吧，但是我敢肯定，你已经听过好多遍这个答案了。现在，要么是你根本没有听懂我所说的意思，要么我应该认为你是在成心捣乱。因为，我一直在告诉你，善的理念就是最高层次的知识。我还告诉过你，其他事物之所以变得有用和有益，是由于利用了这个理念。既然你经常听我说起过将要谈及的话题，你就不会对之视若无睹，虽然我们对善的理念还知之不多。没有善的理念的话，其他任何知识或财富对我们都是毫无益处可言的。如果我们不能拥有善，你认为我们拥有其他一切事物还有价值可言吗？或者说，如果我们没有美和善的知识，却会有其他的知识，这又有什么价值可言呢？”

“肯定没有价值可言。”

“你会进一步知道，多数人认为享乐就是善，但更机智高明的人却认为享乐是知识，是这样的吧？”

“是的。”

“你也知道，持后一种看法的人不能解释清楚他们所说的知识是什么意思，竟然先责备我们不懂善，然后不得不说知识就是善的知识了。”

“多么可笑的看法啊！”

“是的，”我说道，“他们应该先会责备我们对善的视而不见和一无所知。然后，他们把善说成是善的知识，他们在用‘善’这个术语时，就好像我们已经完全理解他们的意思一样。这当然十分可笑。”

“非常对。”阿德曼托斯说道。

“那些把享乐作为善的人，也同样处于困境。因为他们不得不承认享乐也有糟糕的享乐和有益的享乐之分。”

“当然。”

“那么，由此就要承认有益的与糟糕的是一样的吗？”

“是的。”

“毫无疑问，这个问题让人陷入了许许多多的困境之中？”

“没错。”

“另外，我们不是都看到了吗，许多人无论在做事、说话或其他情况下，都愿意要不是实质意义上的正义与荣耀；却没有一个人对善的表象表示满意，现实情况是，人们寻求的是善的表象。但在探讨善这个问题时，人人都讨厌善的表象。”

“的确如此。”阿德曼托斯说道。

“每个灵魂都以善作为追求的目标，将善作为自己全部行动的最终目标。他们预感到有这么一个终极目标存在着，但因为既不知道它的本质是什么样的，又不能像对其他事物那样有十足的把握，所以会对什么是真正的善持犹豫不决的态度，他们害怕连别的事物中存在的善也会辨认不出来。我们的城邦要将所有事务托付给城邦精英管理，在这个如此重大的问题上，城邦精英们对真正的善一无所知，应该吗？”

“当然不应该。”

“我敢肯定，”我说道，“如果一个人并不懂得美与正义如何才是善，只会是一个令人遗憾的城邦护卫者。我怀疑，一个并不懂得善的人是否也会真正懂得美与正义之中蕴含的道理。”

“你的怀疑很有道理。”阿德曼托斯说道。

“如果我们有一个懂得美、正义、善这些知识的护卫者，那么我们的城邦就会非常井然有序了？”

“当然是的，”阿德曼托斯回答道，“但我希望你能告诉我，你认为善的最高原则是知识还是享乐，还是与两者都不相同的其他东西？”

“这个嘛，”我说道，“我从刚开始就知道，像你这样一个求全责备的人，不会满足于别人对这些事情的看法的。”

“苏格拉底，你说得对。但是我必须要说的是，像你这样一个毕生从事哲学探究的人，不应该老是重复别人的观点而不能说出自己的看法。”

“可是，一个人对自己并不知道的东西，他有权利大说特说吗？”

“如果确实不知道，”阿德曼托斯说道，“他当然就没有权利说。但是，他可以说出他的想法，把其作为他的意见，这并无妨碍。”

“难道你不知道，仅是意见的东西是不可取的，就是最好的意见也不能避免盲目吗？那些只有意见而没有理解力的人，就像一个盲人，在路上摸索着前进，你不能否认这一点吧？”

“是不能。”

“如果别人将告诉你哪里可以获得光明与美丽时，你还愿意处于盲目状态，去看丑陋畸形和低贱不正的东西吗？”

“苏格拉底，虽然那样，我还是要请求你，”格劳孔说道，“不要在快到达目的地时转移目标。如果你能像解释什么是正义、节制和其他美德一样，解释一下到底什么是善，我们就心满意足了。”

“是的，我的朋友，至少我也会同样满意的，但是我禁不住要担心，担心我解释不清楚，担心我仅凭一腔热情会惹人讥笑。现在在此，亲爱的朋友们，就别让我来探讨到底什么才是善的真正本质了！因为，要我现在把心里想的说个一清二楚，实在是太难了。但是，对于与善最像的善之子方面的事情，如果我能确定你们想听的话，我可以说一说。如果没兴趣听，我就只好作罢了。”

“那好吧，”格劳孔说道，“就告诉我们善之子的事情吧，反正你欠着我们的债还得还，下次还得讲讲善这个父亲的。”

“我确实希望，”我说道，“我能够偿还，希望你们能收到善这个父亲的这笔账，不像现在只收到了善之子这笔账。不过，你们还是把善之子作为利息先收下吧，同时你们也要提高警惕，注意别让我掺假，当然我并无意欺骗你们。”

“那好，我们会尽量提高警惕的，请讲吧。”

“好的，”我说道，“但我想首先和你达成一致的理解，你可以回忆一下我们在讨论过程中提到过的事情，我们在其他许多场合也提到过。”

“是什么呢？”

“我们早已提到过的，美的东西和善的东西包括许多，其他事物中也包括许多的美和善，我们给它们下定义时是用复数‘许多’来表示的。”

“是这样的。”格劳孔说道。

“还有一个绝对的美和一个绝对的善；对于其他用‘许多’这个术语描述的事物的美与善，都有一个绝对的美和善蕴含其中。因为它们都可能有一个单一的观念，这就是每个事物的本质。”

“非常对。”

“我们所说的多，是可见的但并不可知，而理念却是可知的但不可见。”

“的确如此。”

“我们用来看可见事物的器官是什么呢？”

“视觉。”格劳孔说道。

“我们用听觉来听，”我说道，“用其他感觉器官来感知其他的感觉对象？”

“是的。”

“你是否注意到，在创造感官的能工巧匠所创造的所有感官中，视觉是一件最昂贵、最复杂的工艺品？”

“我根本没有注意到。”格劳孔说道。

“那么来思考一下吧：耳朵或声音，需要第三种东西或附加的属性，才可以使一方听得见，使另一方被听见吗？”

“不需要任何这类东西。”

“没错，的确不需要，”我说道，“大部分其他感官也是如此。你总不会说，它们中也有需附加属性的感官吧？”

“当然没有。”

“但你是否注意到，要想事物可见和被看见，是需要其他属性的？”

“你指的是什么意思呢？”

“在我看来，视觉存在于眼睛里，有眼睛就想看见东西；颜色存在于被看见的事物之中，如果眼睛没有第三种属性，适用于看见东西这个目的，有眼睛的人就什么也看不见，颜色也一样看不见。”

“你说的是什么样的属性呢？”

“就是被你称为光的东西。”我回答道。

“对。”格劳孔说道。

“视觉与被看到之间的联系是可贵的，远比其他联系重要得多，又与之大为不同。因为光是视觉与被看到之间的联系，由此看来，难道光不是最可贵的东西吗？”

“是的，”格劳孔说道，“很可贵。”

“那么，”我说道，“你认为哪位天神是光的主人呢？是谁的光使眼睛能很好地看见东西，使事物能很好地被看见？”

“你说的是太阳神，你和所有人都是这样认为的。”

“视觉与这一天神的联系可以描述成如下的样子吗？”

“什么样子？”

“视觉和容纳视觉的眼睛都不是太阳。”

“不是。”

“在所有的感觉器官中，眼睛最像太阳？”

“确实最像。”

“眼睛所拥有的能力，是太阳发射出来的一种光流物吗？”

“是的。”

“因此，太阳并不是视觉，而是为视觉所认识的视觉的创造者，是吧？”

“是的。”格劳孔说道。

“这就是我所谓的善之子，它由善根据其本身相貌产生出来，善在理智世界中与心灵和心灵思考的东西有什么样的关系，它在可见世界中与视觉及被看到的东西就有什么样的关系。”

“你能解释得再具体一些吗？”格劳孔说道。

“好的！你知道，当日光不再照耀而只剩下星月之微光时，这时，一个人要是把眼睛投向一些物体，只会看到模糊不清的样子，就跟盲人差不多，他们就像没有清晰的视力一样。”

“一点没错。”

“但当他们把眼睛投向日光照耀的物体时，就能清楚地看见这个事物，他们就具有视觉？”

“当然。”

“人的灵魂就像眼睛一样：停留在真理和被照耀的事物上时，灵魂就能感知和理解，于是就放射出智慧的光辉；但是当灵魂转向生灭不定的黄昏之光照耀的事物上时，它就只能有漂浮不定的意见。在很短的时间之内，一会儿这样认为，一会儿又那样认为，看起来就和没有智慧一样。”

“正是这样。”

“现在，把真理传给认知对象，把认知能力传给认知主体的东西，就是我将之称为的善的理念，你可以把它看作知识的源泉，就真理已成为知识的一个科目来说，善也成为了真理的源泉。尽管真理和知识都很美，但你可以认为这一种比后两种本质的任何一种都要美。在前面的例子里，光与视觉可以被正确地认为与太阳相像。但它们并非太阳，因此，在另一个范畴里，知识与真理可以被认作与善相似的东西，却并不是善。善具有更加荣耀的地位。”

“既能创造知识和真理，又能在美上超过它们，善该有多么美好啊！当然你不会说享乐就是善的，是吧？”

“神明也不允许的。”我回答道，“但是请你从另一个观点出发来思考一下这个形象，可以吗？”

“从什么观点出发呢？”

“你会不会这样说呢？太阳不仅会使所有的可见事物能够被人看见，而且，虽然它本身不会生育后代，却创造了繁衍、滋养与生长。”

“当然会。”

“同样，可以说善不仅创造了所有已知事物的知识，而且创造出了它们的存在和本质。善并不是本质，却在尊严与力量上远远超过了本质。”

格劳孔诚恳中带着幽默地说道：“天神之光哪！多奇妙啊！”

“是的，”我说道，“我如果有夸大其辞的嫌疑，应归咎于你。因为是你让我说出这些想法的。”

“请求你继续说下去吧，无论如何，让我们听一听你还会说些什么与太阳相似之处的想法。”

“好的，”我说道，“还有很多可说的呢。”

“那么就都说出来吧，一点儿也别省略，哪怕是最细微之处。”格劳孔说道。

“我会尽我所能，”我说道，“但我会认为有很多都要省略。”

“我希望不要省略。”格劳孔说道。

“那么，你要想象一下，有两股主宰的力量，其中一股主宰理智的可知世界，另一股主宰可见的世界。我不是说天神，万一你以为我在这里玩弄名词术语那可不行。我可不可以假定，你在头脑里已经弄清楚了可见世界与可知世界的差异？”

“我弄清楚了。”

“现在拿来一根线，把它分成长短不同的两段，然后把长的和短的根据一样的比例再进行分割[1]。假定这根线分成的两段，一段用来代表可见世界，另一段代表理智世界；然后根据它们的清晰与模糊程度比较进行的区分，你会发现，代表可见世界的这一线段由形象组成。谈到形象，我首先指的是阴影，其次指的是它在水中和固体的、平滑的物体或其他类似的物体中的反射之影。你理解我的意思了吗？”

“是的，我理解了。”

“现在，想象另一段，和刚才那一段相似，却包含了我们能看见的动物、一切自然事物和全部人造事物。”

“很好。”

“你是否同意，这两小段中都含有不同程度的真理，而摹本与原本的关系就相当于意见世界与知识世界的关系？”

“毫无疑问。”

“下一步，我们考虑一下理智世界是如何划分的吧。”

“如何划分的呢？”

“这样来划分：对于前面较长一段按照比例分成的两部分，一段代表较低层次，灵魂用短的一段划分中的部分里的物体作为形象；这种探究只能是假设性的，它不能上升到原则，只能降到另一端。另一段代表较高的层次，灵魂超越了假设的范畴，上升为超出了假设的原则，不再像较低层次那样只能利用形象，而只用理念来进行探究。”

“我没有听懂你的意思。”格劳孔说道。

---

[1] 以下内容可以表示为 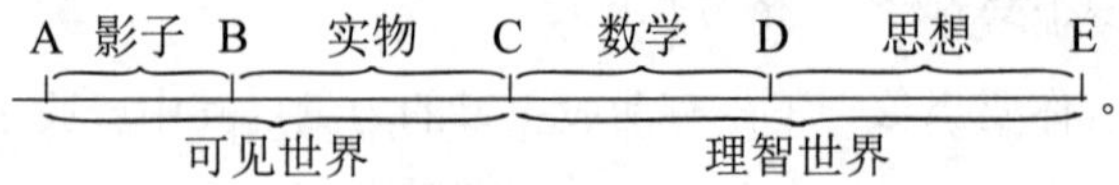

。

“那好，我再试着讲一遍。等我讲完这些话后，你就会更明白我的意思了。你一定知道，几何、算术以及与它们同源学科的学者们，他们首先要设定奇数、偶数、各种图形、三种角以及其他方面。他们提出的这些假设是他们和别人都知道的，因此他们不需要再去对自己或他人进行解释。他们必须要以它们为起点，持续到他们获得结论为止，是吧？”

“是的，”格劳孔说道，“这个我知道。”

“他们虽然也利用可见的图形并对其进行推理，他们所想的却不是它们，而是它们与之相似的理念，他们所想的不是他们所画的正方形或对角线的图像，而是绝对的正方形和绝对的对角线。他们所画的或制作的图形，只是影子，犹如映射在水中的图像一样，被他们转换成了形象。但是，他们真正要探求的是，能‘看见’只有用心灵才能看见的事物本身。”

“是这样的。”

“我称这种东西为理智，虽然在追寻它的过程中，灵魂不得不运用假设，不能上升到第一原则层面，因为灵魂不能超越假设范围，却可以利用和形象相像的那些物体的影子。那些物体同它们的影子及它们的投影相比较而言，显得更清晰，因此也更有价值。”

“我懂了，”格劳孔说道，“你是在谈论几何学和其他相关的学科。”

“当我说理智世界的另一部分时，你就会理解我所说的是另一种知识，是理性自身通过运用辩证法的力量获得的。它不把假设当作第一原则，而只是当假设。那就是说，只是把假设作为进入高于假设的另一世界的一个步骤，以便超越假设，到达完整的第一原则；然后又依靠并坚持第一原则，通过持续的步骤，不借助任何可感觉到的物体，起于理念，通过理念，最后回到理念。”

“我理解你的意思了，”格劳孔说道，“又理解得不透彻，因为你好像在给我描述一项非常艰巨的任务。然而无论如何，我却弄明白了，你认为辩证法所考虑的知识与存在，比所谓的技艺的观念要明白得多，因为技艺的观念只是从假设出发的：它们也通过理解而不是感觉来进行思考。然而，由于它们开始于假设，并且不会上升为原则，因此你认为，考虑技艺时，就不会把更高的理性运用在它们身上。当然，把第一原则加在技艺身上时，还是可以通过更高的理性对技艺进行认识的。我想，你会将几何学和相关学科的习惯称作理解，而不是理性。理解是界于意见和理性之间的东西。”

“你对我讲的意思理解得非常到位。与这四部分相对应，灵魂也有四个组成部分：理性代表最高部分，理解处于第二，信仰（或信念）处于第三，对影子的感知处于最后一部分。我们可以把它们按比例排列起来，并假设它们的清晰度是与它们对象的真实程度一样的。”

“我理解了，”格劳孔回答道，“也同意和接受你所进行的分类。”

卷七　教育中的影子与现实

对话者：苏格拉底
　　　　格劳孔

“现在，让我给你们看一看受过启蒙教育的人和未受过启蒙教育的人的本质有多大的差别吧：各位注意了！有人住在这样一个地下的洞穴里，这个洞穴有个向上的洞口，外面的光线可以从洞口照射进来。这些人从小就生活在这个洞穴里，他们的脖子和双脚被锁链绑缚着，因此不能走动。由于他们的头也被锁链束缚着，所以头也不能转动，他们只能看到前方的洞壁。在他们后面远处稍高的地方有火焰发出的火光。在火光和这些被囚禁者之间有一条通道，如果你仔细看一看就会看到的。通道边筑有一道矮墙，就像木偶戏演员在自己和观看者之间设置的一块幕布一样，他们把木偶举到上面去表演。”

“我看到了。”格劳孔说道。

“那么，你可以看到，”我说道，“路过这道矮墙的人，扛着各种各样的器物，拿着用木头、石头和其他材料制作的人像和动物像。这些路过的人，有的在说话，有的没有说话。”

“你给我讲的是一个奇特的比喻和一群奇怪的囚徒。”

“就像我们自己一样，”我说道，“他们借助背后的火光，看到的只是他们自己的或者是同伴的影子而已，是吧？”

“是的，”格劳孔说道，“如果他们的头永远不能转动，他们除了看到影子之外，其他什么也别想看到了。”

“那么，这些被囚禁着的人，也只是看到他们背后那些扛着东西路过的人的影子而已？”

“是的。”格劳孔说道。

“如果这些囚徒能够互相进行交谈的话，他们也会给其所看到的这些影子起名？”

“肯定会的。”

“让我们进一步设想，如果这个监狱般的洞穴里有回声，而且这些回声又是那些经过洞口的人发出的声音所造成的，这些洞穴里的囚徒们，是否并不会认为这些实际上是路过者发出的声音，反而会认为是他们眼前的影子说话的声音？”

“毫无疑问，他们会这么认为的。”格劳孔回答说。

“对于他们来说，”我说道，“没有别的什么东西而只有那些影子，就是他们所知道的‘真理’了？”

“那是肯定的。”

“那么，让我们再设想一下，如果这些囚徒们都被释放出来了，他们的错误也被别人纠正过来了，将会有什么事情发生呢？首先，他们中的任何一个人一旦获得自由，会突然被迫站立起来，转过头，向着光亮处走去。但是，他会感到异常痛苦，因为耀眼的光芒会强烈地刺激着他的眼睛。而且他再也不能用以前看影子的方式来面对现实了。再设想一下，如果有人告诉他说，他以前所看见的一切都只不过是虚幻的影子而已，现在他正在一步一步接近真实，他的眼睛正在转向更加真实的事物，他的视野会变得更加清晰。那么，面对这一切，他将会如何回答呢？如果告诉他真相的人指着一些正在他面前经过的事物，要求他叫出它们的名字来，他会不会迷惑呢？他是否仍然会认为，他以前所见的那些影子比现在展现在他面前的这些事物更加真实呢？”

“他仍然会坚持说以前看到的影子更真实。”

“如果他被迫去直视光线，但光线却使他的眼睛感到剧烈的疼痛，他会不会转过身来去看那些他能毫不费劲就能看清楚的影子呢？他是否会认为这些影子会比他人正在指给他看的东西更为真实一些？”

“是的。”格劳孔说道。

“那么，我们再来设想一下，他被人极不情愿地拖拽着上了一个陡峭而崎岖的斜坡，直到他被强迫走出洞穴，来到太阳光直接照射的地方，并且不让他退回到洞穴中去，他会不会感到极度痛苦而又恼怒万分呢？当他接近太阳光线照射的时候，他的那双眼被刺得眩晕了，根本不能看清楚那些被称为现实存在的事物了。”

“暂时根本看不清楚。”格劳孔说道。

“对看洞穴外面的景物，他会逐渐习惯起来。首先，他会看清楚一些东西的影子，接着他能看清楚人们和其他一些事物在水中的倒影，然后去看清楚事物本身。进而，他会凝视月亮、星辰和闪烁的星空。他看晚上的天空和满天的星辰仍然比看太阳或太阳光线更加适应，会感觉看得更清楚一些。”

“当然。”

“最后，他能够直接看太阳了，而不是太阳在水中的倒影，他看的是高悬天空中的、真实的太阳。他会仔细观察太阳的真实情况。”

“对。”

“然后，他就会进而获得这样的想法：是太阳创造了季节年月的更替，是太阳充当着可见世界中所有事物的护卫者。而且从某种程度上说，太阳也是他和他的同伴们所观察到的一切事物的起源。”

“显而易见，”格劳孔说道，“当他看到太阳时，他就会这么想的。”

“当他想起他从前的住处，想起在那个洞穴里所获得的‘智慧’和他的伙伴们的时候，你认为他会为自己的变化感到庆幸并为他那些同伴感到惋惜吗？”

“当然会的。”格劳孔说道。

“如果在那些囚徒中间，有人曾经获得了赞扬荣誉，他们能敏锐地观察到那些来来往往的影子的先后顺序以及哪些是并排出现的，并且善于对接下来会出现什么影子做出准确的预言。你认为这个见过外面世界的人会在乎这些荣誉和称赞吗？他会嫉妒那些获得这些荣誉的人吗？他会赞同荷马所说的‘我宁愿在一个不太富裕的主人那里为奴’吗？他会愿意忍受一切事物，也不愿像他的仍然处于囚禁状态的伙伴们一样生活与思考了吗？”

“我想他会的，”格劳孔说道，“他将宁愿忍受一切痛苦，而不会去附和那些引起错误的想法，也不愿再按那种可悲的方式继续生活下去了。”

“我们来设想一下，这样一个人如果突然离开阳光普照的地方，又被拉回他原来所处的洞穴，难道他的眼睛不会充满了黑暗吗？”

“肯定会的。”格劳孔说道。

“如果他的视觉仍然十分模糊，还没有回复到原来的状态（眼睛从明处到暗处的适应需要一段时间），他被要求去参加一个竞赛，去和那些没有离开过那个洞穴的囚徒们比赛测量那些经过的影子，他是不是会在他的伙伴面前显得很可笑呢？囚徒们会不会认为，当他去过一回地面后再下来时已经失去了他的眼睛呢，他们会不会不让任何人再产生上到地面的想法？如果再有一个人从地面上下到洞穴来，并试图解开囚徒们的锁链，将他们带到洞外的光明世界时，他们会不会抓住这个入侵者并将他处死呢？”

“毫无疑问会的。”格劳孔说道。

“亲爱的格劳孔，你现在可以把我这个洞穴比喻完整地用到我前面的辩论中了。”我说道，“囚徒们的洞穴是一个可见世界，那堆火的光芒是太阳光。如果你根据我的有限看法，与其说是我说的，还不如说是你逼迫我总结出来的看法，不管正确与否，只有诸神才清楚，去吧，向上走出洞穴，把进入到光明世界的过程理解为灵魂上升到理智世界的过程，你就算抓住了我的本意。但是，不管正确与否，我的意见是：在知识的世界里，善的理念是最后才出现的，而且必须付出巨大努力才能看到。在善的理念被观察到的时候，我们通常就会得到这样的结论：善的理念会被认为是世界上一切事物的美和真的创造者，是光之父母，是可见世界中主管光线的神明，是理智世界中真理和理性的来源。那些在公共场合或私人领域都要依照理性为人处世的人必定会注意到善的理念的力量的。”

“在我所能理解的范围内，我同意你的看法。”格劳孔说道。

“而且，”我说道，“你不必奇怪，那些已经达到了相当高度的人是不愿意再回到世俗生活中去的，因为他们的灵魂一直向往着他们所希望栖居的高层世界。如果我们的比喻值得相信的话，他们的这种愿望是无可厚非的。”

“对，无可厚非是很自然的。”

“如果一个人从神圣的沉思状态坠落到邪恶的境地，并且他的错误行为表现得荒诞可笑，这有什么值得奇怪的吗？如果那个去过洞穴外面的光明世界的人，回到洞穴双眼还在痛苦地眨巴着，还没有适应习惯于周围的黑暗的时候，他就被强迫站到法庭上或其他某个地方，去为正义的形象或正义形象的影子进行辩护，并且努力去迎合那些从未见过正义本身的人头脑中滋生出来的正义观念，那又会是一种什么样的情形呢？会觉得很奇怪吗？”

“没有什么好奇怪的。”格劳孔回答说。

“任何具有常识的人都会记得，眼睛的迷惑有两种不同的情形：要么是从光亮处走到黑暗处，要么就是从黑暗处走到光亮处。其实，在这一点上，灵魂之眼与肉体之眼是一样的。一个知道这些情形的人看到有人的心灵迷惑不解或洞察力微弱时，他是不会不加思索就嘲笑那个人的。首先，他会询问这个人，他的灵魂之眼是刚刚走出光明的生活还不习惯于黑暗的生活呢，还是刚刚从黑暗进入到了光明世界，被强烈的亮光照得有些头晕目眩？他会认为，其中有一种生活状态是幸福快乐的，而另一种生活状态则是可悲可怜的。如果他打算去嘲笑这两种情形的话，那么，与其去嘲笑那个从洞穴钻出来站到光明世界之中的人，还不如去嘲笑离开光明世界回到黑暗洞穴里去的那个人，嘲笑后者的理由更充分。”

“你说得非常有道理。”格劳孔说道。

“那么，如果在这点上我是正确的话，一些教育家就肯定是错误的，因为他们认为能把知识植入到一个本来没有知识的灵魂中去，就像把视觉植入到失明的眼睛中一样。”

“毫无疑问，他们这样说过。”格劳孔回答说。

“但是我们认为，人们的学习能力早已存在于他们的灵魂中。正如在整个身体不能转动的情况下，眼睛无法经历从黑暗之处转到光明之处一样，掌握知识的工具也只能借助灵魂的整体转向，从一个变化纷呈的世界转向一个客观存在的世界，并且逐渐学会看到客观的、最光明的事物和最好的事物，换言之就是，善的事物。”

“非常对。”

“有没有某种以最简便、最快捷的方式来引起这种灵魂转向的艺术呢？不是去把视觉的能力植入它，因为它早已具备看的能力，但是转错了方向，并且正在背离真理，因而要想办法使它转变方向。”

“是的，”格劳孔说道，“可能有这种艺术。”

“一些所谓的灵魂的美德，好像与一些身体的素质是类似的。即使身体素质不是一开始就有的，但能够通过后天训练或习惯的培养而养成。但是，与其他任何美德都不相同的是，智慧的美德具有一种永恒存在的神圣因素，因为所转向的方向不一样，要么会变得有益且有利，要么会变得有害而无用。不知道你是否观察过一个聪明的恶棍，他眼中闪烁着阴险而狡诈的光芒，他的目光是多么急不可耐。他那卑鄙的灵魂清清楚楚地看到了他要达到的目的的方法，他的双眼雪亮，但是他的良好视力却被用来为邪恶服务了。而他的邪恶与他的聪明是成正比的。”

“很对。”格劳孔说道。

“但是，如果他们的那些本性在他们年幼的时候就受到很好的陶冶，使他们摒弃了追求肉体上的快感，比如说吃和喝，那么他们就会如释重负。正是这些快感从他们出生之日起就与他们如影随形，成为一种引诱他们走向堕落的力量，把他们往下拖拉，使他们灵魂的视野转向了追求吃喝一类低下的东西。如果把他们从这些障碍物中解脱出来，并且使其灵魂转向相反的方向，那么他们自身的能力将清清楚楚地把真理分辨出来，就像他们看东西一样毫无障碍。”

“很有可能。”

“是的，”我说道，“还有一件事很有可能，或者可以说是不可避免地会从我们以前的辩论中推导出来，那就是：那些未受过教育、对真理无知的人，和那些一直在学习的人，都不能成为城邦的管理者。前一种人之所以不行，是因为，无论是为公还是为私，他们都缺乏一心一意、全力以赴的明确行动目标。后一种人之所以也不行，是因为，他们自认为已经住在幸福之岛上了，不强迫他们，他们就不会去付诸实际行动。”

“非常正确。”格劳孔说道。

“那么，我们这些作为城邦奠基者的人的任务就是：去催促那些具有最优秀心灵的人去掌握已被我们证明是最高的知识。他们必须坚持不懈地上升，直至达到善。但是，当他们已经提升至至高点，饱览一切知识之后，我们必须制止他们去做现在这样的行为。”

“你指的是什么样的行为呢？”

“我是指他们想留在上面的世界不下来，这是绝对不允许的。他们必须返回到那个洞穴中去，同他们的囚徒伙伴们一起生活，去参与囚徒们的劳动，去分享囚徒们的荣誉。不论这些从表面上看是值得还是不值得，他们都必须这样做。”

“你认为这样做公平吗？”格劳孔说道，“我的意思是说，当他们已经能够获得一种比较优裕的生活的时候，我们却强加给他们一种艰苦的生活。”

“我亲爱的朋友，你又忘了，”我说道，“我们这些立法者的目的，不在于使城邦中的某一个阶层比其他阶层更加幸福，因为幸福应该存在于整个城邦。立法者要用规劝和强制两种方法来使城邦的公民团结起来，使他们成为对城邦和对别人都能做出贡献的人。为了达到这一目的，造就他们，不是为了取悦他们，而是为了通过他们促进城邦的统一。”

“是的，”格劳孔说，“我差点儿忘了这一点。”

“格劳孔，你应该注意到，促使我们的这些优秀哲学家去关怀和照顾他人并没有什么不公正的。我们会跟他们解释，在其他城邦，哲学家阶层的人是不会被强迫去分担政治事务这个苦差事的。这倒也是合情合理的，因为他们的成长是由他们自己的意志来支撑的，城邦并未花力气去培养他们。他们都是靠自学，这样就不能指望他们一定要对一个他们从未从中受到恩惠的社会感激不尽。但是，在我们的城邦中，我们培养过这些优秀哲学家，之所以培养他们就是为了使他们能够成为民众的管理者，成为他们自己和其他公民的统治者。我们给予他们的受教育机会比其他任何城邦的学者所能得到的更好且更完善。因而，我们希望他们能够胜任他们的双重任务，即做哲学家和政治家，完善自我的同时也能领导其他公民。因此，在轮到他们中的某一个人去完成其应尽义务的时候，他就应该回到地底下的那个公共的洞穴，并且习惯于在黑暗中看东西。当他再一次习惯黑暗之后，他的视力将比洞穴中的其他人强无数倍。他会知道那些影子实际上是什么东西，代表着什么，因为他已经见过真正的美、正义和善了。这样一来，我们设计的城邦（其实也是他们的）将会成为现实，不再仅仅是停留在梦想中了。我们的城邦将采取不同于其他城邦的治理方法。在其他城邦里，人们会为了一些毫无意义的影子而相互争斗，并在权力斗争中迷失正确的方向，因为他们把权力奉若神明。而事实表明，统治者们最不愿意治理的城邦往往是治理得最好、最井井有条的城邦。而那些统治者们最乐于治理的，往往是最糟糕的城邦。”

“完全正确。”格劳孔回答说。

“如果我们的学生本可以将他们的大部分时间花在与同伴一起轻松享受极乐生活，当他们听到了这一番话时，他们会拒绝承担他们对城邦应尽的管理苦差事吗？”

“不可能拒绝的，”格劳孔说道，“因为他们都是明辨是非的人，而且我们对于他们的要求又是正当合理的。他们中的每一个人都会把承担职务当成是义不容辞的责任，而不会像我们城邦现在那些当政的人一样。”

“对！我的朋友，”我说道，“这就是关键所在。你必须努力为你未来的统治者们争取一个比现在那些统治者们还要好的生活，然后你就会得到一个治理得井井有条的城邦。因为只有在能提供这种条件的城邦里，他们才会真正的富有。当然不是拥有很多金银财宝，而是富有美德和智慧，而这也就是生活的真正意义之所在。如果他们在承担公共事务管理的时候十分贫穷，并一心贪求他们的私利，一味想从此以后能多多攫取好处，那么，由于他们会争权夺利，这个城邦的秩序将会混乱不堪。由此而产生的内部的民事纠纷将会毁掉这些统治者和整个城邦。”

“一定会的。”格劳孔回答说。

“唯一能够蔑视这种充斥政治野心的生活方式的，就是真正的哲学的生活。你知道还有其他什么生活吗？”

“我的确不知道。”格劳孔说道。

“统治者们不应该太爱他们的职权，否则，他们将会成为权力竞争的对手，他们会发生内讧。”

“毫无疑问会这样。”

“那么我们应该促使什么样的人成为我们城邦的护卫者呢？毫无疑问，他们应该是对城邦事务最为精通的人，城邦只有在他们的管理之下才能够被治理得最好。但与此同时，他们应该还享有其他荣誉，有一个比从政更好的生活方式。”

“他们就是最好的护卫者，我们就要选这种人。”格劳孔回答说。

“我们现在应该考虑，怎样才能培养出这样的护卫者来？怎样才能把他们从黑暗引向光明？据说他们中的一些人是直接从下层世界一下子上升到了神明的世界。”

“千真万确。”

“这个过程，”我说道，“并不像抛蚌壳游戏[1]那样简单，而是灵魂的转向，将从一个比黑暗稍好一点的黎明状态进入到永恒存在的真正的白天中。也就是，从下层世界上升到我们所确认的真正的哲学世界。”

“对，没错。”

“我们应该探究什么样的知识会有促使变化发生的力量吗？”

“毫无疑问应该如此。”

“是什么样的知识能把灵魂从变化不定引向永恒不变呢？顺便提一下，我刚才又想起了另外一个问题：你还记得我们的年轻人应该成为战争中的竞争者吗？”

“记得，你说过这个。”

“那么，这种新的知识一定要有一种附加的品质。”

“什么品质？”

“有益于作战的品质。”

“对，如果可能的话。”

“我们前面提到的教育计划由两个部分组成，是不是？”

“是的。”

“体育负责身体的生长发育和衰朽老化，也可以被认为是增强体质与败坏体质的，对吧？”

“对。”

“那么，这不就是我们所力图寻找的那种知识吗？”

[1] 蚌壳的两面一黑一白。——译者注

“还不是。”

“那么音乐教育呢？它也是我们前面提出的教育计划的组成部分。”

“音乐教育，”格劳孔说道，“你应该记得，是体育的翻版。因为它用习惯的影响来训练护卫者，根据韵律使得他们有某种和谐感，根据节奏使他们有某种节奏感，不是给予他们知识。而语言，不管是寓言还是接近真实的传说，都包含类似韵律和节奏的因素，但是在音乐里，却没有你我所寻找的知识。”

“你的回忆非常对，”我说道，“在音乐中肯定没有那种知识。但是，亲爱的格劳孔，既然一切有用的技艺似乎都被我们贬得微不足道了。那么，哪一种知识具有我们所需要的性质呢？”

“是啊！排除了音乐教育和体育，其他技艺同时也被摒弃了，那还剩下些什么呢？”

“我们的专门学科里是没有什么合适的了。我们在非专门性的，也就是通用性的学科里找找看有没有合适的吧。”

“那可能是什么呢？”

“所有的技艺、学科和思维都会用到的东西，每个人在接受教育时都要首先学的东西。”

“那是什么呢？”

“它就是识别一、二、三的东西，简言之，就是数字和计算。难道不是所有的技艺与学科都要与它发生关系吗？”

“是的！”

“战争的艺术也和它有关吧？”

“对。”

“那么，无论什么时候帕拉墨得斯[1]在悲剧中出现，他都会想方设法使阿伽门农完完全全变成一个名不副实的可笑将军形象。你有没有注意到，他竟然宣称是

[1] 帕拉墨得斯（Palamedes），希腊神话中的英雄，希腊联军中最有见识者。传说他发明了灯塔、天秤、量度器和骰子等，为传入希腊的腓尼基字母表加上了4个字母，也是数字、钱币、历法的发明者。——译者注

他自己发明的数字，从而能对船只进行计数了，并且根据方阵在特洛依城布署了军队。这意味着在此之前，船只、军队等方面都没有被计过数。据说，阿伽门农几乎连自己的脚都不会数。如果他对数字一无所知的话，他怎么可能会数？如果这是真实的，阿伽门农是怎样的一个将军呢？"

"如果他真是如你所说的那样的话，他可是一个非常奇怪可笑的将军。"

"我们能否认一个战士应该有算术知识吗？"

"当然不能否认。如果他需要对军事战术有一点肤浅的了解，或者说，只要他是一个真正的男子汉，他就应该懂点算术。"

"我想知道，你对这种算术知识的理解和我的理解是一样的？"

"你是怎么理解的呢？"

"我觉得它是我们所要寻找的那种学问中的一种。它会自然而然地使人进行反思，但它从未被正确地利用过，因为它的真正用处在于使灵魂走向存在。"

"你能解释一下你的意思吗？"格劳孔说道。

"让我试一试，"我说道，"我希望你能够参与我对这个问题的探究。我会试图在我的头脑里去辨析哪类知识具有这样的吸引力，从而使我们得到更确凿的证据，去证明算术正好是我们所猜想的这种知识中的一种。我这样进行分析时，你只需要回答'是'还是'不是'就行了。"

"那开始吧！"格劳孔说道。

"我认为感觉的对象有两类；一类是不需对其加以思考的，因为仅凭感觉就足以对它们做出评价。但另一类仅凭感觉却并不可靠，很有必要进一步对它们进行分析思考。"

"显而易见，你是指，"格劳孔说道，"出现在远处的东西和已经通过明暗画出来的东西，是吧？"

"不是，"我说道，"这根本不是我所说的意思。"

"那么你的意思是什么？"

"对于那些不会引入思考的东西，我指的是那些不会与感觉产生对立的东西。而对于要引入思考的东西，就是会与感觉产生对立的东西。在后一种情况下，对事物的感觉与距离的远近没有多大的关系。我想举个例子来说明我的意思，这样就会更加清楚。瞧，这儿有三根手指，小手指、无名指和中指。”

“举例说明，很好。”

“你可以假定它们是在近处被看到，除此之外，还有一点需要注意的。”

“哪一点需要注意？”

“这三根手指，每一根看起来都是手指。不论我们从中间看还是从边上看，不论是黑还是白，是粗还是细，都没有关系，手指仍然是手指。在这种情况下，人们没有必要去思考什么是一根手指。因为视觉不会让我们的心灵认为手指是手指之外的什么东西。”

“是的。”

“这样一来，就如同我们想过的那样，”我说道，“这里面没有会要求或激发理智的东西。”

“确实没有。”格劳孔说道。

“但是，对于手指有大有小，视觉是否能充分注意到这一点呢？手指在中间或在边上，就没有什么区别吗？同样，触觉有没有充分感觉到粗或细、软或硬呢？其他感官又会怎样感觉呢？它们是不是能完美传达这些呢？它们感觉的方式——与硬度相关的感觉必然与软度也相关——向灵魂传送这样一个信息：同一种东西既硬又软。”

“你说得非常正确。”格劳孔说道。

“灵魂在接到感觉传来的一个硬的东西同时也是软的后，它会不会迷惑呢？而且对于轻和重的含义也一样吗？如果轻的东西同时又是重的，那么到底什么是重呢？”

“是的，”格劳孔说道，“灵魂接收到的这些信息确实十分奇妙，需要对这些信息进行解释。”

“是的，当灵魂处于这些迷惑中时，它自然会求助于计算和理智，以便确定它所知道的这些东西到底是一个还是两个。”

“确实会。”

“如果结果是两个的话，那么这两个是同样的一个还是不同的两个呢？”

“当然要分辨清楚。”

“如果分开的单个物体放在一块儿就是两个物体的话，我们就会认为这两个物体是处在相互独立的状态下的。因为，它们如果不是相互独立的，而且并没有分开的话，就会被认为是一个。”

“是的。”

“眼睛肯定把大小两个物体都看到了。但只是处在一种迷惑状态下，并没有把它们区分开来。”

“是的。”

“但是能思考的心灵却会把混乱状态分辨清楚，与感官的方式相反，并且把大小物体分开，不再混淆它们。”

“非常正确。”

“这不就是在开始对‘什么是大’和‘什么是小’进行探究了吗？”

“的确如此。”

“这样一来，不就可以把‘可见事物’与‘可知事物’区别开来了吗？”

“正是如此。”

“这就是我所指的有些印象能够激发理智，有的则不能的情形。那些同时能够引起相反印象的事物能激发人的思考，而那些不会引起相反印象的则不能激发人的思考。”

“我理解了，”格劳孔说道，“我同意你的看法。”

“那么，‘统一’与‘数字’是属于哪一种类呢？”

“我不知道。”格劳孔回答说。

“思考一下，你就能够看出结果来的，因为你可以根据我们谈过的进行推理。如果纯粹统一性的‘一’能够被视觉或其他感觉所分辨出来的话，那么就如同我们在关于手指中所提到的一样，就没有什么东西能够揭示永恒存在了。但是矛盾总是存在的。任何事物都是一体两面，而且包含了多元的观念。这样一来，思维就逐渐产生了。心灵对此又会感到十分迷惑，而且想找出一个结论：‘什么是绝对的统一？’这就是对‘一’的研究有如此大的吸引力以及让心灵转而思考真正的存在的力量所在。”

“那么，非常肯定的是，”格劳孔说道，“这一点在对‘一’的研究中最为明显，因为我们知道，同一个东西既是单一的又在数量上是无限的。”

“是的，”我说道，“既然‘一’是这样，那么其他所有数字肯定也是如此了。”

“毫无疑问。”

“所有算术和计算都与数字有关，是吧？”

“是的。”

“它们似乎把心灵引向了真理。”

“对，相当明显。”

“那么，这就是我们试图找到的那种知识，它在军事和哲学上都很有用。因为军人们必须学习掌握数字的学问，否则他们根本不知道应该如何布署军队。而哲学家们若要脱离茫茫的‘变化不定’的海洋，去抓住永恒的存在，他们同样也需要是算术家。”

“千真万确。”

“这样我们的城邦护卫者就既是战士又是哲学家了。”

“确实是。”

“那么，算术应该成为通过立法规定必须要学的那一类知识，我们必须劝说那些将要成为我们城邦显赫人物的人去学习算术。他们不是把算术作为业余爱好马马虎虎地学，而必须深入研究，以期达到能用心灵看到数字本质的程度。他们不能像商人和小贩一样只想着买和卖，而必须在军事上和灵魂中应用自如。这也是灵魂追求从变动不定到真理和永恒存在状态的最简便方法。”

“你说的真是好极了。”格劳孔说道。

“是的，”我说道，“既然已经说到这儿，我必须附加说明一点：算术这种学问有着巨大的魅力。如果用一个哲学家的精神而不是一个杂货店主的精神去追求它，它将通过不同的途径引导我们实现我们所希望达到的目标。”

“你指的是什么呢？”

“我的意思是，如我所说，算术有着非常巨大的使人上进的作用。它会迫使灵魂对抽象数字进行推理，并且会排斥任何可见事物或可感事物进入到辩论中来。你肯定知道，精通算术的人会坚决反对任何在计算的时候企图把‘一’分裂开来的行为，而且会嘲笑这种做法。如果你把它分裂开来，他们就会对它加倍，以确保‘一’永远是‘一’，而不被分割成任何更小的部分。”

“是这样的。”

“现在，设想有一个人跟他们说：‘你们正在推理论述的这些奇妙的数字到底是什么样的数呢？我的朋友，你说这里有你们所要求的一，而且每一个一都是相等的，是不会变化和不可分割的，是吗？’那么，他们会如何回答呢？”

“我认为他们会说：‘我们指的是那些只能够在思维中实现的数字！’”

“那么，你会明白，这种知识确实能够被称作极其必要的知识，这一点你可以从它们在获取绝对真理时使用的纯粹理智中看出来。”

“是的，这是它的一个很显著的特点。”

“你有没有进一步观察到，一般来说，那些在计算上有天赋的人，对其他任何一种知识的反应都比较敏捷呢？而对一些比较笨的人而言，他们接受过算术训练之后，如果没有从中获得其他益处的话，也会对知识的反应变得敏锐起来的？”

“的确如此。”格劳孔说道。

“确实，你可能很难找到比算术更难的学问了。即使是差不多难度的，也不太好找。”

“找不出来。”

“基于以上种种原因，算术是一种天生素质最好的人所应接受的训练，这种训练是绝对不能半途而废的。”

“我赞同。”

“那么，让我们把它算入我们的教育科目中来吧！下一步要考虑的是，有一种与算术类似的学科是否也是我们所要探寻的。”

“你指的是几何学？”

“完全正确。”

“非常清楚，”格劳孔说道，“我们一向十分关注几何学在战争中所发挥的作用。因为在安营扎寨、布署阵地、收紧或拉开军队的战线以及其他军队调遣方面，不管是在一场战役中还是在一次行军中，一个将军是否通晓几何学，是会产生很大区别的。”

“是的！”我说道，“但是在军事方面，略微知道一点几何或算术知识也就足够了。问题在于，我们所要寻找的往往涉及几何学中比较高深的内容：几何学能否在一定程度上使善的理念变得更容易被发现。任何促使灵魂注视最完美的永恒存在的事物都会具有这种倾向，最完美的永恒存在也就是灵魂本身应该想方设法来给予关注的事物。”

“正是这样。”格劳孔说道。

“那么，如果几何学能够促使我们去看清楚永恒存在，那么它就是我们所要寻找的那种知识。但是，如果几何学只能使我们看到变化不居的状况，它就不是我们在寻找的那种知识。”

“是的，这正是我们要确认的方面。”

“然而，任何对几何学稍有了解的人都不会否认这个事实：我们刚才提到的那种观念和几何学家们通常所用的语言是完全不一致的。”

“为什么会这样呢？”

“他们只是从实用观点出发的。他们总是用狭隘而且荒唐的方式来谈论‘四方形化’‘直线延长’‘平面展示’等问题。他们把几何的重要性看得与日常生活一样琐碎而平凡。而只有求得知识才是整个学科的真正目标。”

“的确如此。”格劳孔说道。

“那么，我们是不是必须要做出进一步的认可？”

“认可什么？”

“几何学所追求的知识是永恒的知识，而不是那种即生即灭的知识。”

“这一点大家都已经认可，也是正确的。”格劳孔回答道。

“那么，我高贵的朋友！你可知道，几何学能够把灵魂引向真理，并创造出哲学的精神，使那些不幸向下的灵魂向上提升。”

“我想，再也没有什么事物能像几何学这样具有如此神奇的力量了。”

“这样的话，我们必须把学习几何学作为你们那个美丽的城邦的居民应做的头等大事看待，因为再也没有什么学问能比这个更重要的了。而且几何学还具有相当大的间接作用。”

“什么样的间接作用？”格劳孔问道。

“你曾提到过几何学在军事上的好处，这就是一个例子。”我说道，“经验证明，在所有门类的知识当中，如果人们学过几何学的话，那么他的理解能力将会比没有学过的人要强得多。”

“确实如此，”格劳孔说道，“学过与没有学过的人存在天壤之别。”

“那么，我们应该把几何学作为我们的青年必修的第二门学科了？”

“那就这样定下来吧。”格劳孔说道。

“如果我们把天文学作为第三门必修学科的话，你怎么认为呢？”

“我完全赞同，”格劳孔说道，“无论是对于将军、农夫还是水手，观察四季更替、年月日的变化都是十分重要的。”

“对你的行为，我觉得很好笑，”我说道，“你担心天下的人会嘲笑你坚持毫无用处的学问，因而你变得谨小慎微、提心吊胆。其实，每个人的灵魂都有一只眼睛，但是它能够在这些学科中重新被净化而恢复视力，却并非易事。更何况这只灵魂之眼会比肉体的眼睛强上千百倍，只有它才能看到真理呢。有两类人：一类人会同意你的观点，并且会把你的话当成上天的启示；另一类人则会把你的话看得一文不值，认为那是胡说八道。因为他们觉得自己从你所说的话中得不到什么好处。你最好从中选择一类人作为你的辩论对手，你得有个心理准备，你很可能会说，你哪一类人都不选择，因为你继续进行辩论的目的只是在于你自己知识的积累，同时你也不会去管他人是否会从中获得什么好处。”

“我想我主要为了我自己知识的增长而继续这个辩论的。”

“那么，我们得回过头去再看一看，我把我们所要寻找的学科的顺序搞乱了。”

“搞乱了什么顺序？”格劳孔说道。

“在讨论平面几何之后，”我说道，“我们过早谈起了旋转中的立体，而不是谈论立体几何本身。在讨论过二维后，我们应该讨论与立方体和深度有关的三维，但我们却跳了过去。”

“苏格拉底，你说得对。但是对于三维这些问题我们知道得太少了。”

“的确如此，”我说道，“我想有两个原因：首先，没有哪个城邦的政治体系愿意支持对纯几何学的研究，研究它们是需要耗费相当精力的，因为它们相当难理解。第二个原因在于，如果没有导师指导的话，学生们是学不好它们的。但是想找一个好导师却十分困难，即使能够找到，就凭学生现在那种自高自大的状态，他们也不会静下心来认真听导师讲解的。如果城邦能够引领研究者对这些知识进行研究，并且给予研究者以荣誉，那么研究就会别开新面。学生会愿意参与研究，就会出现持续且充满热情的研究，这样也就会有所发现。即使现在几何学的重要性被世人所忽视，而且研究它们的人也不知道它们到底有什么实际用处，但由于它们本身的魅力，对它们的研究仍在继续。如果几何学的研究得到城邦的支持，很可能有朝一日它们会被发扬光大的。”

“是的，”格劳孔说道，“几何学本身就有巨大的魅力。但我仍然不太清楚为什么要调整那几门学科的顺序。你认为首先要研究平面几何，是吧？”

“是的。”我说道。

“你刚才接着谈的是天文学，现在你又要退回去谈平面几何了，是吗？”

“是的，因为我急于说完，反而慢了。本来根据自然的顺序，我应该先谈立体几何本身，但立体几何的知识现在处于一种可笑的状态，这让我把它忽视了，而转向天文学即立体几何学的运动了。”

“是的。”格劳孔说道。

“那么，”我说道，“假设这门现在被忽视的学科在城邦的鼓励下正在形成，到那时我们再去讨论它吧，现在让我们直接去讨论应该排在第四的天文学。”

“这次学科的顺序是理清了。”格劳孔说道，“苏格拉底，你刚才笑我用庸俗的方式赞扬天文学，现在我就根据你的看法重新评价天文学。我认为每个人都应该认识到，天文学会促使灵魂向上提升，并且能引导我们从这个世界上升到另一个世界。”

“对于别人来说，这种说法可能很清楚了，但是我还是不太明白你的意思。”

“那么，你认为应该怎样说才会比较清楚呢？”

“我认为那些把天文学上升到哲学层次的人好像是在使我们向下看而不是向上看。”

“你是什么意思？”格劳孔问道。

“在你的心灵中存在对于我们认识高层次事物知识的很好的见解。”我说道，“但是，我可以说，当一个人抬起头来去观察雕花天花板的时候，你会认为他是在用心灵而不是眼睛去感知的吗？你很可能会说他是在用眼睛去感知的。你也很可能是对的，在这方面我可能是个无知者。但是我仍然认为，只有属于永恒存在和看不到的知识才能使人的灵魂向上提升。无论一个人是在仰视天空还是凝视大地，只要他试图用他的感官功能去得到某种印象，我就会认为他什么也没有得到。无论他求知是通过漂洋过海，还是跋山涉水，是随波逐流还是仅仅仰天冥思，他的灵魂只可能会向下而不会向上提升。”

“我承认你说得有道理。”格劳孔说道，“但是，我想弄清楚，怎样去学天文学才能得到我们一心想要寻找的那一类知识呢？”

“我可以告诉你，”我说道，“我们所注意到的星辰灿烂的天空是我们的视觉空间，虽然它们是我们所能看到的事物中最美丽和最完善的，但是和真正运动中的绝对快速和绝对慢速运动的情形相比，仍然是有很大差别的。绝对快速运动和绝对慢速运动之间也是相对而言的，它们是按照每个真正的数字和真正的几何图形带动它们所包含的东西一起运动着的。这一切都只能用理性和智慧去理解，而不可能靠视觉或其他感官去捕捉得到。”

“是的。”格劳孔回答道。

“我们可以把灿烂的星空作为求得更高层知识时的一种模式。它们的美丽就像代达罗斯[1]或者其他伟大的艺术家所创造的优秀绘画一样，能够让我们偶尔看到。看到它们的任何几何学家都会赞叹它们结构的精细和美丽，但是他们不会想到从中能找到真正的相等、真正的倍数，或者任何其他真理。”

“是的，”格劳孔回应说，“这样的想法是很可笑的。”

“恐怕一个真正的天文学家在观察天体运行的时候也会有相同的看法。他也可能会猜想天空及处于其中的事物都是由造物主以极其精巧的手法创造出来的。但他永远也不会想到昼与夜、昼夜与月份、月份与年度、昼夜年月与星辰、星辰与星辰等之间的比例，以及所有实体的可见事物都是永恒的、永远不会改变的。因为，这些想法在他看来是极其荒唐可笑的，而且为了这些真理（他们也不会承认这些是真理）去耗费精力和忍受痛苦，也是愚蠢至极的。”

“我十分同意你的看法，虽然我之前从没有想过这一点。”

“那么，”我说道，“我们在天文学上应该像在几何学上那样去解决问题。如果我们想用正确的方法来处理问题，并且使我们与生俱有的理性起一定作用的话，我们就应该把天空中的可见事物暂时搁置一边。”

“这个，”格劳孔说道，“可是我们的天文学家所解决不了的。”

“对！但是如果我们的立法能够发挥任何作用的话，我们必须也以类似的方式规定其他的事物。你能否告诉我还有其他合适的学科吗？”

“不好好思考，是想不出来的。”格劳孔说道。

“运动是具有很多形式的，不只是一种形式，”我说道，“即使具有我们这种智力程度的人也能轻而易举发现两种形式。我可以想象，可能还有其他形式存在，但那些是比我们更聪明的人才能发现的。”

“这两种指的是什么呢？”

“我已经提到一种与视觉相关的天文学，”我说道，“另一种则与这一种相反。”

“那到底是什么？”

[1] 代达罗斯（Daedalus），希腊神话中的艺术家、建筑师和雕刻家。——译者注

“第二种同耳朵的听力有关，”我说道，“就像第一种同眼睛的视觉有关一样。眼睛是被指派观看天上的星辰的，就像耳朵是专门用来听和谐的音乐的一样，它们是姊妹关系——毕达哥拉斯学派[1]的人就是这么看的。格劳孔，我们在这一点上和他们有相同的看法，是吧？”

“是的。”格劳孔回答道。

“但是这是一门很耗神的学问。”我说道，“我们最好能向毕达哥拉斯学派的人请教，让他们告诉我们这些知识有没有其他任何作用。同时，我们还必须记住我们的更高层次的目标。”

“什么目标？”

“所有的学问都能达到一种完美，这也是我们的学生所应该追求的。在这一点上，他们不应该像学天文学一样。你可能知道，因为在音乐教育中，和声这门学问也会出现这种情况。教和声的老师把和声与音节进行比较，而这些都是感官所能接收到的，所以，他的努力就像天文学家的努力一样，是白费力气。”

“是的，天神在上！就是这样的！”格劳孔说道，“他们在听所谓的密集音节时，就像听一部戏剧一样。他们把耳朵紧紧贴在琴弦上，就像在贴墙偷听邻居说话一样。有一些人声称他们发现了一个中间音，并找到了应该作为测量声音单位的最短的声音间隔。另一些人则认为两种声音是一样的。总之这两种人都认为听比理解更为重要。”

“你的意思是指那些爱折磨琴弦并把它们牢牢固定在弦柱上的先生们，是吧？”我说道，“我本可以继续我的比喻，讲讲他们用拨子殴打琴弦、对他们对琴弦所做的向前和向后的行为进行指控，但这样太枯燥无味了。所以我们所指的不是这些人，而是毕达哥拉斯学派的人。虽然我刚才还说过，我会向他们学习和声，但他们和天文学家一样也犯了同样的错误。他们对和声的数字进行研究，但

[1] 毕达哥拉斯（Pythagoras，约前 580—约前 500），古希腊数学家、哲学家。出生在爱琴海中的萨摩斯岛，曾到埃及、巴比伦和印度游历，后定居意大利南部传授数学及宣传他的哲学思想，并和他的信徒组成了一个名为“毕达哥拉斯学派”的政治和宗教团体。——译者注

这些数字同样是通过感官得来的。因此他们从来没有抓住过问题的本质所在，换句话说，他们从未达到数字间的天然和谐，也从未思考过为什么一些数字是和谐的，而另外的则不是和谐的。”

“这个，”格劳孔说道，“可不是一般人的知识所能达到的。”

“如果我们为达到美、善来追求这些知识，”我说道，“那么它们将是有用的，但如果以任何其他目的去追求的话，那么它们将毫无用处。”

“非常正确。”格劳孔说道。

“当所有这些知识能够产生相互的关联，能够相互交融，并且对它们之间的联系加以研究，这样，对它们的探讨才会对我们具有价值，否则，对我们会毫无益处。”

“我想是这样。但是苏格拉底，你所谈论的是一项艰巨的任务。”

“你是什么意思呢？”我说道，“你指的是序曲，对吗？你应该知道所有这些对于我们所要学的，只不过是个序曲。因为你肯定不会把一个高超的数学家当成一个辩论家的。”

“当然不会，”格劳孔说道，“我从来没有见过一个善于推理的数学家。”

“但是，你认为一个既不会推理也不会去接受别人的推理的人，能够具有我们希望他具有的知识吗？”

“都是不能的。”

“那么，格劳孔，”我说道，“这样一来，我们就最终可以来专心讨论辩证法了。虽然它本身是一种理智的东西，但视觉这种功能却能模仿它。你是否记得，我们认为视觉力图看清楚真正的动物、星辰，最后才是太阳本身？辩证法也是一样，一个人在探求绝对真理的时候，只依据理性而不用借助任何感官。而且，只有坚持不懈运用真正的智慧，他才能最终感知到绝对的善，发现自己最终到达理智的世界，就像视力最终能看清楚事物一样？”

“是的。”格劳孔说道。

“你把这个过程称作辩证法？”

“是的。”

“但是，洞穴里的囚徒们从锁链下解放出来，从阴影世界走到光明世界之中，从地底的洞穴走到阳光照耀的地方的时候，他们试图看清楚动物、植物和太阳的光芒，但是他们失败了。他们仅能够凭借他们微弱的视力去看清水中的神圣倒影和真实事物的影子（通过太阳光形成的影子），不再看火光投射到洞壁上的影子了，这种力量能把灵魂中的最高原则提升到对存在的最完美事物进行沉思的境界。与这种情形相对应的就是，把身体中的最光明部分转向到实体的、可见世界的最光明部分。这种能力就如我所说的那样，来自已经讨论过的各种学问和对技艺的研究。”

“我同意你所说的这些，”格劳孔回答道，“虽然你的话难以令人信服，但是它更难以让人否认，这个问题不应该被一带而过，而应该反复加以讨论。不论我们的结论是对还是错，让我们暂且这样做，马上从序曲前进到主曲上去吧，并用同样的方式来描述它。那么，辩证法的本质是什么呢？它有分支吗？我们可以按什么方式找到它呢？因为所有这些问题的探讨路途都将引导我们到达目的地。”

“亲爱的格劳孔，即使我竭尽全力，但你再也不能跟随我了。在我看来，你看到的已经不是一个形象，而是绝对的真理。我不敢肯定我所说的是否真是这样，但我相信，你已经看到了类似真理的东西。”

“毫无疑问。”格劳孔说道。

“但是我必须要提醒你，只有辩证法的力量才能揭示这些，而且也只有会学习我们前面提到过的那些学科的学生才有能力接受这些知识。”

“对于这个主张，你可能和对于刚才的那个主张一样自信。”

“肯定没有人会说，对于用任何一般的过程去理解一切真实的存在，或者去确定每个事物的本质是什么还有任何其他方式。总而言之，技艺是与人们的欲望和意见相关联的，或是根据生产与建设来发展的，或是为了保存这种生产和建设的。对于数学这门学科，我们认为，它虽然是能够理解到一些真实的存在，几何学以及类似的学科也是如此，但只是对存在的想象而已，只要数学还在运用假设并且对其不加检验，它就不会洞察到真正的实在。因为，当一个人不知道他自己的第一原则和他要获得结论的中间步骤，他怎么能知道这样产生的东西是否可以成为知识呢？”

“不可能的。”格劳孔说道。

“那么辩证法，也只有辩证法能够直接走向那个第一原则。而且它也是仅有的为了自己的论据确凿而不借助于假设的学科。完完全全淹没在扑朔迷离的事物的泥沼之中的灵魂之眼，也只有借助辩证法才能得到升华。在这个转变的过程中，辩证法把我们以前讨论过的学科当成了助手。根据习惯，我们把它们称为知识，但它们应该有其他名字。这些名字应该比意见更加清楚，但比知识则稍微模糊一些。但是我们既然必须考虑重要得多的现实，我们为什么要为了一些名称而争论不休呢？”

“确实如此，”格劳孔说道，“只要能把头脑中的思想表达出来，管他用什么名称呢？”

“不管怎样，只要有四种分类，我们就会和以前一样满足。我们把第一类称为知识，把第二类称为理解，把第三类称为信念，把第四类称为对影子的感知。知识和理解这两类是理智的，信念和感知这两类是意见的。意见和生成变化相关，理智则与实在相关。那么，这四者之间的比例关系是：

> 实在和生成变化的关系就像纯粹理智和意见的关系一样，理智与意见的关系就如同知识与信念、理解与对影子的感知的关系一样。

“但是，让我们暂时推迟对意见和理性的分类进行进一步的探讨吧。因为这种探讨将是一个漫长的过程，比以前花的时间还要多好多倍。”

“就我所能理解的部分而言，我表示同意。”格劳孔说道。

“那么，把辩证法高手描绘成一个能够了解任何事物本质的人，你也会同意吗？”我说道，“不具有这种理性能力的人当然也不能把它传授给别人了。他无能为力到什么程度，他缺乏理性就会到什么程度，你同意这种想法吗？”

“是的！”格劳孔说道，“我怎么可能会不同意呢？”

“那么，你对善的理念也这样认为吗？如果一个人能够根据理性去抽象概括和解释善的理念，他就能对一些反对意见进行反驳，时刻准备批判它们，而且在反驳过程中不是求助于意见，而是求助于绝对真理，他会在辩论中毫不动摇，决不退缩。只有当他做到这一切之后，你才能说他对善的理念或者任何善的东西有所了解。如果他的了解来自意见而不是来自知识，那么他理解的仅仅是一个影子而已，而且，他的整个一生都处于沉睡状态，在他在此完全醒来之前，他却已到了冥间，就这样结束了自己的一生。”

“我完全同意你所讲的这些。”

“对于你理想城邦中的那些孩子们，那些你从理论上抚养和教育的孩子，如果理想能够变成现实的话，你绝对不会让未来的统治者像根柱子似的，毫无理性，也不会让他们成为统治者，对最重要的事务进行裁决。”

“绝对不会的。”

“那么，你将制定一条法律，要求孩子们接受这方面的教育，使得他们能够在提问和回答问题方面达到最高的技能？”

“是的，”格劳孔说道，“我们就一起来制定这条法律吧！”

“正如你所说，辩证法是凌驾于各门学科之上的，没有哪门学科能够超越它。知识的本质决定了所有的学科都不能超乎辩证法之上。”

“我同意。”格劳孔说道。

“但是我们仍然要考虑一些问题：这些研究应该分配给什么人做？如何分配给合适的人去做？”

“是的，显然需要考虑。”

“你应该还记得，”我说道，“要如何选择我们的统治者吧？”

“当然记得。”格劳孔说道。

“我们仍然要选择具有相同本质的人，而且最好是选择最沉稳、最勇敢的人，如有可能的话，还要是最高尚的、心胸宽阔的人。而且他们必须具有接受这些教育的天赋。”

“什么天赋？”

“思维敏捷，接收能力强。因为与艰苦的体育锻炼相比，学习的劳苦是由心灵而不是身体承受的，所以，心灵面对艰苦的学习时更容易退缩。”

“非常正确。”格劳孔说道。

“而且，我们所要寻找的人应该具有良好的记忆力，应该是在任何艰苦的劳动面前都不会退缩的、顽强拼搏的人。否则，他将难以忍受超负荷的体育锻炼与我们要求他进行的理智训练和研究。”

“当然，”格劳孔说道，“他必须要有相应的天赋。”

“当前的错误在于，那些研究哲学的人根本配不上她，而这正是我前面提到的哲学名声变坏的原因。哲学的学习与研究应该由其亲生子继承，而不是由那些私生子去继承。”

“你是什么意思？”

“首先，致力于哲学的人必须要全力以赴。我的意思是，他不应该一会儿比较勤奋，一会儿又很懒惰。比如说，一个人喜欢体操、打猎和其他一切身体运动，但并不喜欢甚至是憎恶学习，厌恶聆听教诲，不喜欢探究学问。他全身心投入的职业可能是相反的一种类型，或者还有其他的不足之处。”

“确实是。”格劳孔说道。

“那么关于真理，”我说道，“拥有下面这种心灵的人也只会被认为是三心二意的真理探究者了。如果一个心灵非常憎恶故意的虚伪，而且对他自己或者对别人的说慌行为非常愤怒，但是却对非故意的虚伪并没有感觉到有任何可恶之处，就像一只在无知的泥沼中打滚的猪一样，即使被人指出错误也不会感到羞耻。”

“确实如此。”

“对于节制、勇气、豁达大度和其他一切美德，我们是否应该分清哪些是哲学学习与研究的亲生子，哪些是私生子呢？因为，如果不能做出这些区分的话，城邦和个人就会在无意之中犯错误。那些缺乏特定美德、蹩脚的人或‘私生子’，就会被城邦当成统治者，被个人当成朋友。”

“说得很对。”格劳孔说道。

“那么，我们需要非常仔细地考虑所有这些事情。只有我们引入到这个广大的教育与训练体系中的人都是身心健康的，我们才能够获得正义本身的赞同。这样，我们才能成为我们城邦制度的拯救者。但是，如果我们的学生是另外一种人的话，情况就会相反。我们就会使哲学蒙受比她现在忍受的还要更痛苦的耻辱。”

“那样的话，的确是一件不光彩的事。”

“当然不行，”我说道，“但我觉得自己这样急于求成，让自己显得有些可笑。”

“在什么方面呢？”

“我忘记了，”我说道，“我们没有用一种严谨的态度来讨论哲学，我们太过激动了。因为，当我们看到哲学被人践踏在脚下肆意污辱的时候，我们情不自禁会对给哲学带来这种耻辱的人感到义愤填膺。我的怒火使我显得过于激动了。”

“事实上我一直在听，却没有这样的感觉。”

“但我是讲话者，所以能感觉到。现在让我提醒你一下，虽然在我们以前的选择中，我们选择了老年人。但这一次我不能这样做。梭伦[1]曾经说过，当一个人年老时，他能学到很多东西，这话可不能相信。我们认为，就像老年人不能跑得很远一样，老年人也学不到很多东西，青年时期是能够忍受一切磨难的时期。”

“当然了。”

“因此，作为辩论预备学科的算术、几何学以及任何其他教学科目，都应该从儿童阶段开始抓起。但我们不能施行强制性的教育。”

“为什么不能？”

“因为一个自由的人不应当成为学习任何知识的奴隶。身体的锻炼即便是强制性的，也并不会给身体造成伤害。但是在强制情况下接受的知识并不会在心灵深处扎根。”

“非常正确。”

“那么，我的正直的朋友，”我说道，“不要使用强制手段，使早期教育成为一种快乐吧！这样，你才更能发现孩子的天赋所在。”

“这个想法很有道理。”格劳孔说道。

[1] 梭伦（Solon，前 638—前 559），古希腊时期雅典城邦著名的改革家、政治家、立法者、诗人，被誉为“古希腊七贤”之一。古希腊著名政治家、哲学家、演说家西塞罗（Cicero）曾多次引用梭伦论述的“活到老，学到老”的观点。——译者注

“你应该还记得我说过，我们也应该把孩子放在马背上去观战。如果没有什么危险的话，还应该像猎犬对待它的幼崽那样，让他们靠近战场去尝一下血腥的味道？”

“是的，我还记得。”

“在所有的这些劳动、学习、危险的事情中，都应该采用这种方式。我们要把那些在这些事情中最擅长的人选出来。”

“多大年龄进行选拔呢？”

“在必要的体育锻炼结束之后的年龄：在这一阶段的两三年时间里，他们干不了别的事情。因为睡眠和身体锻炼对于学习并没有多大的帮助，但是谁会在体育锻炼中获得第一名，则是我们年轻人必须要经历的重要的一个考验。”

“当然是。”格劳孔说道。

“过了这一时期，从20岁起，被选拔出来的年轻人将被给予更高的荣誉。对于他们在幼年时期接受的教育中所学到的零乱散漫的知识，现在需要统一起来，这样他们就能够看清楚各门学科之间的关系，看清楚各学科与事物本身之间的本质联系了。”

“是的，”格劳孔说道，“而且也只有这样的知识才是根基牢固的。”

“是的！”我说道，“掌握这种知识的能力才是区别一个人是否具有学习辩证法的天赋的标准。综合的思维才是辩证的。”

“我同意你的看法。”格劳孔说道。

“这些都是你必须要考虑的要点。”我说道，“那些综合理解能力最强，在学习、军事训练和其他必须完成的任务中最有恒心的人，他们在30岁的时候，应当被从筛选出的那些人中再一次筛选出来，并给予更高的荣誉。你要在辩证法的帮助下测试他们，看谁能放弃使用眼睛等感官，在真理的陪伴下获得绝对的永恒存在。在这方面，我的朋友，我们必须十分小心才是。”

“为什么要格外小心呢？”

“你是否注意到，辩证法同时会带来巨大的恶！”

“什么样的恶？”格劳孔说道。

“那些学习辩证法的人变得无法无天了。”

“确实是这样。”格劳孔说道。

“你是否会认为，他们的这种情况是很不正常或者是不可原谅的？你是否会接纳他们呢？”

“用什么方式接纳呢？”

“我想给你打个比方，”我说道，“假设有这样一个孩子，他在巨富之家长大。这个家庭人丁兴旺，地位显赫。他的身边围着一群溜须拍马的人。当他长大成人后，他得知他现在的父母并非他的亲生父母，但是他又无法得知谁是他的亲生父母。你能否想象一下，在他不知道他的养父母不是亲生父母之前和在他知道之后这两个时间段中，他会如何与他的养父母以及那一帮溜须拍马的人相处呢？如果你不愿设想，我可以替你设想一下。”

“就请你来设想吧！”

“当他对真相一无所知的时候，他对他的养父母以及与养父母有关的亲戚，可能会比对那些溜须拍马者更为尊重。当他的父母和亲戚有什么需要时，他不太可能会忽视他们，也不会违背他们的意愿去干什么事情，在任何重要的事情上，他都不会对他们不顺从。”

“他会这样。”

“当他知道真相之后，我想他将不再尊重他们，而且会与那些溜须拍马者打得火热。那些溜须拍马者对他的影响会大大增加。他会按他们的方式去生活，公开和他们瞎混在一起。除非他有极好的人品，否则他不再会去理会他所谓的父母或亲戚了。”

“很有可能。但是这个例子和学习哲学的人有什么关系呢？”

“你可以从这一方面来看：我们自幼年起就开始接受正义原则和荣誉原则的教育，我们是在它们的权威影响之下慢慢长大的，我们服从它们，尊崇它们。”

“确实如此。”

“与此同时，也有一些提倡寻欢作乐的格言和习惯在引诱着人的灵魂，但是它们不可能影响到我们中间那些有正义感的人，他们要继续服从和尊崇父辈的正义原则和荣誉原则。”

“是的。”

“当一个人处于这种情况下，当他的求知精神促使他去寻问什么是公平与荣誉时，他会用我们的立法者教给他的话去回答。但是，也有各种各样的论调和反对意见使他认为，光荣之事与可耻之事其实相差并不大，正义的、善的事物和邪恶之物一样，没有多大的区别。他所信奉的其他准则也是如此。那么，你认为他还会继续尊崇和服从这些正义原则和荣誉原则吗？”

“不可能了。”

“那么，当他不再像以前那样，认为它们是顺理成章值得尊敬的东西时，他又没有找到真正的真理，我们还能希望他去追求那些诱惑他的生活方式之外的某种方式吗？”

“他不可能去追求的。”

“那么，他就会从一个守法的人变成一个违法的人了？”

“毫无疑问是的。”

“所有这些，按照我们所描述的情形，对于学哲学的人来说是顺理成章的事。那么就像刚才我所说的一样，这些是完全可以原谅的，是吧？”

“是的，”格劳孔说道，“我要再说一句，这也很可怜。”

“因此，为了不使你由于情感因素，对我们的30岁以上的公民产生怜悯，我们必须十分小心地把辩证法引荐给他们。”

“当然。”

“如果他们过早地品尝到了辩证法所带来的快乐，就会出现危险。因为，不知道你观察到没有，当年轻人品尝到它时，就会把辩论当作一种享乐。他们会模仿反驳他的人去反驳他人，抵触他人。他们就像小狗喜欢撕扯任何靠近他们的人的衣物一样，用言语去撕咬靠近他们的人。”

“是的，”格劳孔说道，“他们很喜欢干这种事。”

“当他们取得了许多胜利，同时也遭受了许多失败之后，他们就会很快、很激烈地不再相信他们之前相信的任何事情。因此，不只是他们，就连哲学以及任何与哲学有关的事物都会被蒙上恶名。”

“太对了。”格劳孔说道。

“但是，当一个人上了年纪之后，他就不会再这样疯狂了。他将模仿为追求真理而进行辩论的人，而不是模仿专为逗乐而诡辩、制造矛盾的人。而且他们性格的节制会增加，而对于这种追求的尊重也不会减少。”

“非常正确。”

“我们早就专门提到过，学哲学的人应该做任何事情都要井井有条、坚定，而不要像现在这样朝三暮四、浅尝辄止。”

“非常正确。”

“设想一下，”我说道，“用哲学学习取代体育锻炼。而且要更加勤奋，更有热情，用两倍于体育锻炼的时间去专门学习哲学，你认为这样安排足够了吗？”

“你说的是要用6年或4年的时间，对吗？”

“用5年时间！”我说道，“5年之后，再把他们送回到洞穴中去，让他们担任适合于教导年轻人的军事职务或者其他职务。这样他们就能够获得许多生活经验，而且也能够有机会去试探他们，是否在受到各种诱惑之时还能拒绝诱惑，不致陷入圈套。”

“这一阶段的生活要持续多久呢？”

“15年，”我回答道，“当他们到了50岁的时候，那些仍然活着的人，那些在各种活动中和各门学科上都取得巨大成绩的人，将会达到他们人生的巅峰状态。到这个时候，他们能用灵魂之眼去凝视照亮一切的宇宙之光，并且能把握住至善的本质。这就是他们用以治理城邦、统治众人、度过他们余生的方式。他们应把哲学作为他们的毕生追求，但是在轮到他们为城邦尽责的时候，他们应当承担政务的劳苦，为了公众利益而管理城邦。这一切都不应被视为某种英雄式的行为，而应视为一种义务。当他们在晚辈的人中培养出了像他们一样的人，让这些人去执掌政务，去做城邦的统治者，这样，他们才能到极乐之岛去定居。我们的城邦会给他们塑造纪念碑，会用牛羊来祭奠他们。如果皮媞亚[1]允许的话，就把他们当

[1] 皮媞亚（Pythia），古希腊德尔斐神庙的阿波罗神女祭司。——译者注

成半个神明，如果她不允许的话，无论如何也应把他们尊为圣贤。”

“苏格拉底，你真是个雕塑家，你为我们的领导者完成了完美无缺的雕像。”

“是的，”我说道，“格劳孔，我们的女领导者也是如此。你可不要认为我所说的只限于男性而不包括有同样天赋的女性。”

“在这一点上你是对的，”格劳孔说道，“我们已经让她们和男性一样，分担了一切事情。”

“你要知道，我们讨论的关于城邦和城邦体系的问题并非只是一个梦，”我说道，“虽然实现它难度很大，但并非不可能。其可能就存在于我们已经设想过的方法。也就是说，当那些真正的哲学王在一个城邦里诞生之时，就有可能实现。哲学王们都蔑视现实世界里的声誉，因为他们认为那些都是卑劣下流和毫无价值的。他们把正义和由正义而产生的荣誉看成高于一切事物。他们认为正义是所有事物中最伟大和最必不可少的。他们甘愿作为正义的护卫者，在他们的城邦里建立起法律秩序，宣扬至高无上的正义原则。”

“他们将如何着手开展这项工作呢？”

“开始的时候，他们会把城邦里所有10岁以上的居民都遣送到乡下去，并且代替父母们去培养孩子，这样，孩子们就不会受到他们父母的习惯的影响了。他们将通过他们自己的习俗和法律，即我们为他们制定的法律，去培养那些孩子。这样一来，我们所指的至善的理想国及其制度就会最快捷、最简便地获得成功。这种制度的城邦将会使生活其中的人获得最大的幸福。”

“是的，这是最好的方式。苏格拉底，我认为，你已经十分详细地描绘了这样一个体系怎样才能成为现实。”

“我们已经充分地讨论了那个完美的城邦和建设这样一个城邦的人。我们在描绘他们的形象方面并不十分困难，是吧？”

“没有什么困难，”格劳孔说道，“我同意，正如你所想的那样，确实没有什么需要再讨论的了。”

卷八　政体的四种形式

对话者：苏格拉底

格劳孔

阿德曼托斯

“那么，格劳孔，我们已经在以下这几点上达成了共识：在安排得完美无缺的理想国里，妇女和儿童应该公有，一切教育公有，无论在战争时期还是和平时期，男女应该共同承担一切事务，最优秀的哲学家和最勇敢的战士应成为他们的君主。是吧？”

“这些方面，”格劳孔说道，“我们已经认可了！”

“是的，”我说道，“我们还进一步认可过：统治者在接到任命后，将会率领他们的士兵，进驻到我们曾经描述过的营房里，那些营房是公有的，没有任何私人或个人的物品。关于他们的财产，你还记得我们达成的共识吗？”

“是的，我记得。谁也不能拥有一般人所拥有的财产，但由于他们既要成为训练有素的战士，又要成为护卫者，他们需要从其他公民那里得到一整年的生活费用。他们既要照顾自己，并且还要照顾整个城邦。”

“对，”我说道，“我们对这部分内容的探讨就暂告一段落。我们再回过头去找到我们在哪里走到岔路上来的，这样我们好回到原路上去。”

“要想回到原路上去并不难。你当时提醒过，现在也提醒了。你已经完成了对理想城邦的描述。你说，只要这个城邦是善的，那么生活其中的人也是善的。当然，现在看来，你对这样的理想国和生活其中的人还需要进行更深入、更详细的描述。你还说，如果这个城邦的形式是正确的，那么其他城邦的形式就是错误的。我记得，对于错误的城邦形式，你说有四种主要的表现。这些错误的城邦形式的缺点以及与之相对应的个体的缺点，都是值得探讨的。我们考察过所有人后，最终同意了哪些人是最优秀的人，哪些人是最低劣的人。然后我们就要考虑一下，是否最优秀的人也是最幸福的人，而最低劣的人是否也是最不幸福的人。我正要问你，你所说的四种错误的城邦体制是什么样的呢？这个时候，波勒马霍斯和阿德曼托斯插话了。在这之后，你一直发表你的高论，于是就到了我们现在探讨的话题上。”

“你的回忆，”我说道，“非常准确，一点也没拉下。”

“那好，你必须像一个摔跤运动员一样，”格劳孔回答道，“让自己回到原来的位置上，重新来一个回合。我来问同样的问题，请你回答我，给我做出你那个时候会给出的回答。”

“好的，如果我能回答，”我说道，“我一定会回答的。”

“我特别想听你说一说，你所讲的四种城邦体制是什么样的。”

“这个问题容易回答。”我说道，“我所说的四种城邦体制都有明确的名称。第一种称之为克里特和斯巴达政体，这种城邦体制是受到广泛称赞的；第二种称之为寡头政体，这种城邦体制不像克里特和斯巴达政体那样受欢迎，而且充满了恶；第三种是民主政体，它在寡头政体之后自然出现，却是和寡头政体完全不一样的城邦体制；第四种是僭主政体，与前三种都有所不同，可以说是臭名昭著，是四种城邦体制中最混乱的一种。我不知道还有没有别的城邦体制存在着这样明确的特点，你知道吗？还有世袭的城邦体制和可以买卖的公国体制，以及界于上述四种城邦体制之间的其他形式。但这些都难以清楚地进行描述，而且这些城邦体制不仅在希腊人中有，在边远的野蛮人中也有。”

“是的，”格劳孔回答说道，“我们确实听说过许多稀奇古怪的城邦体制。”

“你知道吗？”我说道，“城邦体制就如同人们的性情各不相同一样，其形式也都会有所不同。有多少种性格，就有多少种人，就有多少种城邦体制。我们不能假定城邦是由‘橡树和岩石’[1]构成的，而不是由其中的人的品性构成的，就如同在称上，一个人引起其他事物都向他倾斜。”

“是的，”格劳孔说道，“城邦就像人一样，它们出自人的品性。”

“那么，如果城邦体制有五种，个人的心灵品质也有五种？”

“当然。”

“我们已经描述过的那种类似贵族政体的人，我们可以正当地认为他们是既正义又善的。”

“我们已描述过。”

“现在，我们来描述一下比他本性低劣的几种人吧。一种是争强好胜、野心勃勃的，类似斯巴达政体。还有类似寡头政体、民主政体和僭主政体的人。这样，我们把最正义的人和最不正义的人进行对比，我们考察他们时，就能够弄清楚：纯粹正义的人和纯粹不正义的人，到底谁幸福，谁不幸福。直到那时，我们的探讨就完整了。我们就会知道，是应该按照色拉叙马霍斯的建议，去走不正义的道路，还是根据我们讨论的结果去选择正义的道路。”

“当然，”格劳孔回答道，“我们必须按你说的做。”

“我们是否仍采用老办法，先讨论城邦形式的特点，再讨论与这种城邦形式相应的个人的品质，这样会更清楚。我们先从追求荣誉的城邦体制开始讨论，怎么样？我找不到其他名称来称呼这种城邦体制，就叫它荣誉政体或荣誉统治体制吧。我们将比较荣誉政体与具有同样性格特点的人；在这之后，再去考虑寡头政体和类似寡头政体的人；然后讨论民主政体和类似民主政体的人；最后来看僭主政体及类似僭主政体的人的灵魂。尽量给出一个令人满意的结论。”

“这种考察、判断事物的方式是非常合适的。”

“那么，首先，”我说道，“让我们探讨一下荣誉政体（即荣誉城邦体制）是如何从贵族政体（最好的城邦体制）中产生出来的。很清楚，一切城邦体制的变动都源于实际统治者的不和、分化引起的；一个团结一致的城邦，无论有多小，

[1] 出自荷马史诗《奥德赛》第 19 卷。佩涅洛普对化妆成乞丐的丈夫奥德修斯说：“我还是要你讲讲自己的身世，打何方来。你不会出自传说里的橡树或从岩石中诞生。”——译者注

其城邦体制都不会改变。”

“非常正确。”格劳孔说道。

“那么，我们城邦的统治怎么会发生动摇的呢？统治阶层和辅助阶层，会以何种方式在内部或两个阶层之间发生争端呢？我们是否像荷马一样，请求文艺女神‘缪斯’[1]来告诉我们‘不和是如何发生的’？我们是否应该设想到，她们可能会装作一本正经的样子，把我们当作小孩子来捉弄，故意以一种悲剧的崇高音调与我们讲话？”

“她们会怎么对我们说呢？”

“她们会这样说：这样好的城邦是很难被动摇的。但是由于有开始，就必然会有结束，甚至连你们那样的理想政体也不会永远持续下去，最终也会解体。这种解体方式就如动植物有生有灭一样。生长在地里的植物，生长在地面上的动物，都有其生命的周期，其灵魂与躯体的繁衍与灭绝都有有利时节和不利时节。其中，生命周期短暂的，其所活动的空间也狭小；生命周期长久的，其所活动的空间也宽广。你们通过教育为城邦培养的统治者，虽然非常智慧，但对于人类什么时候是最佳生育时节，什么时候是不利生育时节，并非任何时候都能精确把握。符合生育规律的法则，凭借感官的观察和理智的思考，并不一定就能抓住。所以，他们有时候会搞错时间，会在不适当的时候生儿育女。神圣的生育节律，有一个周期，这个周期由一个完美的数字控制。而人类的出生周期可以用一个数字[2]来理解，这个数字开始是成倍成立方的增长，包含相似或不相似的三个区间和四个项，此长彼消的数字使得所有的项都可以达到互相通约、一致。这些数的基数 3、4 与 5 结合（3×4×5=60），再自乘三次（60×60×60×60=12,960,000），就产生了两种和谐。一种是正方形，同样的数字相乘再扩大 100 倍（6×6×100 = 3600，3600×3600=12,960,000）；另一种是长方形，其中的一个边是边长为 5 的正方形的对角线的平方减 1 或减 2（7×7 － 1=48 或 $\sqrt{50}\times\sqrt{50}-2=48$）再扩大

[1] 缪斯（Muses），希腊神话中主司艺术与科学的九位古老文艺女神的总称。——译者注

[2] 这个数字产生于两个几何图形：一是长为 4、宽为 3、对角线为 5 的长方形；一是边长为 5、对角线为无理数 $\sqrt{50}$的正方形。该无理数可以用最接近的数字 7 表示。——译者注

100倍（48×100=4800），一个边是3的立方再扩大100倍（3×3×3×100=2700）（4800×2700=12,960,000）。这个数字代表了一个几何图形，控制着出生的优劣。而如果你们的统治者不懂得生育的最佳周期规律，在不适当的时候让新郎新娘结婚生育子女，这个时候出生的孩子，必然不会优秀或幸运。虽然他们的前辈只任命其中最优秀的，让其继位，但他们仍然不能继承父辈的职务，因为他们实际上算不上优秀。当他们继承父辈的权力成为护卫者时，人们很快就会发现，他们根本不能照顾好我们这些公民和智慧的神明们，因为他们首先轻视音乐教育给人带来的修养，继而会蔓延到轻视体育锻炼带给人的益处。由此，你们这个城邦的年轻一代所受的教育必然会不充分，年轻人的教养会越来越缺乏。在以后的子孙后代中，被任命的统治者必然会丧失护卫者所具有的分辨能力，就像赫西俄德所说的那样，分辨金质人、银质人、铜质人和铁质人的能力。于是铁质可以与银质混和，铜质可以与金质混和，于是产生了差异、不平等与不和谐，这些一直是所有地区产生仇恨与发动战争的原因。这就是智慧女神缪斯们要我们牢记在心的产生不和与争端的原因所在。这也将是她们对我们做出的回答。”

“是的。我们可以认为她们说得非常正确。”

“当然非常正确，”我说道，“智慧女神怎么会说假话呢？”

“智慧女神接下来又会说些什么呢？”

“这种不和一经出现，两个种族就会走向相反的道路。铁质、铜质族的人会致力于追求金钱利益，他们会兼并土地、房屋，聚敛金银。金质、银质族的人，本身不缺钱，在本性中又有其真正的财富，倾向于追求美德和传统秩序。这两个族类会相互争斗，最后双方会达成妥协，同意将他们的土地与房屋分配给个人所有。他们会奴役自己的亲友，使他们成为自己的附属和奴仆。可在此之前，他们的亲友曾是他们保护的自由人。他们自己热衷于战争，时刻警惕变成奴仆的亲友们的造反。”

“我认为，你已经正确构想了政体变更的起源。”

“由此产生的新城邦政体将介于贵族政体和寡头政体之间？”

“是的。”

“这就是变更，而变更完成之后，他们将怎么运作呢？很显然，这个新的城邦体制，既然介于最完美的贵族政体和寡头政体之间，那么它就会在一些事情上遵照贵族政体去做，在另一些事情上遵照寡头政体去做，同时这种新城邦体制也会有自己的一些特点。”

“是的。”格劳孔说道。

“在尊崇统治者的荣耀方面，这个新城邦政体会采取贵族政体的类似做法。他们不让战士阶层从事农业、手工业和一般的经商活动，统治者享受公共饮食制度，注重体育、军事训练。”

“是的。”

“但是，在害怕智慧的哲学家掌权这一方面，因为他们已经不再是单纯而热情的人，而是性格混合的人，所以他们会宁愿抛弃哲学家，反而去任用性格热情而单纯的，且天生适合战争而不是和平的人来统治城邦。这个新体制的城邦，崇尚战略战术，长年热衷于进行战争，这个好战特点是非常明显的。”

“是的。”

“然而，”我说道，“这种统治者，与寡头式的人物一样，非常贪财。他们私底下强烈渴求获得金银，然后把它们藏在黑暗的金库里，并登记造册，详细记录它们的存放情况。他们的城堡也是存放金银的地方。在城堡中，他们把大笔的钱财花在妻子和宠信的人身上。”

“对极了。”格劳孔说道。

“他们很吝啬，因为他们无法公开地索取他们所喜爱的金钱。他们喜欢花别人的钱来满足自己的欲望，暗中偷享欢乐，然后又像孩子逃离父亲一样，躲避法律的制裁。他们没有受到温文尔雅的教育，受到的是武力教育，因为他们已经忽视了理性与哲学这个伴侣，对文艺女神缪斯视而不见。他们过分注重体育训练，相对忽视了音乐教育。”

“毫无疑问，”格劳孔说道，“你所描述的这种政体是善恶混杂的。”

“就是一个善恶混杂的政体，”我说道，“但是有一件事，也只有一件事，是特别显眼的：好战和野心勃勃。这两个特点是由于激情或情绪因素过多的缘故。”

“确实如此。”格劳孔说道。

“这就是这个城邦的起源与特点。我们只是讨论了一个大概轮廓；更详细、更精确的探讨并没有必要，因为一个大概轮廓已足以显示，什么样的人是完全正义的，什么样的人是完全不正义的。去讨论所有城邦体制和所有人的性格特点，一个也不遗漏，将是一项没完没了的工作。”

“说得太对了。”格劳孔回答说道。

“那么，与这种形式的政体相类似的人是什么样的呢？他们是怎么产生出来的？”

“我认为，”阿德曼托斯说道，“从爱争论这一性格看，他就像我们的朋友格劳孔。”

“也许，”我说道，“他只是在好争论这一点上像格劳孔，而在其他方面却并不一样。”

“什么方面？”

“他应该有更多的自信，没有接受过什么教育，却又对文化有喜爱之情。他应该是一个好的听众，但不擅长发表自己的言论。这样的人与有教养的人不一样，可能会对奴隶很粗暴，而有教养的人只是对奴隶表现得有些高傲而已。这样的人对待自由人也会很有礼貌，对统治者十分顺从。这样的人热爱权力和荣誉，声称要成为一名统治者，并非由于他能言善辩，而是由于他是一名军人，有显赫的战功。他同样也喜欢体育锻炼和打猎。”

“是的，这种性格是与荣誉政体一致的。”

“这种人只是在年轻时会轻视金钱。随着年龄的增长，他会越来越被金钱所吸引，因为他有某种贪婪的本性。而且由于失去了最好的护卫，他便不再一心一意对待美德了。”

“那个最好的护卫是指谁呢？”阿德曼托斯说道。

“哲学，”我说道，“用音乐加以培养，存在于一个人的心灵中，是人的一生中美德的唯一的护卫。”

“说得好。”阿德曼托斯说道。

“这就是荣誉政体下年轻人的性格，他与荣誉政体的特点类似。”

“正是如此。”

“爱荣誉的人的性格大致是这样产生的：这个年轻人的父亲通常是一个勇敢的人。这位父亲居住在一个管理不善、政局混乱的城邦中，在那里，他舍弃了荣誉与职位，不愿意与法律打交道，不愿意在任何方面表现自己。他宁愿放弃一些权利从而避免招惹麻烦。”

“这个年轻人怎么会变得爱荣誉的呢？”

“他常常听到母亲的抱怨。母亲抱怨自己的丈夫在城邦里没有一官半职，使得自己在女性中没有优越的地位。他的性格就在这种情况下开始形成。另外，母亲看到自己的丈夫不热衷金钱，不爱在法庭里或聚会中与人争输赢，对一切发生的事都淡然处之。她察觉到，丈夫总是不表露自己的想法，而且对她也比较冷淡。面对这一切，她很恼怒，并且对儿子说，你父亲真不像个有担当的男人，真是太懒散了。与此同时，妇女们喜欢絮絮叨叨心中的种种不满，以及自己所受到的虐待。”

“是的，”阿德曼托斯说道，“她们埋怨得真够多的，她们的埋怨把她们自己变成了怨妇。”

“而且你也知道，”我说道，“本应该是尽心尽力关照全家的老仆人，也时不时在私底下对这个年轻人说同样的话。如果他们看见有人欠他父亲的钱，或是冤枉了他，而父亲根本没有去状告这个人，老仆人就会告诉这个儿子，叫他长大以后一定要记得向这种人进行报复，要比父亲表现得更像男子汉。这个年轻人只要一出家门，就会听到和看见同样的事情：那些住在城邦中的本本分分的人，被人叫作傻子，没有一点儿尊严。而爱管闲事、惹是生非的人却受到尊重和欢迎。结果，这位年轻人对这些事耳濡目染。一方面，他听了父亲的那些话，对父亲的生活方式有了近距离的了解，另一方面，他又把父亲的生活方式与他人的进行了比较，于是，他就慢慢走到相反的道路上去了。他的父亲在浇灌养育他的灵魂，使其遵从理性原则。而其他人则在激发和增强他的激情和欲望。他并不是本性邪恶，而是交上了损友。最后，由于这两种力量的共同影响，使他选择了折衷的人生道路。他放弃了自己心目中的理性王国，也不是特别好斗和过于激情四射，而是变得自负傲慢、野心勃勃。”

“在我看来，你把这种爱荣誉的人是怎么形成的描述得非常准确。”

“那么，现在，”我说道，“我们应该讨论第二种政体和第二种性格类型了？”

“我们开始吧。”

“下面让我们来看看另外一种人，正如埃斯库罗斯所说的那样：‘与另一种政体相对应’。要不然，按照我们的计划，先从城邦体制开始吧。”

“当然可以。”

“我认为，根据顺序，下一个就应该是寡头政体了。”

“你所谓的寡头政体是什么样的呢？”

“寡头政体是一个以财产为评价标准的政体。这种政体由富人掌权，穷人的权力则被剥夺了。”

“我理解了。”

“我是不是有必要先讲一讲荣誉政体是如何变成寡头政体的？”

“是有必要。”

“这个嘛，”我说道，“要看一种政体是如何转变成另一种政体的，根本不需要用眼睛去看。”

“那怎么去看呢？”

“当个人的库房堆满了金子，就会导致荣誉政体的毁灭。这些人想方设法挥霍财物，为了达到这一目的而逾越了法律，因为他们及其妻子根本不把法律放在眼里。”

“是的，的确如此。”

“于是，一个人看到另一个人变得很富有了，就会想超过他，众多的公民就这样变成了爱钱的人。”

“非常有可能。”

“因此，他们就变得越来越富有。他们对如何赚钱考虑得越多，就对美德顾及得越少。因为同时把财富与美德放在天平上时，天平的一端上翘，另一端则必然下沉。”

“是的。”

“随着财富与富人在城邦里日益受到尊重，美德与有美德的人则越来越受到轻视。”

“显而易见是的。”

“受到尊重的就会被培养，不受尊重的就会被忽视。”

“这很明显。”

“因此，到最后，人们不再争强好斗和喜爱荣誉，而变成了热衷于做生意赚钱的人。他们尊重富人，奉承富人，使富人成为统治者，并且会蔑视穷人。”

“他们就是这么做的。”

“然后，他们就会制定出一部法律，在法律中规定拥有多少钱才能有公民资格。钱的数量随着寡头政体的排他性的程度会不一样，在一个地方可能比较多，在另一个地方可能比较少。他们不允许财产数目低于规定的人在城邦体制中任职。对于施行的这些制度，如果用恐吓的方式不能推进，他们就会动用武力。”

“确实如此。”

“通常来说，这就是寡头政体的建立方式。”

“是的，”阿德曼托斯说道，“但这种形式的政体有什么特点呢？我们提到过的缺点又是什么？”

“首先，”我说道，“你可以考虑一下取得那种领导资格的本质。试想一下选拔船长的情形，如果人们是根据财产的多少而选定谁做船长的，而穷人虽然更有本事做船长却不能做，那么，会发生什么状况呢？”

“你的意思是他们会把船弄沉？”

“是的。任何其他方面的治理不都是这样的吗？”

“我想是这样的。”

“是包括城邦的治理呢，还是不包括呢？”

“包括。因为城邦是所有事情中最强大的，因此统治城邦也是最重要、最困难的。”

“这就是寡头政体的第一个大缺点，是吧？”

“是的。”

“这里还有一个同样糟糕的缺点。”

“什么缺点？”

“不可避免的分裂。这样的城邦实际上不是一个，而是两个：一个是穷人的城邦，另一个是富人的城邦，他们生活在同一块土地上，却经常要阴谋诡计来相互对付。”

“这当然是同样糟糕的。”

“另一个很不光彩的特点就是，由于相似的原因，他们不能再进行任何战争。一方面，他们要武装民众，另一方面，他们又惧怕有武装的民众胜过惧怕敌人。但是，他们要是在打仗时不把民众召集起来，他们可就真成了寡头了，因为他们中的执政者毕竟是少数人，能去打仗的人也很少。同时，他们喜爱金钱，不愿意花钱雇人。”

“真是太不光彩了！”

“如我们之前所说的，在这种政体下，同一个人有多重身份：他们既是农夫、商人，又是军人，所有这些集于一身。这样看起来好吗？”

“一点也不好。”

“寡头政体还有一个缺点，也许是最糟糕的缺点，也是这种城邦体制最容易产生的。”

“什么缺点？”

“一个人可能卖掉自己的所有东西，另一个人可能将其买去。买卖成交之后，他还是住在这个城邦里，但他早已不再是这里的一员了，既不是商人、工匠，也不是骑手、步兵，而只是一个贫穷的、无助的小人物。”

“是的，这种问题也是在寡头政体下第一次出现。”

“这种问题当然不能禁止。因为在寡头政体下，一方面是极端富有，一方面是极端贫穷。”

“是的。”

“但你可以再想一想：在他富有的日子里，他大把大把地花自己的钱，这个时候，作为城邦公民，他对这个城邦有没有什么益处呢？或者说，他是否只是看起来像统治阶层的一员，但事实上他既不是统治者，也不是被统治的人，而只是个挥霍的人而已。”

“正如你所说的，他看起来像个统治者，实际上却只是个挥霍的人。”

“我们是不是可以这样说，就像蜂巢里的雄蜂是蜂群里的祸害一样，这种人也是城邦里的雄蜂，是城邦的祸害？”

“正是这样，苏格拉底。”

“阿德曼托斯，神所创造的所有会飞的雄蜂都是没有螫刺的。然而，这些可以走路的雄蜂们，其中一些是没有螫刺的，而有一些不但有螫刺，而且是有巨毒的螫刺。无螫刺的雄蜂到头来都成了乞讨者，有螫刺的便成了所谓的为非作歹的人。”

“非常正确。”阿德曼托斯说道。

“那么，显然，当你在一个城邦里看到哪里有乞讨者，那附近准会隐藏着小偷、扒窃者、抢夺神殿财物者以及其他各种坏人。”

“很明显是这样的。”

“那么，”我说道，“在寡头政体的城邦里，你不会遇不到乞讨者？”

“是的，除了少数统治者之外，其他人几乎都是乞讨者。”

“我们敢不敢断言，在他们中有许多罪犯，他们是带着毒螫刺的为非作歹者，统治者需要格外谨慎地通过武力去对他们加以控制？”

“当然，我们当然敢这样说。”

“这种人的存在，是由于教育不足、训练不到位和城邦制度不良造成的吗？”

“是的。”

“那么，这就是寡头政体的形式，也是寡头政体可能产生的祸害；还可能有其他许多的祸害。”

“极有可能。”

“这么说，关于寡头政体形式是通过财富多少来挑选统治者的话题，现在可以暂告一段落了。我们接下来考虑一下与这种政体类似的个人的本性及其怎么产生的吧。”

“完全可以。”

“荣誉政体的那个人就这样变成了寡头政体的人，是吧？”

“怎样变成的呢？”

“我们假设，爱好荣誉的统治者有个儿子。开始时，这个儿子会模仿他的父亲，沿着父亲爱荣誉的足迹走下去。但是后来，他突然发现，父亲就像朝着暗礁撞去一样，和城邦相撞，丢掉了自己的性命和所有的一切。于是，这个儿子对从父亲那里所学到的一切都深感迷惑。他的父亲可能作为一位将军或其他高级职位的官员因告密者揭发而受到审判，或被判死刑，或被流放，或被剥夺公民权，所有的财产都被没收了。”

“非常有可能。”

“这个儿子耳闻目睹了发生在父亲身上的一切。他也受到了摧毁。他的畏惧感让他变得胆怯起来，他灵魂深处滋生的荣誉心和好胜心受到了打击。他由于贫穷而变得谦卑，于是转向努力赚钱，通过省吃俭用和努力劳动，终于积攒了一笔财产。这样的人怎么可能不把贪欲和爱财因素用于填补灵魂的空缺，把其当作心中的君主，给其配以黄金桂冠、绸带宝刀呢？”

“非常正确。”阿德曼托斯回答道。

“当他把自己的理性和激情顺从地安坐于王位两侧，并教导它们要安守本分时，他会迫使其中之一的理性只去想如何将一小笔钱变成一大笔钱，而且不会允许另一个即激情去崇拜和羡慕财富和富人之外的任何东西。换言之，他唯一热衷的就是获得财富以及如何获得财富。”

“在所有的变化中，”阿德曼托斯说道，“没有什么变化比他从一个野心勃勃的爱好荣誉的年轻人变成一个贪婪的人更快速、更确切的了。”

“贪婪的年轻人，”我说道，“不就是寡头政体下的年轻人吗？”

“是的，”阿德曼托斯说道，“无论如何，这样产生的年轻人就像这样产生的寡头政体城邦一样。”

“那么，我们接下来就看一看，寡头政体和类似于寡头的年轻人两者之间是否有相似之处。”

“很好。”

“那么，第一点，二者在重视财富方面彼此相似，是吧？”

“当然。”

“二者的第二个相似点表现在节俭和勤劳方面。这种人只求满足必要的基本需要，从来不会过度消费。他的其他欲望会被他扼制住，因为他认为那些欲望是无利可图的。”

“是的。”

“他是个卑鄙的家伙，什么东西都想省出一些，给自己留下。这种人往往会为世俗之人所称道。他是否就是他所代表的城邦的真实形象呢？”

“在我看来就是这样。不管怎样，他和类似的城邦都是金钱至上。”

“你认为，他不是一个有教养的人？”我说道。

“我想不是的，”阿德曼托斯说道，“如果受过良好的教育，他就不会让一个瞎眼神[1]成为合唱的指挥，给予他极大的荣耀。”

“太对了！”我说道，“但我们可以再想一想：我们能否进一步承认，由于缺乏教养，他就会和乞讨者、为非作歹者一样，有着雄蜂似的欲望，只不过这种欲望被他的平常生活习惯强行压制下去了而已？”

“是的。”

“那么，你从哪里可以看出这种人的恶劣表现呢？”

“要去哪里找呢？”

“你应该去他有机会为非作歹的场合看，比如照顾孤儿时。”

“是的。”

“很显然，他在日常各种交易中有诚实的名声，因为他用内心还存有的美德强行压制住了他心中的恶念。他既没有用委婉的劝导方法，也没有用理性说服的方法，而是使用强迫恐吓方法来束缚住心中的恶念，因为他害怕失去自己的财产。”

[1] 即普路托斯（Plutus），希腊神话中的财神，双目失明。——译者注

“是的。”

“就是这样的，我亲爱的朋友。你会发现，当他花费不属于自己的钱财时，雄蜂一般的天生欲望便在他的体内漫延开来。”

“是的，他的这种欲望非常强烈。”

“这种人可能会陷入与自己的斗争之中，他不是一个人，而是两个人。但是一般来说，他的较好的欲望会战胜较差的欲望。”

“是的。”

“由于这些原因，这种人比多数人更受尊重。但是，一个和谐一致灵魂的真正的美德，早已远离了他。”

“我想是这样的。”

“可以肯定，在一个城邦里，在争取胜利的荣誉或其他荣耀方面，这种人的节俭吝啬本性会使他变成低劣的竞争者。在为了荣誉竞争时，他舍不得花钱；他非常害怕因为在竞争中花钱而引发他的花钱欲望一发不可收。就像寡头政体一样，这种人只把自己的一小部分钱用于竞争荣誉，结果，他失去了荣誉勋章，却把钱省了下来。”

“非常正确。”

“那么，我们是否还会怀疑，一味想赚钱的吝啬鬼与寡头政体有着类似的地方呢？”

“无可怀疑。”

“下一步该讲民主政体了。我们仍需考察它的起源与本质，然后探讨民主式的人的生活方式，再对他做出判断。”

“那是我们探讨的方式。”阿德曼托斯说道。

“那么，”我说道，“寡头政体是如何转变成民主政体的呢？是不是这样形成的：一个城邦的最高追求是尽可能变得富有，而这种追求却无止无休，贪得无厌？”

“然后会发生什么呢？”

“统治者非常清楚，他们的权力是建立在自己的财富基础上的。因此，他们不愿用法律去干涉扼制那些年轻的挥霍者的挥霍无度。因为他们能从中获利，他们通过向这些人放高利贷或者买下这些人的财产来增加自己的财富、变得更加重要？”

“是的。”

“毫无疑问，爱好财富和节制精神不可能同时存在于同一个城邦的公民中，二者之中有一个会受到轻视。”

“这已很清楚了。”

“在寡头政体的城邦里，由于普遍忽视自制，提倡挥霍，一些出身好的人也经常会沦落到行乞的地步。”

“是的，经常会这样。”

“但他们仍留在城邦中，他们随时会用雄蜂一样的毒螯刺伤人，他们全副武装起来。因为他们一些人负债累累，一些人失去了公民身份，还有一些人处于上述两种困境之中。他们憎恨那些夺取他们财产的人，想阴谋造反。他们还反对其他所有人，他们渴望革命。”

“是这样的。”

“另一方面，一心为利的商人们低头走路，假装没有看见自己已经毁掉的那些人。他们把他们的螯刺（即他们的钱）刺进那些没存戒心的人的身体，然后不仅收回本钱，还收回许多倍的利息。就这样，他们使无数的雄蜂和行乞者遍布于整个城邦。”

“是的，”阿德曼托斯说道，“有许许多多这样的人，这是肯定的。”

“邪恶像烈火一样燃烧起来。但他们根本不会通过限制一个人对自己财产的使用或通过其他的法令将其扑灭。”

“其他什么法令？”

“算不上最好但算得上第二好的法令，迫使这个城邦中的公民去注意自己的品格。假设我们制定一条一般规定，所有人自愿订立条约，应自负风险。这样，那些不道德的赚钱方法以及我们说到过的邪恶，就会在这个城邦里大大减少。”

“是的，会大大减少。”

“当前，统治者由于受到我所说过的唯利是图动机的引诱，恶劣地对待自己的公民，而统治者自己以及他们的拥护者，特别是统治阶层的年轻人，不管是在身体还是心灵上，都习惯于过着挥霍、懒惰的生活。他们无所事事，不能抵抗享乐带来的冲击或痛苦带来的打击。”

“完全正确。”

“他们自己只关心赚钱的事情，对美德培养一类事的关注与行乞者没什么区别。”

“是的，确实没什么区别。”

“这就是统治者和被统治者平时的状况。统治者和被统治者经常会碰面，要么在旅途中，要么在其他一些集会场合，要么在宗教祭祀或游行时，或者作为战友或同船的伙伴等。在危急时刻，他们会相互观察。因为在有危险的时候，穷人一点也不必害怕会被富人瞧不起。很有可能，穷人虽然被太阳晒得黝黑，却很强壮。在战争中，他们站在皮肤保养得很好却是满身肥肉的富人旁边，他们看到富人气喘吁吁、无计可施的样子，这时他们可能就会想，富人之所以能够富有，是因为没有胆大的穷人去抢夺他们的财富而已。当这些穷人聚在一起时，私下里指不定会说：‘这群富人实在是一帮废物，没什么大不了的’。”

“没错，”阿德曼托斯说道，“我知道这种人说话的方式。”

“如果一个人的身体是病弱的，外界一有风吹草动就可能引起他生病。有时候，即使没有外界的刺激，身体内部也会发生病变。城邦也是同样的道理，一个城邦在什么地方有弱点，那里可能就会发生病变。其原因可能会微不足道，一方从外面招来了他们的寡头式盟友，另一方却招来了他们的民主式盟友。于是城邦就会开始生病，城邦就会发生内战。虽然有时没有外力的干涉，也可能会陷入分裂状态。”

“是的，没错。”

“那么，如果穷人打败了富人，民主政体形式就会形成。他们杀掉一些富人，再驱逐一些，其余的人则享有同等的自由和权力。在这种形式的体制中，官员是通过抽签选出来的。”

“是的，”阿德曼托斯说道，“这就是民主政体的本质。无论是通过革命手段以武力夺取政权的，还是用恐吓手段使对方害怕而被迫退出。”

“那么现在，他们过的是什么样的生活呢？他们拥有的城邦体制形式又是什么样的呢？显而易见，政体形式会与人一样。”

“能说得更清楚一些吗？”阿德曼托斯说道。

“首先，他们是自由的，不是吗？城邦里充满了行动自由和言论自由，不是吗？一个人可以想说什么就说什么、想做什么就做什么？”

“据说是这样的。”阿德曼托斯说道。

“凡是有自由的地方，个人显然就可以按照自己的喜好安排自己的生活，是这样吧？”

“是的。”

“那么，在这种城邦里，就会有大量千差万别、多种多样的人？”

“会的。”

“这样看来，民主政体似乎是最公正的城邦体制，它就像是一件绣着各种花色的袍子。如同妇女和孩子认为五彩缤纷的事物是所有事物中最迷人的，许多民众也可能由于这个原因而认为，这个有各种生活方式与性格特点的人的城邦看起来就是最公正的城邦体制。”

“是的。”

“是的，我高贵的先生，在这里建设一个城邦是再好不过的了。”

“为什么？”

“因为这里有极为广泛的自由，有各种各样的城邦体制。任何人想要建立城邦，正像我们正在做的那样，必须去民主的城邦，就如同去一个出售城邦体制的市场一样，在那里挑选出一种适合他的城邦体制。然后，他就可以建立自己的城邦了。”

“但要确保有足够多的城邦体制供其选购才行。”

“即使你有统治的能力，”我说道，“如果你不高兴去统治，你也没有必要去统治，或者被统治。如果你不愿意，你也没有必要在别人打仗时一定要跟着去打仗，或者在别人和平相处时，你也非得要与人和平相处。尽管有法律禁止你担任什么样的公职或是做法官，如果你非要去担任，你没有必要不去争取。这种生活方式，在眼下是不是令人十分高兴的呢？”

“眼下是这样的。”

“他们对某些判刑的罪犯十分仁慈，是不是觉得很吸引人？你有没有注意到，在民主政体下，有多少被判死刑或被流放的罪犯，仍然待在原来的地方，依然在社会上窜来窜去。这样的罪犯像英雄一样招摇过市，却没有人看到或在意？”

“是的，”阿德曼托斯说道，“这样的人大有人在。”

“我们也来看一看民主政体的宽容精神吧。”我说道，“它不拘小节，对我们在建立理想城邦时庄严定下的好的原则持蔑视态度。比如，我们曾经说过，除了一些有罕见天赋的人之外，其他人是需要从孩童时期起就习惯于在娱乐和学习中接受美的事物的熏陶，从而成为具有美德之人。但民主政体却会把我们的这些好的想法踩在脚下，从不理睬造就政治家的学问，只要谁声称是公民的朋友，谁就受到尊敬。”

“是的，她有高贵的精神。”

“这些以及类似的特点就是民主政体独具的特点。民主政体的形式非常迷人，充满了多元、没有专制，平等地对待地位相同和地位不同的人。”

“我们很清楚这一点。”

“现在让我们考虑一下，”我说道，“与民主政体相对应的人具有什么样的特点吧，我们也可以像讨论民主式的城邦是怎么产生的那样去探讨民主式的人是怎么产生的。”

“完全可以。”阿德曼托斯说道。

“是否可以这样来考虑，他是一个吝啬的寡头式的父亲的儿子，这个父亲依照自己的习惯对他进行了训练？”

“完全可以。”

“他像自己的父亲一样，极力控制住那些属于花钱而不是赚钱的快乐，认为那些是没有必要的。”

“显然如此。”

“为了讲得更清楚一些，你想不想听我区分一下必要的和不必要的快乐？”

“很想听。”

“所谓必要的快乐，难道不就是那些我们无法消除的快乐，它们获得满足对我们也有益处？之所以称之为必要的快乐，是因为它们是由我们的本性决定的，我们的本性决定了我们要满足有益的欲望与必要的欲望，我们无法制止它不这样做。”

“没错。”

“因此，我们称它们是必要的，没错吧？”

“没错。”

“有些欲望，只要从小开始训练是可以消除的，还有些欲望不仅没有好处，有时还会有害处。我们是不是应该称这些欲望为不必要的快乐？”

“是的，当然应该。”

“我们是否可以假设我们能在两种快乐中各选一个例子，以便对它们有一个一般的概念？”

“可以。”

“为了保持身体健康和强壮，我们需要吃东西，我们需要简单的食物和调味品，这是必要的快乐吗？”

“我想是的。”

“吃东西的快乐在两个方面体现了它的必要性：一是对我们的身体有益处；二是延续生命的基本需要？”

“是的。”

“但是调味品之所以是必要的，只因为它对健康有益？”

“当然。”

“但是，超过这种需要，去追求更加精美的食物，或者去追求其他的挥霍，而这些如果在年轻的时候经过控制、训练，通常是可以消除的。这些追求对身体是有害的，对灵魂追求智慧与美德也是无益的，我们可以将其称为不必要的欲望吗？”

“可以。”

“难道我们不可以说，一些欲望是消耗的，其他的则是获利的，因为它们有益于产出？”

“当然可以。”

“男女之情的快乐和其他一切的乐趣都可以这样看？”

“是的。”

“我们谈到的像雄蜂的人就是在这种不必要的需求中纵欲的人，他们是不必要欲望的奴隶，而那些只满足必要欲望的人则是吝啬的、寡头式的人？”

“的确如此。”

“让我们再来看一看民主式的人是怎么从寡头式的人转化而来的吧。我推测，以下这个过程就是通常的转化过程。”

“怎样的转化过程？”

“当一个年轻人以我们所描述的方式，即以粗俗、吝啬的方式被抚养长大时，他尝过雄蜂的蜜汁之后，又能和给他提供各种高雅的方式及不同快乐的暴烈、狡猾的人来往。这个时候，你可以想象一下，他在心中就会不知不觉地把寡头式的为人处世原则转变为民主式的为人处世原则，是吧？”

“不可避免会这样。”

“在城邦里，同类相助，不同的派别获得不同盟友的帮助，由此就会导致城邦的变化。我们的年轻人也一样，由于受到外部相似或相近的欲望的刺激，内心欲望也会发生改变？”

“当然是。”

“如果还有一个盟友同时援助他内心的寡头式原则，这个联盟力量，无论是来自他父亲还是来自亲友的劝诫与责难，在他的灵魂中一定会同时出现支持的力量和反对的力量，于是他的自我冲突就开始了。”

“肯定会这样的。”

“有时，民主式的原则让位给寡头式的原则，他的一些欲望会被消灭，一些会被驱散。恭敬之心便会进入到年轻人的灵魂中，于是内在秩序又会得到恢复。”

“是的，”阿德曼托斯说道，“有时会这样发生。”

“就这样，旧的欲望被消除之后，新的欲望又滋生出来。它们和旧欲望是类似的，但由于他不知道如何去驯化新的欲望，它们会滋生得很快，会变得越来越凶猛。”

“是的，”阿德曼托斯说道，“很可能是这样。”

“这些欲望把他引向老朋友（旧的欲望）那里，与它们秘密交往，它们又开始在他的心中滋生、生长。”

“是的。”

“最后，它们占据了年轻人的灵魂堡垒，发现里面一无所有，没有事业成就，没有美好的追求，没有真才实学。而神明喜欢的心灵却是充满了理想、学问和事业的，这些是心灵的最佳守护者和保护者。”

“没有比它们更好的守护者了。”

“于是，谎言、自负的想法和言语都乘虚而入进驻到人的灵魂中来了。”

“它们肯定会这样做的。”

“于是，年轻人的心又回到了贪图安逸享乐的王国，在众目睽睽之下走上了老路。即使有朋友想帮助他把他心中的寡头式思想（勤俭节约）拾取回来，上述的虚荣、自负也会紧闭享受王国的城门，它们不许这样的援军进入。他们也不让年轻人听取良师益友的忠告。它们会在他的内心冲突中取得胜利。它们会把年轻人的行为适度称为愚蠢至极，会把它驱逐流放。它们会给节制起外号，说它是胆怯的懦夫，没有男子气概，把它踩在泥里，并把它扔掉。它们劝说人们，节制而井然有序的开支是市井小人的庸俗小气的表现。因此，通过一群乌合之众的恶劣欲望的协助，它们将这些美德赶出了年轻人的灵魂王国。”

“是的，还花了不少精力。”

“它们把他灵魂中的美德清理得干干净净，为安放其他东西腾出了空间。它们通过神秘仪式打开了他的灵魂之门。它们下一步要做的就是把头戴花冠、盛装列队的傲慢、混乱、挥霍和粗鲁引入灵魂，然后给它们冠以荣耀的名字。把傲慢称为‘高贵’，把混乱称为‘自由’，把挥霍称为‘慷慨’，把粗鲁称为‘勇敢’。于是，一个在必要欲望中被培养的年轻人从原始的天性中游离出来，沉浸到无用的不必要快乐的自由与玩乐中。”

“是的，”阿德曼托斯说道，“他的变化是很明显的。”

“在他以后的人生中，他不仅会把他的时间和精力花在必要的快乐上，而且会花在不必要的快乐上。但是，如果他非常幸运，头脑也还清醒明智，那么若干年后，激情的岁月会成为过去。假定他会重新将曾经遭驱逐的美德请入灵魂王国，并且不会完全将自己交给那些驱走美德的欲望，那么他就会适当约束各种快乐，生活在一种平衡的状态中，将自己的管理权交给欲望来掌控，让各种欲望轮流得到满足。一种欲望获得满足后，就交到另一种欲望的手上，再使这种欲望得到满足。他不会轻视任何一种欲望，会给它们同等的获得满足的机会。”

“完全如此。”阿德曼托斯说道。

“他不会接纳任何真言，也不会让其进入灵魂堡垒之中。如果有人对他说，一些快乐是为了满足好的、高贵的欲望，而另一些快乐则来自邪恶的、低贱的欲望。并且还告诉他，他应该利用和尊重高贵的欲望，限制和控制邪恶的欲望。不管什么时候把这样的话重复说给他听，他都会摇头说，它们都差不多，根本没有好坏之分。”

“是的，”阿德曼托斯说道，“这就是他的生活方式。”

“是的，”我说道，“他就这样一天又一天地沉溺于满足新出现的欲望中。有时他喝得大醉，陶醉于笛声中；有时又为了变瘦只肯喝清水；有时进行体育锻炼；有时游手好闲，对什么事都提不起兴趣，有时又过起哲学家的生活。他通常热衷于政治，一时心血来潮会对头脑中突然想到之事大加宣扬、说干就干。有时他又对做军人感兴趣，便又全力以赴向着那个方向奔忙。有时又对经商情有独钟，朝那个方向奔去。他的生活既没有规律，也没有秩序。但他却将这种混乱不堪的生活方式称为快乐的、幸福的和自由的。他就一天天如此这般地生活着。”

“是的，”阿德曼托斯说道，“他处于完全的自由和平等中。”

“是的，”我说道，“他的生活就像个万花筒，把多种生活侧面集于一身了，这是许多人的生活缩影。他与我们描述的公平、多彩的城邦是类似的。这种人的人生是许多的男女一心向往的生活，许多制度和生活方式都在他的身上得到了体现。”

“确实如此。”阿德曼托斯说道。

“如果把这种人跟民主政体进行比较，他可以称为真正的民主式的人物了，是吧？”

“就算是吧。”阿德曼托斯说道。

“最后的总会是最精彩的。人与城邦也一样，僭主政体与僭主，是我们现在要探讨的了。”

“十分正确。”阿德曼托斯说道。

“那么，我的朋友，我们就来说一下僭主政体是怎么产生的吧。它有民主的根源，这一点是很明显的。”

“是很明显。”

“就像民主政体是从寡头政体中产生出来的，僭主政体也是从民主政体中产生出来的吗？我的意思是说，在某些方面是一样的？”

“怎么理解？”

“寡头政体所推崇的利益及其建立的基础是依靠大量的财富来维持的，我说得对吗？”

“是的。”

“对财富贪得无厌，为了赚钱而对其他事情一概不管，这也导致了寡头政体的毁灭？”

“是的。”

“民主政体也有它自己要追求的利益，当这种利益无法获得满足时，也会使民主政体走向解体。”

“什么样的利益？”

“自由，”我说道，“在民主式的城邦中，有人会告诉你，自由是民主式城邦的荣耀，因此只有民主式的城邦才是本性自由的人乐意居住的地方。”

“是的，这样的话听得可多了。”

“我要说的是，对自由的毫不顾忌的追求，其结果就是忽视其他的事情，从而使民主政体的根基产生了动摇，这就给僭主政体的产生提供了机会。”

“怎么会这样的呢？”

“一个渴望自由的民主政体，如果在宴席上遇到的斟酒者是一批邪恶之徒，而在她喝了过多的自由的烈酒，醉醺醺的时候，她的统治者们想对她加以约束，不让其过于放纵，她就会把这怪罪于他们，惩罚他们，说他们是受到诅咒的寡头。”

“是的，”阿德曼托斯说道，“这种情形在民主式的城邦是很常见的。”

“是的，”我说道，“那些忠心耿耿的公民会被侮辱地骂作甘心带着枷锁的奴隶、窝囊废。而对于像统治者的被统治者以及像被统治者的统治者，也就是那些随她心意的人，无论在私下场合还是公共场合，都会受到称赞和尊敬。在这种城邦里，自由还有限制吗？”

“当然没有。”

“渐渐地，这种混乱会浸透到个人的家庭生活中，随之还会渗透到动物身上，它们也会受到感染。”

“你是什么意思呢？”

“我的意思是说，父亲慚慚习惯于与儿子处于同一地位，并习惯于怕儿子；儿子与父亲处于平等地位，他不尊重也不害怕父母中的任何一方，似乎这样做就算是他有了自由。外来者与本地公民是平等的，本地公民自认为和外来者是平等的。陌生人和熟悉的人是平等的。”

“是的，”阿德曼托斯说道，“确实会这样。”

“民主式城邦的恶劣风气并非仅仅这些，”我说道，“还有一些类似的情况。在民主式的城邦中，老师害怕学生，一味吹捧学生。学生反而轻视老师和导师。年轻人和老年人没有分别，年轻人和老年人一律平等，而且随时会在言语上或行动上顶撞老年人。老年人迁就年轻人，与他们有说有笑。他们不愿被年轻人看作阴沉专横的人，因此也采用年轻人的行为举止。”

“说得没错。”阿德曼托斯说道。

“自由的最极端表现是，用钱买来的男女奴隶和买他们的主人同样自由。我更不会忘了说，男女两性在相互关系上是自由平等的。”

“为什么我们不像埃斯库罗斯那样‘说出已到嘴边的话’呢？”

“我就是这样做的，”我说道，“我还必须补充一点，一个人如果不亲眼目睹，他就不会相信，在民主式的城邦里，人们养的动物所得到的自由，会比其他任何政体的城邦里的动物所得到的自由多得多。有句俗语说的正是这种情况，母狗变得和女主人一样了。马、驴同样可以像自由人一样有权利、尊严，可以大摇大摆行走在道路上，谁挡了它们的路而不让开的话，它们就会冲向他。所有的东西都可谓充满了自由。”

“我在乡下散步时，”阿德曼托斯说道，“经常会体验到你刚才所说的情况，你和我想的真是一模一样！”

“而且，最主要的是，”我说道，“这一切导致的结果就是，公民变得非常敏感。即使只要做一点点限制，他们也会变得烦躁不安，十分不耐烦。最后，你知道的，他们不再把法律放在眼里，无论成文的法律还是未成文的法律。他们不让任何人管理他们。”

“是的，”阿德曼托斯说道，“这种情况我太了解了。”

“我的朋友，”我说道，“这就是僭主政体产生的根源，绚烂而光鲜的根源。”

“确实光鲜。”阿德曼托斯说道，“接下来会怎么样呢？”

“寡头政体瓦解的原因，也是民主政体瓦解的原因。它们面临同样的弊病。自由的扩大和强化使得民主反倒受到了自由的奴役——事实是，一个方向的过度增长必然会导致其向相反的另一方向发展。这种情况不仅体现在季节变化上，在植物和动物的生命中亦是如此，更为重要的是，在政治体制上也是如此。”

“是的。”

“无论是城邦还是个人，过度自由，看来只会转向极端的奴役方面。”

“是的，这是自然顺序。”

“因此，是否僭主政体自然会从民主政体中产生，而最严重和最原始的奴役都来自极端的自由的政治体制形式？”

“我们是这样想的。”

“无论如何，我认为，那不是你问的问题。你想要问的问题会是，你最想要知道的是，在寡头政体和民主政体中滋生的同样的弊病是什么，因为它是这两种政体瓦解的原因。”

“正是如此。”阿德曼托斯说道。

“那么，”我说道，“我本来指的是那些懒散的挥霍者阶层，其中比较勇敢的成了领袖，比较胆小的则成了追随者。这样的人和雄蜂一样，成为领袖的人就像有螯刺的雄蜂，成为追随者的就像没螯刺的雄蜂。”

“这个比喻恰到好处。”

“这两种人会给城邦带来麻烦，就像身体里的痰和胆汁会给身体带来麻烦一样。好医生和城邦的立法者，应该像聪明的养蜂人一样，如有可能，要与雄蜂保持一定的距离，并且要阻止它们进入蜂房。假如它们已进入蜂房，就应该尽快把它们除掉，连同它们的蜂巢一起毁掉。”

“是的，是需要这样做。”阿德曼托斯说道。

“那么，为了使我们更清楚地看到我们正在做的事，让我们假定民主政体是可以划分成三个部分的。它的第一部分自由发展的结果，会使民主式的城邦里产生的雄蜂比寡头式城邦的还要多。”

“是的。”

“在民主政体下，很显然，这个问题更加严重了。”

“为什么？”

“因为在寡头式的城邦中，他们并不受欢迎，所以被逐出了统治阶层。因此，他们没有机会训练人马，聚集力量。然而在民主式的城邦中，他们几乎都成为了统治阶层，较为聪明的那些人既说又做，剩下的则在讲坛上吵吵嚷嚷，不许他人有插话的机会。于是，在民主式的城邦中，几乎所有事情都是由这些雄蜂们掌管的。”

“十分正确。”阿德曼托斯说道。

“还有一个阶层，与多数人都不一样。”

“哪个阶层？”

“他们是非常会安排事务的经商阶层，大都会成为最富有的富人阶层。”

“自然是这样。”

“他们是最容易被榨取的阶层，雄蜂会从他们那里制造出最多的蜂蜜。”

“是的，”阿德曼托斯说道，“要是财富很少的话，也榨取不到什么。”

“这就是所谓的富人阶层，雄蜂是依靠他们而生活的。”

“确实是这样。”阿德曼托斯说道。

“平民是第三个阶层，包括用双手劳动自食其力的人。他们不怎么参与城邦事务，也没有多少财产。他们要是聚集在一起的话，会是民主式的城邦中数量最大、力量最强的阶层。”

“没错，”阿德曼托斯说道，“但是，他们很少愿意聚集在一块儿，除非他们分到一点蜂蜜。”

“他们分不到吗？”我说道，“他们的领导者不是剥夺了富人的财产，把一小部分会分给他们，同时又不忘给自己留下绝大部分吗？”

“是的，”阿德曼托斯说道，“在这种程度上说，平民能分到一些。”

“财产被剥夺了的人，会被迫在平民面前尽力保护自己？”

“不这样做还能怎么样呢？”

“那么说，虽然他们并没有想要变革，其他人却会指控他们阴谋反对平民，并指控他们是寡头派？”

“是的。”

“最后的结果是，他们不是出于自愿而是因为无知，同时又受到告密者的欺骗，看到平民就会伤害他们。最终，他们不得不变成事实上的寡头。他们本不愿意成为寡头，但是那些雄蜂会用螫刺来折磨他们，使他们身上滋生出变革。”

“事实正是这样。”

“于是便有了双方的告发、审判和公诉。”

“是的。”

“在这种情况下，平民总会拥戴某一个保卫者，他们会对他顶礼膜拜，并培养他使其发展壮大。”

“是的，他们就是这么做的。”

“这便是僭主产生的根源，此外再没有别的根源。最初，他是以一个保护者的身份出现在人们面前的。”

“是的，非常清楚。”

“那么，保护者是怎样开始变成僭主的呢？很显然，是他做了阿卡狄亚[1]的吕凯昂[2]宙斯神庙故事里那个人所做过的事开始变成的。”

“什么样的故事？”

“故事讲的是：一个人如果吃过掺杂有人的内脏的祭祀品，哪怕只吃了一小点儿，那么他就注定会变成狼。你从来没有听说过这个故事吗？”

“听说过。”

“平民的保护者和他有相似的地方。他有一群完全听从他指挥的民众。他不惜谋杀自己的亲属，他惯用诬告手法，把他们送上法庭，然后谋杀他们，使一个人的生命丧失，以其邪恶的唇舌，舔食同胞的鲜血；他将一些人处死，将另一些人流放，同时又暗示废除债务，瓜分土地。在这之后，他的命运会如何？他不是死在敌人的手里，就是由人变成狼（即僭主），是吧？”

“不可避免会这样。”

“这就是那个组织一个派别反对富人的领头者？”我说道。

“是的。”

“一段时间之后，他被流放了，但又会不管他的敌人，以一个地地道道的僭主的身份回来。”

“显然有这种可能。”

“如果人们不能驱逐他，或者不能通过公开审讯将他判处死刑，他们便会密谋暗杀他。”

“是的，”阿德曼托斯说道，“他们常会这么做。”

“于是他便要求配备贴身护卫，这是所有在僭主这条路上走得很远的人所采取的方法，他们会美其名曰‘不要让公民失去自己的保卫者’。”

“正是这样。”

“平民会立刻同意他的请求，他们为他担忧，却不担心自己。”

---

[1] 阿卡狄亚（Arcadia），地处古希腊伯罗奔尼撒半岛中部山区，是古希腊传说中一片有着田园牧歌般安宁和平静的幸福乐土。——译者注

[2] 吕凯昂（Lycaea），阿卡狄亚地区一山名。——译者注

“太对了。”阿德曼托斯说道。

“我的朋友，被指控为平民敌人的富人看到这些时，就像克罗伊斯听到的神谕[1]所说的：

> 在铺满鹅卵石的赫尔墨斯河滩上，他一直不停地往前逃，从不停息，对被称为懦夫一点也不感到羞耻。”

“说得一点没错，”阿德曼托斯说道，“如果他曾经还有羞耻感的话，那么他从此就不会再有羞耻感了。”

“但如果他被抓住的话，就会必死无疑。”

“肯定的。”

“我们所说过的那位所谓的保护者并不会躲藏起来，而会以打倒众多敌人的胜利者身份出现在人们的面前。他在众目睽睽之下，手持缰绳，威风凛凛地站在城邦的战车上。他已不再是平民的保护者了，已变成了绝对的僭主。”

“毫无疑问是这样。”阿德曼托斯说道。

“那么现在，我们先来考虑一下这个人的幸福，再考虑一下产生这种人的城邦。”

“好的，”阿德曼托斯说道，“我们开始探讨吧。”

“首先，在他刚刚掌权之后的一段时间里，他会满脸微笑，会和他碰到的每一个人打招呼。这个即将被称为僭主的人，在公共场合和私人场合都曾发过誓，要废除债务，分配土地给平民以及追随他的人，他想给每个人留下和蔼可亲的印象。”

“必然如此。”阿德曼托斯说道。

“他通过征服或条约解决了外敌，再也不用担忧外敌的侵犯了。但他仍然会时不时发动战争，好使民众需要有一个领袖。”

“是的。”

“他是不是还有一个目的，就是通过为战争征税使民众变穷，从而使他们被迫为维持生计而劳心劳力，因此他们也就不太可能密谋造他的反了？”

---

[1] 克罗伊斯（Croesus），吕底亚最后一代国王，以财富甚多闻名。该神谕见希罗多德的记载。——译者注

“显然是这样。”

“如果他怀疑任何人要争取自由或者怀疑有人要反对他的权威，他就会找充分的借口，把他交给敌人从而毁掉这个人。由于所有这些原因，僭主总是会发动战争。”

“他一定会这样做。”

“现在他开始变得不受欢迎了。”

“这是必然的结果。”

“于是，一些参与帮助他获得政权的也掌有权力的人，就开始对他说出自己的想法。他们也开始互相议论。他们中勇敢的人就会指责他现在所做的事情。”

“是的，可能会这样。”

“这个僭主，如果他想继续执政，就必须要除掉他们，直到他的身边不剩一个对他有某种好处的朋友或敌人。”

“是的，他会这样做。”

“因此，他必须对周围的人保持警觉，注意谁勇敢、谁高尚、谁聪明、谁富有，他如果想要幸福，就必须做上述这些人的敌人，无论他是乐意还是不乐意，他都必须找机会除掉他们，直到他肃清了城邦所有有可能反对他的人。”

“是的，会清理得干干净净。”

“是的，”我说道，“但不是医生把病人的身体清理干净时所做的那种清理，因为他们是去掉坏的，留下好的，而僭主所做的则恰恰相反。”

“如果他想统治下去，我觉得他就不得不这样做。”

“真是命中注定的选择！一种是只能和许多低劣的人住在一起，遭受他们的憎恨，另一种是根本没有活路。”

“是的，就这两种选择。”

“公民越是憎恨他的所作所为，他就越需要有更多的护卫者，需要他们更加忠心耿耿？”

“当然。”

“这些忠心耿耿的人会是谁？他去哪里才找得到他们呢？”

“如果他愿意出钱，”阿德曼托斯说道，“他们会自愿送上门来的。”

“凭狗起誓！”我说道，“这样形形色色的、来自各地的雄蜂就更多了。”

“是的，”阿德曼托斯说道，“会更多的。”

“但他难道不会想在当地找人吗？”

“你是什么意思？”

“他可以抢走自由公民的奴隶，然后将奴隶释放，让他们来做自己的贴身护卫。”

“是这样，”阿德曼托斯说道，“他最能信任这种人了。”

“他这个僭主可真幸福！他处死其他人，把这些人当作忠心耿耿的卫士。”

“是的，”阿德曼托斯说道，“他们是同伙。”

“是的，”我说道，“这是他创造出的新公民。在善良的人憎恨他、躲避他时，他们则会崇拜他、跟随他。”

“当然。”

“确实，悲剧是智慧的代表，欧里庇得斯[1]是位伟大的悲剧家。”

“为什么这样说？”

“之所以这样说，是因为他写出了这句有意义的话：

> 僭主因为与明智的人交往而变得明智。

“很显然，他想说，僭主使之成为自己追随者的，都是明智的人。”

“是的，”阿德曼托斯说道，“欧里庇得斯也将僭主政体赞扬为一种神圣的东西。他和其他诗人还说过其他类似的话。”

“因此，”我说道，“悲剧诗人如果是明智的人的话，就会原谅我们和任何与我们生活方式一致的其他人不接纳他进入我们的城邦，因为他们颂扬僭主。”

“是的，”阿德曼托斯说道，“这样明智的人毫无疑问是会原谅我们的。”

“但是，他们会继续去别的城邦吸引民众，用美妙动听的、洪亮的、令人信

[1] 欧里庇得斯（Euripides，前480—前406），与埃斯库罗斯和索福克勒斯并称为古希腊三大悲剧大师，一生共创作了90多部作品，保留至今的有18部，如《美狄亚》《希波吕托斯》《特洛伊妇女》《独目巨怪》《阿尔克提斯》等。——译者注

服的嗓音，将城邦引向僭主政体和民主政体。”

“确实如此。”

“更为重要的是，他们这样做，可以得到金钱和荣誉——最大的荣誉来自僭主，其次来自民主政体。但是他们在我们的政治体制这座山上爬得越高，声望就会越低，就好像是喘不过气来，一步也迈不动了似的。”

“对。”

“但是我们已经离开原来讨论的话题了，我们还是回到原来的话题上去吧。我们来讨论一下僭主是如何维持他那支耀眼的、人数众多、种类多样、会不断进行调整的卫队的。”

“如果这个城邦有宗教财产，他就会将它们充公，用来支付开支。只要他从别人那里掠夺来的财富够用，他就会少征税。不够用时，他就会向民众多征税。”

“还不够用怎么办？”

“很显然，”阿德曼托斯说道，“他会动用父亲的财产来供养自己那些男男女女的追随者。”

“你的意思是说，之前造就他的民众除了养活他之外，还要养活与他相关的人？”

“是的，”阿德曼托斯说道，“他们不得不这样做。”

“但如果民众勃然大怒，说道，哪有一个成年的儿子还靠父亲养活而不养父亲的道理？父亲生了儿子或养大儿子，不是为了儿子长大成人以后让自己成为自己仆人的仆人，也不是为了养活儿子和他的奴隶与追随者，而是为了让儿子保护他，并且通过儿子的帮助，把他从富人和所谓的贵族的控制下解放出来。因此，他会请儿子和儿子的追随者离开，就如同一个父亲可以把放荡的儿子和他讨厌的同伙赶出家门一样。”

“天神在上！”阿德曼托斯说道，“那时，父亲就会发现他养了一个什么样的怪物，在他想把儿子赶出家门时，却发现自己已变成弱者，而儿子却已变得强壮。”

“你不是想说僭主要使用暴力吧？如果父亲反对他，他会动手打父亲？”

“是的，他会，先是解除父亲的武装，以后就会动手。”

“这么说，他就是个弑父之人，是年迈父亲的残酷的监护人，是名副其实的僭主，没有什么好怀疑的了。就像俗语说的，逃出自由人奴役烟雾的民众，却又落入了奴隶奴役的火中。本希望争取极端自由而从一切井然有序和理性中逃离出来，却反倒进入了最残酷、最痛苦的奴役之中。”

“是的。”阿德曼托斯说道。

“那好，我们是不是可以恰当地说我们已充分讨论了僭主政体的本质，以及僭主政体是如何从民主政体转变来的？”

“可以这样说，”阿德曼托斯说道，“讨论得足够充分了。”

卷九　好的与坏的城邦体制及其快乐

对话者：苏格拉底
　　　　阿德曼托斯
　　　　格劳孔

“我们最后要讨论的就是与僭主式的个人相关的问题：他是如何从民主式的个人发展成僭主式的个人的？这种人是如何生活的？他生活得幸福还是痛苦？”我说道。

“是的，”阿德曼托斯说道，“我们就剩下僭主式的个人需要探讨了。”

“但是，”我说道，“你知道前面还有什么问题需要讨论吗？”

“什么问题？”

“关于欲望的问题。我认为，我们对欲望的本质和种类讨论得还不充分，这个问题如果探究得不深入、不充分的话，要想把僭主式的个人的问题讨论得清清楚楚就是不太可能的。”

“这个嘛，”阿德曼托斯说道，“现在来做弥补工作还来得及。”

“太好了，”我说道，“关于欲望的问题我想做如下的理解：我把某些不必要的快乐和欲望看成是非法的。不必要的快乐和欲望似乎在每个人身上都存在。但有些人愿意受法律和理性的约束，他们用比较好的欲望征服了不必要的欲望——或是把不必要的欲望彻底根除，或是只剩下了少许微不足道的不必要的欲望。但另外有些人则相反，他们保持了强大的不必要的欲望，而且这类欲望在与日俱增。”

“你所说的是哪些欲望呢？”

“我所说的是那些人们处于睡眠状态时还十分活跃的欲望：人睡着时，灵魂深处的理性、仁慈一类的控制力量处于休眠状态，而野蛮的兽性力量则大吃大喝后开始活跃起来，它们会抖掉睡意，随心所欲地满足自己的欲望。在睡梦中，由于没有羞耻感和理智陪伴左右随时提醒，人们就会无恶不作：在梦中乱伦，或是与其他任何人、神、兽进行性交，或是起谋杀之心，或是狂吃禁止的食物。一句话，在睡梦中，人们没有什么愚蠢无耻的事不敢做的。”

“确实是这样。”阿德曼托斯说道。

“但是，当一个人身体健康、心平气和时，他在开始睡觉前就唤醒了他的理性力量，并用高尚的思想和探究滋养了理性力量，为沉思做好了充分准备。这样一来，他就既不会让欲望过于满足，也不会任随欲望消亡，而是让欲望处于平和的温饱状态而已。带着这样的欲望状态入睡，欲望就不至用享乐或痛苦来干扰他灵魂中的高层次原则了。他可以自主进行纯粹的思考，自由地深思，探究未知的知识，不管探究的是过去的、现在的还是未来的事情，都没有任何妨碍。如果他同样能把自己的激情安顿下来，使其处于安宁状态，而不是使其处于争执状态入睡，那么我认为，如果他能平复灵魂中的欲望和激情这两个不安分因素，而把第三个力量即理性激发起来，带着理性进入梦乡，那么如你知道的一样，一个人在这种状态下，是最有可能掌握真理的，最不会产生像运动场上的那种狂热和非法的情形。”

“我非常认同你的观点。”

“我说的这些，已经跑题了。但我想要表达的要点就是，在我们每一个人的身上，甚至是一些正直的人身上，都一样存在着这些非法的、狂野兽性一类的欲望，这样的欲望往往会在睡梦中显现出来。不管我说得对还是不对，都祈求你同意我的看法。”

“当然，我同意你的看法。”

“那么现在，让我们记住那些归之于民主式人物的性格特点。民主式人物的性格是由勤俭节约的父亲从小教育培养而成的，这样的父亲只鼓励他的节省欲望，但对追求娱乐和风光的不必要的欲望则会加以制止，是吧？”

“是的。”

“然而，在儿子与那些更讲究、放荡的人交往后，就会产生许多我们前面谈到过的那些欲望，这些人产生的影响会把他推向傲慢无礼、无法无天，他会开始讨厌父亲省吃俭用的生活方式，采取截然相反的奢侈生活方式。但由于他的本性比这些使他堕落的人要好，所以他在两种力量的拉扯中，最终确定了走中间道路的生活方式。他自以为吸取了两者的优点，过着既不奢侈也不过于节俭，既不纵欲也不违法的平淡生活。就这样，他由一个寡头式的人变成了一个民主式的人。”

“是的，”阿德曼托斯说道，“这就是我们对这种类型的人的一贯看法。”

“那么现在，”我说道，“我们可以想象一下，这个人随着年龄的增长，也有了儿子。他也会用自己的生活方式培养自己的儿子长大成人。”

“我们可以这样想象。”

“那么，你必须进一步想象，同样的事情也会发生在这个父亲的儿子身上：一方面，他会被拉入完全非法的生活中，他的教唆者把这称为完全的自由。另一方面，他的父亲和亲朋好友支持鼓励他的适度的折中欲望，而教唆者则支持完全相反的极端欲望。当这些可怕的巫师和僭主缔造者发现他们没能控制住这个年轻人时，他们就会想方设法在他的灵魂中培植出一种起主宰作用的激情，成为他的无所事事和奢侈无度的主人——一只巨大的长着翅膀的雄蜂。这是唯一能用来恰到好处地描述他的形象了。”

“是的，”阿德曼托斯说道，“雄蜂是最恰当的用来描述这种类型的人的形象。”

“而且，他的其他欲望在他周围飞来飞去，在香雾萦绕中献上花冠和美酒，他纵情于声色犬马的放荡不羁的生活中，他的种种欲望被种种享乐喂养得膘肥体壮，一旦稍有欠缺就会感到深深的痛苦。最终，雄蜂一般的贪婪本性就在他的灵魂中扎下根来，疯狂就变成了他的主宰者，他从此就会开始变得胡作非为。如果他发现自己还有什么好的意见或欲望，还有那么点羞耻感的话，那么，他灵魂中的疯狂主宰者就会把这些东西消灭，或是把它们驱逐出去，直到这个人身上的节制美德被完全清除并且让疯狂完全取而代之才肯罢休。”

“是的，”阿德曼托斯说道，“这就是僭主式的人产生的过程。”

“这就是为什么自古以来人们把爱欲称为僭主的原因？”

“我觉得一点也不奇怪。”

“还有，”我说道，“喝醉的人是不是也有僭主的精神呢？”

“是的，他有。”

“而且，你知道，神智不清的人会幻想他能统治一切，不仅能统治人，而且还能统治神。”

“他会这样。”

“当一个人出于天性或习惯，或出于两者的共同作用，而变得爱喝酒、好色和充满了情欲时，我们会把他称为十足的僭主。我的朋友，是这样的吗？”

“千真万确。”

“这就是僭主式的人的样子，他就是这样产生的。下面，我们来看这种人的生活方式是怎样的，怎么样？”

“就像人们开玩笑的时候说的，你会告诉我。”

“我认为，”我说道，“当一个人的灵魂被爱欲占据并且一切都要听它指挥时，这个人的生活里将会是宴会、狂欢、作乐、情妇等诸如此类的东西。”

“那是必然的。”

“是的，这个人身上的欲望会没日没夜地滋生出来，可怕极了，想要得到满足的欲望众多。”

“的确如此，”阿德曼托斯说道。

“一个人的收入，不管有多少，很快就会被花得一干二净。”

“肯定的。”

“那么，接下去就只会借债和抵押财产了。”

“当然。”

“等到他一无所有时，借贷无门、抵押无物，但他心中孵化出的欲望小鸟却还是会不断发出嗷嗷待哺的强烈喊叫，他必然会被它们，特别是自爱之情所主宰，而陷入疯狂状态，因此便会四处窥探，看谁有可以抢劫或骗取的东西。”

“那是必定的。”

“无论如何，如果他想逃离可怕的痛苦折磨，他肯定要弄到钱才行。”

“他一定要这样。”

“正如他灵魂里不断新滋生出来的种种快乐超过了旧有的快乐并剥夺了旧有快乐的权利一样，他作为年轻一辈，声称要过得比父母辈更好。如果他把自己拥有的那份财产花光后，就会夺取父母的那一份供自己挥霍。”

“无疑他会这样做。”

“如果他的父母不同意，那么，他就会首先采取欺骗的方式。”

“是的。”

“如果欺骗没有效果，他就会强行夺取。”

“他极有可能这样做。”

“如果父母断然拒绝，并进行抵抗，我的朋友，你认为会发生什么呢？他会对父母使用僭主的手段吗？”

“唉！”阿德曼托斯说道，“我真为他的父母捏一把汗呢。”

“但是，阿德曼托斯，天神在上，这个儿子会为了一个刚刚找到的可有可无的女友，而去殴打自己片刻不离把自己养大成人的母亲，或是让母亲在同一屋檐下却屈从于他人的权威之下，或是为了新寻得的可有可无的妙龄女郎而去鞭打与自己相处最久的必不可少的朋友一样的父亲。你相信他会这样做，对吗？”

“是的，的确会，”阿德曼托斯说道，“我相信他会这样做。”

“那么，说真的，”我说道，“父母有这样一个僭主式的儿子真是幸运！”

“完全如此！”阿德曼托斯说道。

“如果他把父母的财产挥霍一空后，群聚在他灵魂中的快乐欲望却有增无减，这个时候他会做什么呢？他会破门而入进行偷窃，或者偷夜行者的财物。他会进而把神庙的财物洗劫一空。与此同时，他从小培养起来的那些关于高尚和卑鄙的思想观念，那些养成的正义观念，在这一切所作所为中，都会被新释放出来的欲望颠覆，这些欲望现在成了爱欲的贴身护卫，与它一起占据着灵魂王国。当这个儿子还听从父亲和法律的控制时，他还过着民主式的生活，这些欲念还只在睡梦中出现。而现在，受爱欲支配，他竟然敢在光天化日之下去干那些曾经只在睡梦中偶然出现的事情。他会去干最卑鄙的谋杀、吃禁止的食物或做其他恐怖的事情。爱欲是他的僭主，主宰着他，让他变得无法无天，变成了一个十足的僭主，就像一个僭主对城邦的领导一样，他胆大妄为，以此来满足心中的爱欲和其他种种欲望。这些欲望一部分来自外部坏伙伴所产生的影响，一部分来自自身内部邪恶本性释放出来的影响。这种人的生活方式不就是这样的吗？”

“是的，的确是这样的。”阿德曼托斯说道。

“如果在一个城邦中，这种人只是少数几个，而其余的人都是好的，那么，这少数的几个人就会去给某个僭主当贴身护卫，或可能成为某场战争中的雇用兵。要是他们没有战争可以参与，就会待在家乡和城邦干些小的坏事。”

“什么样的小的坏事？”

“比如，做小偷、窃贼、扒手，拦路抢劫，抢劫神庙，拐卖奴隶。如果他们有一张巧嘴的话，会成为告密者、做伪证或收贿赂。”

“这些坏事还算小，是因为干这些坏事的人数少。”

“是的，”我说道，“小坏事与大恶事是相比较而言的。就给城邦造成的危害而言，所有这些小坏事加在一起也远不如一个僭主造成的危害大。但是，当这些有害的人及其跟随者在一个城邦中人数众多并且清楚意识到自己的力量时，他们就会利用民众的愚昧，把自己的一个同伙，一个灵魂中具有强大僭主的人扶上僭主的宝座。”

“是的，”阿德曼托斯说道，“他自然会成为最合适的僭主。”

“如果民众俯首称臣，当然就会相安无事。但如果民众对其拒斥，那么他就会像前面所说的那个鞭打自己父母的儿子一样，一旦大权在握，就会对他们进行报复。就如克里特人所说的那样，把生养自己的亲爱的城邦置于自己一伙儿人的奴役之下。这就是激情和欲望所要达到的目的。”

“确实如此。”

“这种人掌权之前的私人生活就能体现他的性格特点：他们与一群阿谀奉承之徒或准备帮闲之徒打成一片；当他们自己有求于人时，也会低三下四、溜须拍马，极力讨好，一旦目的达到，就会形同陌路，毫不理睬。”

“是的，确实是这样的。”

“他们要么是主人，要么是仆人，绝不会成为任何人的朋友。天性专制的人是从来都体会不到真正的自由或友谊的滋味的。”

“当然体会不到。”

“把这种人称为不可靠的人，不是非常恰当吗？”

“非常恰当。”

“如果根据我们前面给正义所下的定义，那么这种人简直就是完全不正义的，是吧？”

“是的，”阿德曼托斯说道，“我们说得一点没错。”

“那么，让我们用一句话来概括，”我说道，“这种最坏的恶人就是：他们在光天化日之下就会干出一般人在睡梦中才会做的那种事的人。”

“非常对。”

“这正好是一个天生的僭主在拥有统治权力时会发生的事情。他活得越久，他的僭主本性就会暴露得越多。”

“那是肯定的。”格劳孔插话回答道。

“那么，最恶毒之人也是最痛苦之人，这不是显而易见的吗？而且，如果他专制的时间最长，执掌的权力最大，事实上，他承受的痛苦也会最大、最久。当然，一般人的看法会各不相同。”

“是的，”格劳孔说道，“那是不可避免的。”

“那么，僭主式的人与僭主式的城邦是一样的，就像民主式的人与民主式的城邦一样，其他类型的人与其他类型的城邦一样？”

“当然。”

“那么，在美德与幸福方面，城邦与城邦之间的关系就像人与人之间的关系？”

“当然。”

“那么，在美德方面，我们开始描述的君主执政的城邦与僭主执政的城邦相比，会怎么样呢？”

“它们正好处于两个极端，”格劳孔说道，“一个是最善，一个是最恶。”

“那么，我就不用深究谁是最善、谁是最恶的了，”我说道，“这是一清二楚的。因此，我要你马上做出判断，在幸福和痛苦方面，它们是否也是截然相反的呢？我们不要把眼光只放在一个僭主或他的少数跟随者身上，这样我们会被他们迷惑而看不到真相。我们要对这个城邦的每一个角落都进行深入而细致的观察，彻底而全面地了解城邦的生活状况，然后，我们再发表我们的意见。”

“这个建议很公允，”他回答道，“我和大家一样都明白，受僭主统治的城邦是最不幸的城邦，而受君主统治的城邦是最幸福的城邦。”

“而且，在评判一个人时，这样也不愧为一个好的建议：根据一个人的心灵和本性来进行评判。这样，我们就不会像一个孩子那样，被僭主威风凛凛的外表所迷惑，而是能够对他有清楚的认识，这样的人才能做评判，我们也才会听取他的评判。这样的人不但看到过僭主在公众面前的表现，而且与这个僭主朝夕相处过，对他的日常生活非常熟悉，亲眼目睹了他与家人相处的情况。在这些场合，他会卸掉他的一切伪装，本来面目会暴露无遗。这样的人来告诉我们，与其他类型的人比较而言，僭主的生活究竟是幸福的还是不幸的，不是非常合适吗？”

“那也是非常公允的提议。”格劳孔说道。

“那么，是否我们可以自认为有这个判断能力，也有和僭主式的人物相处的经历，因此我们当中有人可以回答这样的问题？”

“完全可以，没有问题。”

“那么，我要你记住，个人和城邦是相似的。记住这一点后，再来逐个探讨每种类型的城邦和个人。你会告诉我它们各自的情况吗？”

“你是什么意思呢？”格劳孔问道。

“我们从城邦开始讨论，”我回答道，“你说说看，一个由僭主统治的城邦，是自由的呢，还是受奴役的？”

“当然是完全受奴役的了。”格劳孔说道。

“那么，在你看来，这样的城邦是不是也有自由人和主人呢？”

“有，”格劳孔说道，“我看到了，这样的人非常少，但一般来说，民众以及民众中最优秀的人都处于屈辱和受奴役中。”

“那么，如果个人和城邦相似，”我说道，“他必定会是同样的状况。他的灵魂充满着奴役和不自由，即最优秀的理性部分遭受着奴役。而那个最小的部分，也就是那个最恶毒、最狂暴的部分则扮演着统治者角色。是吧？”

“这是不可避免的。”

“那么，你说这样的灵魂是自由者的灵魂还是奴隶的灵魂？”

“在我看来，是奴隶的灵魂。”

“那么，受僭主奴役的城邦是不是就完全没有自觉自愿的行动了呢？”

“完全没有。”

“那么，专制的灵魂（我把灵魂当作一个整体来看）也不能做自己想做的事情了，因为有个疯狂的欲望在驱使着她，使其处于麻烦和悔恨中？”

“当然。”

“那么，僭主统治的城邦是富有的呢，还是贫穷的？”

“贫穷的。”

“那么，受专制控制的灵魂必定总是贫乏而且永远不能获得满足的？”

“是的。”

“那么，这样的城邦和这样的人是不是总会充满恐慌呢？”

“会的，的确如此。”

“那么，还会有任何城邦，你能在它那里找到更多的悲叹、悲痛、呻吟和痛苦吗？”

“当然没有。”

“那么，还会有任何一个人，你会在他身上找到比一个受激情和欲望支配而处于疯狂中的僭主式的人身上更多的痛苦吗？”

“绝对不可能。”格劳孔说道。

“对这些以及类似的恶进行反思的话，你一定会认为这样的僭主式的城邦是最为不幸的了？”

“我会这么认为。”格劳孔说道。

“当然，”我说道，“当你看到僭主式的人身上的种种相同的恶，你对这种人有什么看法呢？”

“我会说，他是所有人中最为不幸的人。”

“我认为，”我说道，“你开始犯错了。”

“你是什么意思呢？”

“我认为他还没有达到最不幸的顶点。”

“那么，谁是更为不幸的人呢？”

“我正要谈到其中的一种人。”

“哪一种？”

“他有僭主的本性，不是过着普通人的生活，由于某种不幸，他成了真正的僭主。”

“根据上面所说的，我认为你说的是对的。”

“是的，”我回答道，“但你的这个结论应该建立在确凿的证据上，不能只凭猜测。我们在此讨论的所有问题中最重要的问题是善与恶的问题。”

“千真万确。”格劳孔说道。

“那么，我来给你提供一个事例，我想它或许可以给这个问题的解决提供一点启发。”

“是什么事例？”

“我们就以我们城邦中拥有大量奴隶的富有奴隶主为例子。就拥有许多奴隶而言，他与僭主有相似的地方，所不同的是，僭主拥有的奴隶更多而已。”

“是的，这是他们的不同之处。”

“你认为，他们觉得生活安全吗？他们是否从来没有害怕过他们的奴隶？”

“他们应该害怕什么呢？”

“什么也不用害怕。但你想过他们不害怕的原因吗？”

“是的。原因在于，整个城邦团结一致来保护每一个人。”

“非常对，”我说道，“但我们可以想象一下，如果一个奴隶主拥有50个或更多的奴隶。现在出现了一个神明，把他、他的妻子和孩子、他的财产、奴隶从城邦掳走，带到了荒野。这里没有一个自由公民来帮助他。在这种情况下，他难道不会害怕他及其妻儿会被奴隶们杀掉吗？”

“会害怕，”格劳孔说道，“他会极为恐惧。”

“这个时候，他一定会巴结讨好他的奴隶中的头目，向他们做出种种承诺，给予他们自由和其他东西，当然这并非出自他内心的真实意愿。他不就摇身一变成了自己奴隶的巴结奉承者了吗？”

“是的，”格劳孔说道，“这是唯一拯救他自己的方法。”

“假设同一个神明在掳走他带往荒野的同时，在他周围安置了许多邻居，他们不能承受任何人奴役别人。如果有人胆敢奴役他人，他们就会给予严厉的惩罚，甚至要了他的命。这个时候他会怎么办？”

“如果假设他的敌人无所不在，四周都是敌人监视的眼睛，这时他的处境会更加糟糕。”

“这不正是僭主被囚禁的监狱吗？就像我们描述过，他天性中充满了各种各样的恐惧和欲望，虽然他的灵魂充满了渴望，却是城邦中最孤独的。他绝不被允许远行，他不能像其他自由的公民那样去看想看的东西。他住在自己的洞里，就像一个女人闭门不出，羡慕着任何可以去到其他地方、去看感兴趣的事物的人。”

“是的。”格劳孔说道。

“而且这些坏处在僭主式的人物身上体现得淋漓尽致。他不能掌控自己的内心，所以你认为他是所有人中最不幸的人。他不再过着普通人的生活，命运使他成了一个十足的僭主。在他不能掌控自己时却要统治别人，这时他的境况一定相当糟糕。这就好比强迫一个本应该在家里治疗静养的病人或瘫痪的人去打仗或与其他人竞争一样。”

“是的，”格劳孔说道，“你比喻得非常恰当。”

“那么，他这种境况难道不是非常糟糕的吗？僭主的生活不是比你断定的那种最不幸人的生活还要糟糕吗？”

“的确是这样。”

“不管人们怎么认为，事实上，真正的僭主，就是名副其实的奴隶。他受最大的谄媚和奴役的摆布，是最低劣人的奉承者。他有完全无法满足的欲望。他比谁想要的都多。如果你懂得洞察他的灵魂，便可以看到他是真正贫穷的。他一天到晚都生活在恐惧中。如果可以用城邦状况反映他的个人生活，那么他就像他统治的城邦一样，内心充满了动荡和焦虑。”

“的确如此。”格劳孔说道。

“而且，正如我们前面所讲过的，拥有权力之后，他的情况变得更糟：与过去相比，他变得更爱妒忌、更不守信用、更不公正、更不讲交情、更不虔诚，他接纳和看重一切罪恶。结果，他不仅使自己成了极为悲惨的人，也使其他每个人都像他一样悲惨。”

“任何头脑清醒的人都不会反驳你的话。”

“那么，来吧，”我说道，“就像一场表演竞赛的总裁判一样，你需要来做一个最终定夺。在你看来，哪种人最幸福，其次是哪种人？按照顺序对如下五种人做一个评判吧：君主式、荣誉式、寡头式、民主式、僭主式。”

“做这个评定是轻而易举的事，”格劳孔说道，“他们就像上台表演的合唱团一样，我会根据他们进场的先后顺序，根据美德与恶、幸福与不幸的标准，就可以做出判断。”

“那我们是雇请一个传令官还是我本人来宣布阿里斯同之子格劳孔已经给出评定：最善者和最正义者也是最幸福之人，他最有君主风范，最有自制力。最恶者和最不正义者也是最不幸之人，他最有僭主特点，不仅对自己实行暴政，而且对他的城邦实行暴政。”

“就由你来宣布吧。”格劳孔说道。

“我是否可以再加上一句，‘无论神明和凡人是否看见，他们都是这样’？”

“加上吧。”

“那么，这就是我们的第一个证明，”我说道，“还有另一个证明，也可能挺有说服力。”

“什么样的证明？”

“第二个证明是从灵魂的本质得出的。人的灵魂可以分为三个部分，就如城邦可以分为三个部分一样。我想，这样的区分可以作为新的证明。”

“什么样的本质？”

“灵魂的三个部分对应着三种快乐，也对应着三种欲望和控制力量。”

“你能说得更清楚些吗？”格劳孔说道。

“灵魂的其中一个部分，我们已经说过，是用来学习的，另一个部分是用来发泄情绪的。还有第三个组成部分，这个部分有许多的形式，没有专门的名称，但通常会用欲望这个词语来指代它。之所以称之为欲望，是因为它对吃喝以及其他感官享乐有着极为强烈的渴望，它也爱金钱，因为一般来说，金钱可以满足前面这些欲望。”

“确实如此。”格劳孔说道。

“如果我们把灵魂的第三个部分的爱欲与享乐与‘获利’关联起来，那么，我们就应该能够用一个单一的观念来描述它，我们可以真实而准确地把它称为‘爱利’或‘爱钱’。”

“我同意你的看法。”

“再说灵魂的激情部分，激情从整体上来讲对统治、征服和获取名誉孜孜以求，是吧？”

“是的。”

“如果我们把它称为‘争强好胜’或‘野心勃勃’，这个说法合适吗？”

“非常合适。”

“另一方面，人人都知道，对知识的学习完全是为了追求真理，在灵魂的三个部分中，它是最不关心名或利的。”

“是的，非常不关心。”

“我们如果给灵魂的第三个部分起名为‘爱智慧’或‘爱知识’，恰当吗？”

“当然恰当。”

“在一部分人的灵魂中，这一部分占统治地位，而在另一部分人的灵魂中，其他二者中的一种占统治地位？”

“是的。”

“那么，我们由此可以假定存在着三类人：爱智者、爱名者和爱利者。”

“完全可以。”

“那么，这三种人的追求也对应着三种快乐，是吧？”

“是的。”

“现在，如果你对这三类人进行考察，依次问他们，这三种生活中的哪一种最快乐，他们一定会回答过自己的那一种生活会最快乐。爱利者会认定，与获取利益相比，受到尊敬的快乐和学习知识的快乐毫无价值可言。它们只有在对获取金银有帮助时才有价值。”

“是的。”格劳孔说道。

“那么爱名者会有什么看法呢？他是不是会把金钱带来的快乐看作粗俗的，把追求知识带来的快乐，如果它不能带来荣誉，看作飘忽和无意义的？”

“非常对。”

“那么，爱智者又会怎么想呢？当他把认识真理、追求真理的快乐与其他快乐进行比较时会有什么想法呢？他会认为，只要一直在学习，就离真正的快乐不远吗？他是否认为其他快乐不是必不可少的，因为如果这些快乐不是必不可少的，他就不需要它们？”

“毫无疑问是这样。”格劳孔回答道。

“那么，既然每种人和每种生活的快乐存在争议，问题不在于哪种生活更受尊重或更不受尊重、更善或更恶，而在于哪种生活更快乐、更少痛苦，我们怎么知道谁说的是对的呢？”

“我自己也没办法判断谁说得对。”格劳孔说道。

“但是，什么应该成为判断的标准呢？还有比经验、智慧和理性更好的标准吗？”

“没有。”格劳孔说道。

“那么，”我说道，“我们来考虑一下，在这三种人中，哪种人在这三种快乐方面的经验最多？你觉得，爱利者在学习知识、获取真理方面的快乐经验，会比爱智者在获利方面的快乐经验要多吗？”

“爱智者的经验更丰富，”格劳孔说道，“他从小到大体验了不少的另外两种快乐。但爱利者却不一定非要体验学习和认识真理的那种快乐，况且我认为，他就是想要这么做，也不一定做得到。”

“那么，爱智者由于两方面的经验，所以比爱利者要更有优势？”

“是的，优势更大。”

“那么，和爱名者相比，爱智者在受到尊敬方面所获得的快乐经验，要强于爱名者在追求知识方面所获得的快乐经验吗？”

“是的，”格劳孔说道，“如果他们都能实现自己的目标的话，他们都可以获得尊敬。因为富人、勇士和智者都能得到普遍的尊敬，因此大家都能体验到受尊敬的快乐。但是，发现知识的本质所获得的快乐只有爱智者才可以享用到。”

“那么，他的经验使他比其他人更有资格评判这三种快乐吗？”

“是的，远比其他人有资格。”

“爱智者是唯一既有智慧又有经验的人吗？”

“当然。”

“进一步说，拥有作为判断工具的能力的人既不是爱利者也不是爱名者，而是爱智者吗？”

“什么能力？”

“理性。我们说过，判断的结论必须通过理性才能获得，是吧？”

“是的。”

“推理是爱智者最擅长运用的手段？”

“当然。”

“如果把财富和利益作为评判标准，那么对爱利者的颂扬或指责就肯定是最值得相信的了？”

“确实是。”

“如果以荣誉、胜利或勇气作为评判标准，那么勇敢者或爱名者所称赞的一切就会是最真实的了？”

“显然是的。”

“那么，如果以经验、智慧和理性作为评判标准呢？”

“这是唯一可能的标准，”格劳孔回答道，“爱智者和爱理性者赞扬的快乐是最真实的。”

“那么，我们已有了结论，在灵魂的三个部分中，理智的快乐是最快乐的，理智灵魂居于主导地位的人的生活也是最快乐的，是吧？”

“这是不容置疑的，”格劳孔说道，“有智慧的人说自己的生活是快乐的，他的话是可信的。”

“那么，评判官会怎么评判排第二的生活和排第二的快乐呢？”

“显然，战士和爱名者是第二快乐的人，他们过的生活是第二快乐的。与爱利者相比，他与排名第一快乐的人更为接近。”

“爱利者的生活和快乐排在最后？”

“非常正确。”格劳孔说道。

“那么，在连续两个证明中，正义者已连续两次击败了不正义者，现在是第三个证明了，让我们献给我们的救主即奥林匹斯的宙斯：我好像听到一个圣哲正在悄悄地对我耳语：只有智者的快乐才是最真实、最纯洁的，其余的各种快乐都只不过是幻影而已。很显然，这将成为最有力、最具决定性的一击。”

“是的，最重要的，但是你能对此稍加解释一下吗？”

“我会这样来解释，你要来回答我的问题。”

“尽管问吧！”

“那么，我们说，快乐是痛苦的对立面？”

“是的。”

“那么，有没有一个既不是快乐又不是痛苦的中间状态呢？”

“有。”

“这是一种处于快乐和痛苦两者之间的中间状态，是灵魂使两个方面处于平静的状态。这是你要表达的意思吗？”

“是的。”

“那么，当人们生病的时候，你记得他们会说些什么吗？”

“他们会说什么？”

“他们会说，没有什么比保持健康更快乐的了。但是，当他们没有生病的时候，就不会意识到这是最大的快乐。”

“是的，我知道是这样。”格劳孔说道。

“当一个人正遭受极度的痛苦折磨时，你一定听到他们说过，没有什么比消除痛苦更快乐的了。”

“我听到过。”

“在其他诸多情况下，人们会把享受安宁、终止痛苦而不是享乐当作他们的最大快乐？”

“是的，”格劳孔说道，“一旦痛苦消失，在这一安宁的时刻，他们确实是快乐而满足的。”

“但是，一旦快乐消失，这种安宁或痛苦的终止又会带来痛苦？”

“毫无疑问会的。”格劳孔说道。

“这么说，那种安宁的中间状态既是快乐的也是痛苦的？”

“表面看来是这样。”

“可是，既不痛苦也不快乐的状态能变成既痛苦又快乐的状态吗？”

“我看不可能。”

“快乐和痛苦都是灵魂的一种运动，是不是？”

“是的。”

“可是，刚才我们不是显示过了这种既不痛苦也不快乐是一种静止而不是一种运动，它是这两者之间的一种中间状态？”

“是的。”

“那么，没有痛苦就是快乐，没有快乐就是痛苦，我们能这样说吗？”

“不能。”

“那么，与痛苦比较而言，暂时的安宁就是快乐，与快乐比较而言，暂时的安宁就是痛苦。这种快乐并非真正的快乐，这种痛苦并非真正的痛苦，只不过是一种表象，并非真实。它们与真正的快乐毫无关系，都只是一种假象而已。”

“可以这么说。”

“当你看到那种并非经历痛苦之后的快乐时，你将不会再像现在这样，认为快乐是痛苦的终止，或者痛苦是快乐的终止。”

“那么，真正的快乐是什么样子的呢？”格劳孔说道，“我应该如何去寻找它们呢？”

“这种快乐非常多，比如，嗅觉带来的快乐，它们非常强烈，而且不会经历痛苦，它们持续一会儿就消失了，但消失后也不会留下什么痛苦。”

“非常正确。”格劳孔说道。

“所以，我们千万不要误以为，真正的快乐就是痛苦的终止，或者真正的痛苦就是快乐的终止。”

“是的。”

“但是，许多通过身体到达灵魂的强烈的快乐大多属于这一类，它们只不过是痛苦的消除而已。”

“是的。”

“那些由于对可能产生的痛苦或快乐的期待而产生的痛苦或快乐，不也是属于这一类吗？”

“是的。”

“需要我对此加以解释说明吗？”

“请讲，我洗耳恭听。”

“那么，你是否认为，”我说道，“自然可以分成上、中、下三层？”

“我想是的。”

“如果一个人想从下层升到中层，他会不会想到自己是在上升呢？如果他站在中层向下看他的出发之地，并且他没有见过真正的上层的话，他会不会认为自己已经到了上层呢？”

“当然，”格劳孔说道，“他不可能有别的想法。”

“但是如果他再返回到下层，他会不会真的认为他是在下降呢？”

“毫无疑问会这样想。”

“所有这一切会发生，正是因为他不知道真正的上、中、下三层是什么样子的，是吧？”

“是的。”

“那么，那些不熟悉真理的人会对其他事物产生错误的看法，也会对快乐与痛苦及其中间状态产生错误的看法，对于这一点，你不会觉得奇怪了吧？当他们滑向痛苦的时候，他们会感到痛苦并认为自己经历的痛苦是真实的。同样，当他们从痛苦转向中间状态时，他们会坚信他们已经得到了满足与快乐，由于他们没有经历过真正的快乐，从而把痛苦和不痛苦进行了错误的比较，就像因为没见过白色，在将灰色与黑色进行比较的过程中把灰色当成白色一样。对此你会感到奇怪吗？”

“不，不会的。如果情况相反，我才会觉得很奇怪。”

“我们不妨这样来看这个问题：饥饿、口渴以及类似的感觉，是不是身体状态的某种缺乏？”

“是的。”

“那么，无知和愚昧就是灵魂的缺乏？”

“是的。”

“而食物与智慧则会填补那些缺乏使其获得满足？”

“当然。”

“这种满足感，是从较为实在的东西还是从较为不实在的东西中得来的？”

“显然是从较为实在的东西中得来的。”

“那么，根据你的判断，以下的哪一类事物更具备纯粹存在的本质，是以食物、饮品和调味品等各种各样的营养补给物为代表的事物，还是以真实的意见、知识、思维和各种不同的美德为代表的事物？或者这样说吧：在如下两类事物中，哪一类是更加纯粹的存在：是与不变、不朽、真实相关的、具有这种性质或在这种性质中被发现的事物，还是与变化、有朽相关的具有这种性质的事物或者在变化、有朽中被发现的事物？”

“与永恒不变相关的事物是更加纯粹的。”格劳孔说道。

“那么，永恒不变的事物是不是有与其本质同等程度的知识？”

“是的，有同等程度的知识。”

“那么是否也有同等程度的真理？”

“是的。”

“那么，反过来，缺少真理的事物是否也就会缺少本质？”

“一定会这样。”

“那么，总的来说，那些用来照料身体的事物要比用来照料灵魂的事物有更少的真理和本质？”

“少得多。”

“那么，身体本身是不是比灵魂有更少的真理和本质？”

“是的。”

“那么，充满了较多真实存在的、事实上有更多真实存在的事物比那些由较少真实存在填充的真实存在较少的事物更充实？”

“当然是的。”

“如果我们由于获得自然的东西而感到充实和快乐的话，那么被充实的事物和用以充实的东西越真实，我们也就越能真实地体验到快乐。但如果存在不那么真实的话，我们也就不能真正获得实在的满足，我们的快乐也就不那么真实了，是吧？”

“毫无疑问。”

“那么，那些没有知识和缺乏美德的人，终日忙于满足他的食欲和性欲，并只是在我们所说的自然世界的中层和下层之间漫无目的地上上下下，以此度过他的一生，他从来都没有去到过真正的上层世界。在他的生活中，他从来就没有看清楚或弄清楚他所走过的道路；他从未被真实的存在所充实过，也从未品尝过纯粹的持久的快乐。他就像食草之牛一样，它们的双眼终日只知盯着地面，它们的头终日垂向泥地上的草料槽，他的眼睛只知盯着宴饮桌，只知吃饱喝足，只知满足性欲。他们这样的人对这类快乐过于贪求，于是会像牛用犄角和蹄子顶撞踢打一样，他们会用各种铁器互相攻击和拼杀，以满足他们那永远无法满足的欲望。因为他们想用不实在的东西来填充自己空虚的内心，而且他们所填充的那一部分本身也是不实在的和无节制的。”

“真精彩，”格劳孔说道，“苏格拉底，你简直就像在用神谕般的语言描述大多数人的生活。”

“他们的快乐中夹杂着许多痛苦，他们对这一点无能为力。他们的快乐也不过是真实快乐的影子和图像而已，涂着交错的颜色，夸大了明暗的对比。他们把自己的疯狂欲望移植到那些缺乏理智的人的心灵中，使他们相互争斗，就像斯特西克鲁斯[1]所说的希腊人那样，由于不知实情，却只是在为海伦的影子而在特洛伊战斗中进行着相互的拼杀。”

“这样的事不可避免会发生。”

“灵魂中的激情部分不也会发生同样的事情吗？受激情所控制的这种人，在同样的情况下，不也会把他的激情付诸行动吗？无论他是嫉妒好胜，还是残暴好辩，或是愤怒不满，只要他想通过非理性的手段去获取荣誉和胜利，并且想发泄他的怒气，他就会那么干的。”

“是的，”格劳孔说道，“这类事情在这种情况下必然会发生。”

“那么，我们就可以自信地断言：那些爱名者和爱利者，当他们在理性和知识的指导下去追求智慧指点给他们的快乐，并且遵循真理时，他们也是能够获得最高形式的最真实的快乐的。如果别人认为是最好的东西，同样对于他们自然也是最好的东西的话，那么他们也会取得那份自然应该有的快乐。”

“当然，最好的就是最自然的。”

“当灵魂作为一个整体遵循着爱智者的原则时，灵魂的几个部分之间就不会有分歧了，并且都是正义无私、克守本分、尽职尽责的话，那么几部分都能各自享受到它们所能得到的最真实、最好的快乐。”

“的确如此。”

[1] 斯特西克鲁斯（Stesichorus，前640—前555），古希腊抒情诗人之一，写有长篇叙事抒情诗，演唱时由里拉伴奏。他的诗收集在六本书中，现仅存有残篇。它们包括《戈吕翁之歌》《俄瑞斯忒斯的故事》《佩利阿斯的葬礼比赛》《猎野猪者》《埃利弗勒》《特洛伊的陷落》以及《海伦》。他最著名的诗是《颂歌》，在该作中，他将海伦由特洛伊改编至埃及。——译者注

“但是，如果另外两种人的原则在其灵魂中占据主导地位的话，那么，这种原则的持有者不仅会失去他自己的快乐，也会迫使其他两种人去追求并非他们自己的那种幻影般、不现实的快乐。”

“会的。”

“他们和哲学及理性的差距越大，他们的快乐也就会变得越加古怪和不可捉摸。”

“是的。”

“离理性最远的，就是与法律和秩序相距最远的？”

“显然是的。”

“就像我们看到的，那些性欲和僭主式的欲望离理性和法律最远？”

“是的。”

“君主式的和有序安排的欲望离理性和法律最近？”

“是的。”

“那么，也就是说，僭主距离真正的、自然的快乐最远，而君主距离真正的、自然的快乐最近？”

“当然。”

“这样的话，僭主的生活会是最不快乐的，而君主的生活则是最快乐的。”

“确实如此。”

“你知道僭主会比君主不愉快多少吗？”

“你可以告诉我吗？”

“有三种快乐，一种是真正的快乐，另外两种则是虚假的。现在，僭主远离法律和理性，已经超出两种虚假的快乐了。他已经冲破了法律和理性的辖区，沉浸在奴隶快乐的包围中。要说明他比君主不愉快多少只能用数字来表达。”

“什么数字？”

“我们已经排过顺序了，”我说道，“僭主排在寡头统治者之后，处于第三位；而民主统治者则处在两者中间，是吧？”

“是的。”

“如果我们排的这个顺序是正确的话，那么，僭主所得到的快乐不过是幻象而已，其真实性居于寡头统治者的快乐之下的第三级。”

“是的。”

“如果我们把君主统治者和贵族统治者也排进去，寡头统治者则居于君主统治者之下的第三位。”

“没错。寡头统治者居于第三位。”

“那么，僭主距离真正的快乐则是三乘以三，即他的快乐居于真正快乐之后的第九位？”

“显然是的。”

“由如此巨大的数字决定，僭主式快乐的影子可以说是个平面数字。”

“当然。”

“根据平方和立方之间的增长数来算，那么，想看清楚君主与僭主之间的差距有多大，就一点也不困难了。”

“是的。数学家很容易可以得出这个总数。”

“如果一个人从另一端开始测量君主和僭主在真正快乐上的差距的话，当他完成这个三次方乘法时，他会发现，君主的生活比僭主的生活要快乐 729 倍[1]，或者说僭主要比君主痛苦 729 倍。”

“真是一个精妙绝伦的计算方法！正义者和不正义者在快乐与痛苦方面的差距原来是如此之大。”

“然而，这是一个正确的计算，”我说道，“如果人们注意到白天、黑夜、月份与年度的话，这个数字与人们的生活是息息相关的。”[2]

“是的，”格劳孔说道，“人类的生活确实与它们有关。”

“如果善良而正义之人在快乐上比邪恶而不正义之人要享受得多得多的话，那么，在礼貌、美以及美德方面，他的将胜过对方更多。”

“会多得多。”

---

1 3×3=9，9×9×9=729。——译者注

2 当时，毕达哥拉斯学派的费洛劳斯（Philolaus，前 470—前 390）认为，一年有 364.5 天，即一年有 729 个白天和黑夜，构成一个“大年”。——译者注

“既然我们的辩论已经到了这个阶段，我们再回头去看一看那些把我们带到这里的那些话。是不是有一个人说，对于一个有正义之名却行不正义之实的人来说，不正义是他所能得到的一种好处？”

“是的，是这么说过。”

“现在，既然我们已经弄清楚了做正义与不正义事要具备的能力和品质，我们不妨和提出这种说法的人讨论一下。”

“我们和他谈什么呢？”

“我们给灵魂塑造一个形象，这样他就能清楚地看到他自己所说的话是什么意思了。”

“塑造什么样的灵魂形象呢？”

“一种理想的灵魂形象。就像古代神话中的混合创造物一样，比如说，客迈拉[1]、斯库拉[2]或者刻耳柏洛斯[3]等，它们都是由不同动物的形体混长在一起的怪物。”

“是有这种传说中的怪物。”

“那么，现在，你就通过想象塑造出这样一只多头兽吧。这些头环绕着它的脖子长出来，形状各异，其中有性格温驯的兽头，也有性情暴烈的兽头，而且这些头还可以随意变换，随意长出来。”

“你假想有这样神奇力量的艺术家存在。不过，语言毕竟还是比蜡或者其他类似的东西更具有可塑性，我们就假设已通过语言把这只多头兽塑造出来了吧。”

“再设想你又塑造出了一头狮子和一个人。第二个塑造出的狮子的形象比第一个怪兽的形象小一些，而第三个人的形象则比狮子的形象还小一些。”

“塑造这样的形象倒不难，”格劳孔说道，“我已经按照你说的塑造好了。”

“现在把这三个形象合在一起，让它们形成一个整体。”

---

[1] 客迈拉（Chimera），希腊神话中的怪兽。最早在古希腊诗人荷马的故事中出现，它由三部分组成：前部是狮子，尾巴是一条蟒蛇，身子是山羊，是一种会喷火的怪兽。——译者注

[2] 斯库拉（Scylla），希腊神话中的女海妖，有六头十二足。——译者注

[3] 刻耳柏洛斯（Cerberus），希腊神话中的地狱看门犬，有三个头，长着蛇的尾巴，脖子上也盘绕着毒蛇。——译者注

“塑造好了。”

“接下来，把它们的外表塑成一个人形。让这个人看不到身体内的东西，只能看到外在的人形，这样他就会相信这个怪物似乎就只是一个人而已。”

“我照你说的塑造好了。”格劳孔说道。

“那么，对于那位认为‘人类不正义才有利可图而正义却无利可图’的人，我们应该这样回答，如果他所说的是正确的，那么他就等于是主张：应该去喂饱那只多头怪兽，强化狮子以及与狮子相关的力量，让人忍饥挨饿，变得衰弱不堪，以致被那两个部分任意拖着走。人也不再有能力尝试去使怪兽和狮子相互了解并和谐相处，而只能让它们相互拼杀撕咬，彼此吞噬。”

“一定的，”格劳孔说道，“这就是赞成不正义有益的人的看法。”

“但是，主张正义有益的人则会认为，这混合体应当在言行举止上给予其中的人以全权支持，从而能主宰作为整体的这个混合体，并且能像一个农夫一样，喂养和培养温顺的部分，防止野蛮部分的生长。而且他应该能够把狮子变成他的盟友。在照顾这个混合体时，他能使三个组成部分彼此联合起来。”

“正义拥护者肯定会这样说的。”

“那么，在快乐、荣誉、利益等方面，无论是从哪一方面来考虑，正义拥护者都是正确的，他的话都是事实，不正义拥护者总是错误、虚假与无知的。”

“是的，无论从哪方面来说，都是这样。”

“那么，我们现在能够心平气和地去与不正义的拥护者进行辩论了，因为他也不是故意要犯错的。我们会对他说：‘亲爱的先生，你是怎么看待高尚和卑贱的事物的呢？高尚的事物是那些能使人的本性中的兽性服从于人性或是神性的事物吗？卑贱的事物是那些使人性屈服于兽性的事物吗？’我想他会表示认同的吧？”

“如果考虑过我们的看法的话，他会认同的。”

“如果他对此表示认同的话，我们还要问他另一个问题：‘如果一个人让他最高贵的部分受最邪恶部分的奴役，以此为代价得到一些金银，这对他来说真正有好处可言吗？如果一个人把他的儿子或女儿卖给别人当奴隶，特别是卖给一个凶残、低劣的人，无论他得到的金钱有多少，他得到什么实在的益处了吗？当一个人极为无情地把自己最神圣的部分卖给最不神圣、最可憎的部分时，难道人们不会说他是一个可怜的卑鄙小人？他接受这些贿赂，得到的会是一个比厄里费勒[1]为了一条项链而出卖丈夫性命还要悲惨的结果。”

“如果我能替他回答，”格劳孔说道，“确实非常悲惨。”

“过于放纵自古以来就受到人们的谴责，因为如果过度放纵，人们体内的多形怪兽就会被允许过度变大？”

“是的。”

“当其体内类似狮子和蛇的东西不成比例地生长和获得力量时，人们是否就会由于傲慢和脾气暴躁而受到谴责？”

“是的。”

“当其体内类似狮子和蛇的东西过于散漫而变得衰弱不堪，并让他成了懦弱的人时，人们是否就会由于奢侈和软弱而受到责备？”

“非常正确。”

“如果一个人使他灵魂中激情的部分——狮子成为无法无天的怪兽的附庸，而且为了金钱——这个他永远无法满足的东西，使狮子从小就习惯于被任意践踏，以至它长大后却变成了一只猴子。那么他会不会因为他的阿谀与卑贱而受到责难呢？”

“会的。”格劳孔说道。

“你知道为什么低下的工种和手工技艺会受到责骂吗？因为一个人的高贵部分天生衰弱，他不能控制体内的怪兽，而只能奉承它们，学着如何讨好它们。”

“好像是这么回事。”

“因为把这种人置于最优秀的人的管教之下是很合适的，我们不妨让他去成

[1] 厄里费勒（Eriphyle），希腊神话中安菲阿剌俄斯的妻子。安菲阿剌俄斯是个先知。他预见到七将攻忒拜将遭失败，因此一开始拒绝参加。俄狄浦斯之子波吕尼刻斯则根据预言得知，要出征忒拜，非有安菲阿剌俄斯的帮助不可，于是他就用哈耳摩尼亚的项链贿赂厄里费勒。后者力主丈夫参加攻打忒拜的远征。丈夫知道有去无归，但表示愿意去，因为结婚时他曾立过唯命是从的誓言。临行时，安菲阿剌俄斯嘱咐儿子阿尔克迈翁，如果他死在战场，儿子要向他的母亲报仇。之后，阿尔克迈翁把母亲杀死。——译者注

为这个受神明指导的人的奴仆。这样做的目的不是像色拉叙马霍斯所说的那样，是为了伤害那个奴仆，而是每个人都最好由他身上的神圣智慧来管教。如果人的身上没有这种神圣的智慧，那就应该树立一个外部权威来管教，以便在可能的范围内使我们受到同样的管教，从而使我们成为朋友和平等的人。”

“是的。”格劳孔说道。

“显然，制定法律的目的就在于使整个城邦的人都成为忠实的朋友，这一点也可以从我们对儿童进行的教育上看出来。我们在他们身上培养了一种原则，就像在城邦里建立了制度，并且在他们的心中培植最高贵的部分，就像为城邦培养护卫者和统治者。只有当这一切完成后，才会给他们自由，他们就可以走自己的路了。”

“是的，”格劳孔说道，“法律的目的是显而易见的。”

“那么，到底从什么角度，根据什么理由，我们可以主张，一个人能够从不正义、无节制的放纵或其他卑劣的事中获得好处呢？因为，即使他能获得金钱与权力，他也只可能变得更坏。”

“无论从哪个方面都无法主张。”

“那么，即使他干的不正义之事没有被发现，没有受到惩罚，他会得到什么好处呢？如果没有被发现，只能使他变得更坏。如果被发现并受到了惩罚，他体内的兽性部分就会受到压制而被驯化，他的人性部分就会得到自由，他的整个灵魂因为得到了正义、节制和智慧而更加完美与高尚。即使人的身体得到了美、力量和健康，也比不上灵魂所得到的好处大，因为灵魂比肉体更为高贵。”

“当然。”格劳孔说道。

“为了这个更高尚的目的，一个有理智的人会付出其毕生精力。首先，他会在内心钦佩那些能获得这些品质的学问，并且轻视其他的学问？”

“很显然他会如此做。”格劳孔说道。

“其次，他会调节身体的习惯，并进行锻炼。他不会向那些野蛮和无理性的快乐屈服，他甚至会把健康当成一个次要方面看待。他的首要目标不是变得美丽、强壮或健康，但如果他认为这样能够锻炼自己的节制能力，还是会注重体育锻炼。他总是为了保持灵魂的和谐而去调适身体。”

“如果他有真正的音乐修养，他肯定会这样做。”

“在获取财富的问题上，他会同样遵守秩序与和谐原则。他不会让自己受到世人愚蠢的喝彩的蛊惑而去聚敛会使自己受到极大伤害的钱财。”

“当然不会。”格劳孔说道。

“他会时刻注视自己内部的城邦，注意不要因为财富过多或过少而使内心出现骚乱。根据这个原则，他会妥善管理好自己的财产，并量入为出。”

“非常正确。”

“同样，他会很高兴接受并享受那样会使自己成为更高尚的人的荣誉，但对于那些可能会扰乱他生活的荣誉，不管是在私下场合还是公众场合，他都会坚决避开。”

“如果他追求的是这样的目标，那么他就不会参与城邦事务。”

“凭狗起誓，”我说道，“在他自己的那个城邦当然会。虽然在他出生的地方，除非有神明的召唤，否则他是不会参与城邦事务的。”

“我明白了。你是指在由我们创造的并且只在理论中存在的那个城邦，他才会参与城邦事务，对吧？但是我并不相信大地上的任何地方有这样一个城邦。”

“在天国中，”我说道，“有这样一个城邦的范型。我认为，它为想看到它的人并且看到它后又想居住于此的人而存在。但是，这样一个城邦是现在就有还是将来会出现，并不重要。因为他只会按照这个城邦里的方式行事，而不会理睬别的城邦的方式。”

“我想是这样的。”格劳孔说道。

卷十　一生的报偿

对话者：苏格拉底

格劳孔

“在建立这个城邦的秩序中，我洞察到许多特别好的做法值得考虑，我认为，诗歌中提到的做法与其他的相比，是最好的。”

“你指的是什么做法呢？”

“诗歌拒绝模仿，模仿是绝对不被接受的。既然我们前面已清楚地区分了灵魂的三个组成部分，那么，拒绝模仿的做法就是显而易见的了。”

“你能把意思说得更清楚些吗？”

“那我们就不妨在私下里来说一说，我相信你们是不会把我说的透露给悲剧诗人或其他模仿者的。我不介意这样对你们说，所有的模仿艺术对于听众的理解都是有损害的，他们认为知识的真正本质就是逸闻趣事。”

“你能再深入地解释一下吗？”

“好的，那我就跟你们直说吧。虽然我从年轻时就对荷马怀有敬畏和爱戴之心，就是现在还禁不住对他赞扬有加，因为他是所有那些魅力十足的悲剧诗人的领军人物和老师。但无论如何，我们不能把对个人的敬畏看得比真理还高，所以，我必须说出来。”

“太好了。”格劳孔说道。

“那么，听我说吧，然后回答我的问题。”

“我听着呢，问吧。”

“你能告诉我到底什么是模仿吗？我真的不知道。”

“模仿就是类似的东西，这就是我知道的。”

“真有你的！视力差的人往往比视力好的人先看到。”

“这倒是真的，”格劳孔说道，“不过在你面前，我就算看得见什么，也不会急着告诉你的，你还是自己去看个究竟吧！”

“好的，那么，就让我们按老规矩开始探讨吧。凡是我们可以用共同名称来称呼多数事物时，我们就假定它们也有一个相应的理念或形式。你理解我的意思吗？”

“理解。”

“那我们就随便举个例子：世上有许多的床或桌子？”

“是的。”

“但它们只有两种理念或形式，一个是床的理念，一个是桌子的理念。”

“是的。”

“而且，做床或桌子的工匠是根据床或桌子的理念制造它们供我们使用的，其他供我们使用的东西也是这样做成的。但没有任何工匠可以把理念制造出来，是这样的吗？”

“肯定是。”

“有这样一种手艺人，我想知道你会怎么说他们。”

“什么样的手艺人？”

“他制造一切，所有手艺人制造的东西都包括在内。”

“多么卓越超凡的人！”

“稍等一下，你有充分的理由这么说。因为，这样的手艺人不仅能制造所有的器皿用具，而且能制造一切动物、植物和他自身，他还能制造其他一切事物：天和地，天上和地下之物，各种神明。”

“他一定是个神奇至极、从不犯错的人！”

“哦！你根本不信有这种人，是吗？你的意思是，不可能有这种制造者或创造者，还是认为在一种意义上有这种人，在另一种意义上则不可能有？你自己也能用某种方式制造出所有这些东西来，难道你没有看出来吗？”

“什么样的方式？”

“非常容易的方式，而且方式很多，做起来既容易又便捷。没有什么比拿一面镜子转来转去进行制造更容易的方式了。你用面镜子很快就能制造出太阳和天空中的一切，制造出你自己和大地，制造出其他的动物和植物。所有这一切，你在镜子里都能制造出来。”

“是能，”格劳孔说道，“但这只是影子，不是真实的存在。”

“说得太好了，”我说道，“你正说到了点子上。因为，我认为画家也只是另一个影子的制造者而已？”

“当然是。”

“但我想你会说，画家创作出来的不是真的东西。然而，从某种意义上讲，画家也能创造出一张床来？”

“是的，”格劳孔说道，“但他创造出来的并不是真正的床。”

“那么，制造床的工匠做出来的床又如何呢？你会不会说，他做的床不是真正的床或理念意义上的床，他只是做了某张具体的床而已？”

“是的，我是这个意思。”

“那么，如果工匠不能制造存在的东西，他就不能制造完全意义上的存在，而只能制造一些存在的模仿物。如果有人说，制造床的工匠或任何其他的手工匠人制造出来的东西是真正的存在，他所说的极有可能不正确？”

“无论如何，”格劳孔回答道，“哲学家会说，他所说的并不是真理。”

“并不奇怪，那么，他所做的也只是对真理的某种表达而已。”

“是不奇怪。”

“那么，现在，我们就借用刚才所说的这些事例来探究模仿者是谁。”

“就请讲吧。”

“那么，这里提到三种床：一种存在于自然中，是上帝制造的，我想我们可以这样说，不然，还有谁制造了它？”

“没有人。”

“第二种床是由木匠打造的？”

“是的。”

“第三种床是由画家绘制的？”

“是的。”

“那么，床有三类，与此对应，制造床的人也有三类：上帝、木匠和画家？”

“是的，是有三类。”

“无论是选择还是必须，上帝都只制造了一张床，只有一张，两张或更多张这种理念之床之前没有被上帝制造出来，之后也不会被上帝制造出来。”

“为什么呢？”

“因为，即使上帝只制造两张床，就还会出现第三张床，两张床都会有第三张床的理念，因此，第三张床才是那张理念之床，而不是另外两张。”

“的确如此。”格劳孔说道。

“上帝知道这一点，他希望自己成为真正床的真正制造者，而不是成为某张床的某个制造者，所以他就只创造了自然中唯一的一张本质之床。”

“我们相信是这样的。”

“那么，我们是否可以说上帝是自然的作者或是自然之床的制造者？”

“是的，”格劳孔回答说，“就创造的自然过程而言，上帝是自然之床的创造者和其他所有事物的创造者。”

“那么木匠呢？他是否也是床的制造者？”

“是的。”

“但你也会把画家称作床的创造者和制造者吗？”

“当然不会。”

“但如果画家不是床的制造者，那么他与床是什么关系呢？”

“我认为，”格劳孔说道，“我们把画家称作上帝和木匠制造的床的模仿者，倒是最为合适的。”

“好的，”我说道，“那么，你把创造比理念低两层东西的人称为模仿者？”

“当然。”格劳孔说道。

“那么，悲剧诗人是模仿者，而且像其他模仿者一样，他排在自然之王和真理之后的第三位？”

“看起来是这样的。”

“那么，关于什么样的人是模仿者，我们已达成了一致意见。那画家呢？我想知道，画家模仿的是自然中的存在物还是仅仅是手艺人的创造物？”

“画家只模仿手艺人的创造物。”

“它们是真实的事物还是事物的影像？这仍然需要弄清楚。”

“你说的是什么意思？”

“我的意思是，你可以从不同的角度看床，从侧面看、从正面看或从别的任意一个角度看，床就会显得不一样，但事实上床却并无不同之处。其他所有的事物都一样。”

“是的，”格劳孔说道，“只是看起来不一样而已。”

“现在我来问你另一个问题：绘画的目的是什么？画家画的画是在模仿事物的本来面目呢，还是只在模仿事物的表象，即模仿的是表象还是事物本身？”

“是表象。”

“这么说，模仿者已远离了真理，”我说道，“他能做一切事情，因为他只要稍微了解一下这些事物的一小部分就可以了，而这一小部分还只是形象。比如说，一个画家虽然不懂鞋匠、木匠或其他任何工匠的手艺，但他却可以画他们。如果他的绘画技能高超，当他把他的画远远地展示时，还能哄骗住孩子或头脑简单的人，他们会真的相信自己是在看一位真正的木匠呢。”

“肯定会的。”

“如果有人告诉我们，他发现了这么一个人：他了解所有的手工艺术和别人知道的所有事情。他所了解的每件事都比其他人了解的准确得多。无论是谁和我们说这些，我们都只会认为这个人是个头脑简单的人。他很可能被他所遇到的某位巫师或表演者给欺骗了。他认为那个人什么都知道，是因为他不能对知识、无知和模仿的本质进行分辨。”

“极为正确。”

“因此，我们会听别人说，悲剧家及他们的领袖荷马，知道所有艺术和所有人类的事，其中包括美德之事，也包括邪恶之事，他们还知道神明的事情。因为，一个优秀诗人如果不了解他的写作对象，就写不出好诗：如果他没有这方面的知识，就永远也成不了诗人。这个时候，我们应该思考一下，这里面是否也有相同的幻象存在。也许他们碰到了模仿者，并受到了他的欺骗；也许他们不记得他们所看到的模仿者的作品，只是排列在真理之后第三位的东西，而这些东西可以在没有任何真理方面知识的情况下，很容易就被创造出来，因为它们只是表象而不是事实？也许他们说的是正确的，优秀诗人确实知道那些他们能讲得很好的事物？”

“这个问题，”格劳孔说道，“怎么都得考虑一下。”

“如果一个人既能制造形象，又能制造形象的模仿物，他会致力于制造形象？他会把模仿作为他生活的指导原则，就好像他心里没有其他更高原则似的？”

“我并不这样认为。”

“知道他模仿的是什么的真正的艺术家不会对模仿物感兴趣，只会对事物本身感兴趣。他会致力于创作许多优秀的作品留给世人，作为自己身后的纪念。他不愿意去赞颂别人，却愿意成为别人赞颂的对象。”

“是的，”格劳孔说道，“那对他来说才是追求更伟大荣誉和更大利益的源泉。”

“那么，”我说道，“我们一定要问荷马一个问题。我们问的不是关于医药或其他艺术方面的问题，这些技艺他只是偶尔会在其诗中谈及，我们问的不是关于他或任何其他诗人的问题，诸如他是否像阿斯克勒庇俄斯一样治愈了病人，或者是否像他一样创立了留传后世的医学流派，或者是否像他一样教授医学知识或其他的技艺。但我们最想要了解的是，他的诗里最重要和最高尚的话题，即与军事部署、城邦事务、人的教育有关的事情。我们让他回答这样的问题是很公允的：‘荷马，亲爱的朋友，’我们对他说，‘如果你所说的美德是处于真理后面的第二位，不是第三位，即不是形象的制造者或模仿者，如果你能分辨清楚，什么样的追求能使人在私人生活和公共生活中变好或变坏，那么请你告诉我们，哪个城邦由于你的帮助而比以前治理得更好了？斯巴达的良好秩序会归功于吕库古[1]；其他

[1] 吕库古（Lycurgus），公元前 7 世纪人，创立了斯巴达的政体形式。——译者注

许多大大小小的城邦都同样得益于他人。但是，谁会说你是他们的优秀立法者并给他们带去了益处呢？意大利和西西里有值得夸耀的卡龙达斯[1]，还有众所周知的梭伦。但有哪个城邦会归功于你呢？’他能说出哪个城邦来吗？”

“我想他说不出来，”格劳孔说道，“连荷马的崇拜者们自己都没有认为他是一个优秀的立法者。”

“那好。他在有生之年，是否有关于他指挥打胜的战争或是由他出谋划策而取胜的战争的记载？”

“没有。”

“那么，就像米利都的泰勒斯[2]或塞西亚的阿纳卡西斯[3]以及其他一些机敏之人一样，进行过诸多的精巧发明，是否有可以运用到技艺或人类生活中的发明可以归功于他呢？”

“绝对没有。”

“如果荷马从未担任过任何公职，那么他私下里是否做过什么顾问或老师呢？在荷马的有生之年中，有没有朋友喜欢与他交往，就像毕达哥拉斯由于其智慧深受人们的爱戴一样，乐意把他的生活方式传承下去的？直到今天，毕达哥拉斯的追随者还因为以他的命字命名的学派而闻名于世呢。”

“没有关于他这方面的记载。苏格拉底，因为，如果像传闻那样，荷马在生前就被他愚蠢至极的学生克里奥费洛斯[4]和其他人所轻视，本来他这个学生的名字就让我们觉得可笑了，这下他会更让我们见笑了。”

---

[1] 卡龙达斯（Charondas），公元 6 世纪古希腊一位立法者，传说他为自己的城邦卡塔涅制定了法律。——译者注

[2] 米利都（Miletus），位于安纳托利亚西海岸线上的一座古希腊城邦，今属土耳其。泰勒斯（Thales，约前 624—前 546），古希腊时期思想家、科学家、哲学家，古希腊最早的哲学学派——米利都学派（也称爱奥尼亚学派）创始人。——译者注

[3] 塞西亚（Scythia），古希腊时期欧洲东北部和黑海北岸地区。阿纳卡西斯（Anacharsis），“古希腊七贤”之一，公元前 6 世纪由他的家乡出发前往雅典游历，给雅典人留下了直率敢言的“野蛮人”印象，是犬儒主义的先驱。——译者注

[4] 克里奥费洛斯（Creophylus），古希腊时期一位叙事诗人，名字的希腊文意思是“肉之子”。这里采用了幽默的理解，古希腊人认为，吃得太好会影响人的理智。——译者注

“是的，”我回答道，“传闻是这样的。但是，格劳孔，如果荷马确实能够教育他人提高人的品德，如果他确实拥有真知而不仅仅是个模仿者，但没有多少追随者，不被追随者尊敬和热爱，你能想象得到吗？阿布德拉的普罗泰戈拉[1]和塞奥斯的普罗迪科斯[2]，以及许多其他的智者，私下对同时代人说：‘如果你们不接受我们的教育，你们就永远不能懂得如何管好自己家的事务和城邦的事务。’他们凭借这种聪明的做法赢得了许多人深深的爱戴。他们的追随者简直像众星捧月一样，恨不得用肩膀扛抬着他们四处游学。如果荷马或者赫西俄德，真能帮助同时代的人，使他们受益，那么他们两个会四处流浪去讲故事吗？人们是否会像不愿离开金子一样，强留他们两个住在家里？或者，如果他们不愿留下来，那么人们是否会以学生的身份追随他们去往各处，直到获得足够的教育为止？”

“是的，苏格拉底，我认为你说得十分正确。”

“那么我们是否可以这样推断，从荷马以来的诗人都只是模仿者，他们对美德及其类似事物的描述只是形象，从未达到真理？诗人就像我们刚才所谈到的画家一样，虽然并不懂鞋匠的手艺，却可以把鞋匠画得惟妙惟肖。他的画对于和他一样对鞋匠一无所知、只知道通过色彩和人物形象来判断的人来说，已经足够了，是这样的吧？”

“正是如此。”

“同样，诗人会运用他的词藻，为各种各样的技艺上色，而他自己对技艺所具备的知识仅够模仿它们而已。和他一样对所描述事物一无所知的其他人，只会根据他的词句进行判断，就会觉得他用格律、节奏和音律来描绘修鞋做鞋、军事部署以及其他的事情非常不错。这便是诗的韵律与节奏天生所具有的魅力。我觉得，你肯定不止一次注意到了，诗人的诗如果去掉了音乐色彩，只以读散文的方

[1] 阿布德拉（Abdera），古希腊北方色雷斯地区一海滨城市。普罗泰戈拉（Protagoras，约前490—前420），出生在阿布德拉城，多次到雅典，智者派代表人物，主张“人是万物的尺度”。一生旅居各地，传授修辞和论辩知识，是当时最受人尊敬的“智者”。——译者注

[2] 塞奥斯（Ceos），位于爱琴海基克拉迪群岛北部一岛屿。普罗迪科斯（Prodicus，前465—前395），古希腊时期哲学家、文法家、修辞家，早期智者学派的代表人物，曾从家乡塞奥斯岛前往雅典讲学。——译者注

式来诵读，它听起来一定会非常单调乏味的。”

“是的。”格劳孔说道。

“它们不就像是一些从来没有真正美丽过的面孔，只是由于处于青春花季显得美丽而已。而现在，青春花季一过，这些面孔就不再显得美丽了？”

“一点没错。”

“还有一点。形象的模仿者或制造者一点也不了解真正的存在。他只知道表象。我说得没错吧？”

“没错。”

“那么，让我们把它彻底弄个明白吧，不要只满足于一知半解。”

“请继续。”

“我们说画家会画马缰绳，他也会画马嚼子？”

“是的。”

“那么，皮匠和铜匠能做出马缰绳和马嚼子吗？”

“当然能。”

“但是，画家知道马嚼子和马缰绳的真正样子吗？不知道，其实就连制造它们的铜匠、皮匠也很难知道。只有骑手才知道怎样运用它们，骑手才知道缰绳和马嚼子的真正样子。”

“很对。”

“我们可以说所有的事物都是这样的吗？”

“是什么样的？”

“对所有事物而言都有三种艺术：一种是使用的艺术，一种是制造的艺术，第三种是模仿的艺术？”

“是的。”

“所以说，谈及每一个用具、有生命和无生命的事物、人类每种行为的卓越、美或真理，都和其用途有关，自然或艺术家都是为此进行创造或模仿的？”

“是的。”

“它们的使用者必须要有最丰富的使用经验，使用者必须告诉制造者他们在使用过程中所发生的好的和坏的方面。比如说，吹笛子的人会告诉做笛子的人哪一支笛子令他满意；如果他告诉做笛子的人如何做出好笛子，做笛子的人会听他的吗？”

“当然。”

“这个吹笛人了解笛子的好坏，因此评论笛子的好坏也有权威性，而做笛人相信他，会根据吹笛人告诉他的去制造笛子，是吧？”

“是的。”

“乐器还是同样的乐器，但是对于它是好是坏，只要有一个正确的认识就可以了。这一正确的知识来自了解这种知识的人。他和有知识的人交流或者不得不听他讲，因为这个人有这方面的知识？”

“是的。”

“那么，模仿者能从使用中知道自己所描画的事物是否正确或美丽吗？或者，他会通过与有知识人的必不可少的交流而知道如何描画的正确观念吗？模仿者会有这两种知识之一吗？”

“一种也没有。”

“这么说，他不会有正确的观念了，就像他不知道自己的模仿是好是坏一样？”

“我想他不知道。”

“这位模仿艺术家对于他自己的创作是充满智慧的吗？”

“不，正好相反。”

“在他不知道什么能使一个东西变好或变坏的情况下，他是否会继续模仿下去呢？或者说他只去模仿那些似乎对无知民众有吸引力的东西？”

“正是这样。”

“到目前为止，我们已经一致同意，模仿者对自己所模仿的东西是没有什么值得一提的知识的。模仿只是一种游戏或运动。悲剧诗人，无论他写抑扬格的诗还是写史诗格的诗，他们都不过是最高超的模仿者而已？”

“正是。”

“现在，请你告诉我，我们所说的模仿与排在真理后第三位的东西有关，是吗？”

“当然。”

“那么，模仿在人的哪种官能上施加作用？”

“你说的是什么意思？”

“我解释一下吧：物体是否在近处看时就大，在远处看时就小？”

“是的。”

“同一物体在水外看是直的，在水中看是弯的。由于视觉受色彩的干扰，凹的会变成凸的。于是各种各样的迷惑就在我们内部显示出来了。这种混乱就存在于我们的身上，这就是人的心灵的弱点，人的心灵被光线和阴影制造出的效果以及其他灵巧装置制造出的效果所欺骗，这种效果在我们看来就像魔术一样。”

“是的。”

“度量、计算和测重的技术前来拯救人类的理解力，它们的美就体现在这里。于是，表面的大小、多少、轻重，再也不能控制我们，它们在度量、计算和测重面前只能退让了，是吧？”

“非常正确。”

“这肯定是灵魂中计算能力和理性原则的杰作了？”

“肯定是的。”

“这个原则在测量、证实某些事物是相等的或者一些比另一些大或小时，就有了明显的矛盾？”

“是的。”

“但我们不是说过，这种矛盾是不可能的吗？同一种官能不是不可能同时对同一事物持有相反的观点吗？”

“非常正确。”

“那么，灵魂中与度量相反的观点和与度量一致的观点就是不相同的？”

“是的。”

“灵魂中的最优秀的部分可能就是相信度量与计算的那个部分？”

“当然。”

“与它们相反的那个部分就是灵魂中的低劣部分？”

“毫无疑问。”

“我之所以说这些，就是试图得出这样一个结论：我说，绘画和其他模仿，在进行创作时，是远离真理的。它们乐于与我们身上同样远离理性的原则交往，它们不是以真理或健康为目标的。”

“的确如此。”

“那么，模仿艺术就是一个低劣者娶了另一个低劣者，又生了低劣的后代。”

“十分正确。”

“模仿艺术是不是仅限于视觉呢，还是它也可以引伸到听觉，有关我们称之为诗歌的东西上去？”

“同样的情形对诗歌来说，可能也是正确的。”

“不要依赖从绘画推出来的类似的可能性，”我说道，“我们可以进一步考察一下，看看与诗歌的模仿相关的部分是好还是坏。”

“请讲。”

“我们可以这样进行：模仿艺术对人的自愿和不自愿的行为进行模仿。他们认为，当行为产生好的或坏的结果时，也会产生相应的喜悦或悲哀。除此之外还有别的什么吗？”

“没有了，没有其他任何东西了。”

“但是在各种不同的环境中，这个人是一个身心内外一致的人呢，还是像在视觉的例子中所讲的那样，对相同的事物充满了混乱的、相反的观点，他的生活中也充满了冲突与不一致？我也许无须再提起这个问题，因为我记得，所有这些已经得到了我们的认可。我们同时还认可过，我们的灵魂在同一时刻充满了成千上万的这类矛盾，对吧？”

“我们说得一点没错。”格劳孔说道。

“是的！”我说道，“到目前为止，我们还没有错。但是我们现在必须对一个曾经遗漏的东西进行弥补。”

“什么遗漏？”

“我们是不是曾经说过，一个正直的人如果不幸失去了他最亲爱的儿子或最在乎的其他任何东西，他会比其他人更平静地面对损失？”

“是说过。”

“但是，他是没有悲伤呢，还是尽管他也禁不住会悲伤，只是能够节制自己的悲伤？”

“后者更准确。”格劳孔说道。

“告诉我：他是在和同类人面前还是在他一个人的时候，更可能极力控制住他的悲伤？”

“他在别人面前和自己独处时，情况会大不相同。”

“那么，当他一个人独处时，他就不会介意说出或做出许多耻于被别人听见或看见的事情来吗？”

“是的。”

“在他的内心是否有一条法则和理性原则，会使他去拒斥那种驱使他沉浸于悲伤的不幸的感觉？”

“是的。”

“一个人面对同样的事情，被牵扯到两个相反的方向上时，正如我们所断言的那样，必然会在他的心中也出现两种明显不同的原则，是吧？”

“当然。”

“其中一种原则必定会遵循法律的指引？”

“你是什么意思？”

“法律会说，在痛苦中最好能够忍耐，我们不应该变得没有耐心，因为我们并不知道发生这样的事是好是坏。而且缺乏耐心对个人来说也没有什么好处。况且，凡是人世间的事务都并非至关重要的，悲哀会防碍目前最需要的东西。”

“什么是最需要的？”格劳孔问道。

“我们应该接受已经发生的事情。当骰子已经掷出去后，我们就应该按照理性认为最好的方式去处理我们的事务，不要像小孩子一样，摔倒之后，抓住受伤的地方大声哭喊来浪费时间。我们应该使灵魂习惯于找出治疗方法，用治疗术消除病痛，让自己尽快从伤病中站起来。”

“是的，”格劳孔说道，“这是对付命运打击的正确办法。”

“是的，”我说道，“更高的原则必定会遵循理性的这一建议？”

“显然会的。”

“对于另一种倾向于使我们无休无止地回忆我们的麻烦和悲痛，对此永不满足的原则，我们会把它称为缺乏理性、无用的、怯懦的？”

“我们的确会这么说。”

“后者，我指的是反叛性原则，它会不会为模仿提供许许多多不同的素材呢？至于明智而平和的性格，因为总是保持一个样，它是不容易被模仿的，即使被模仿出来，也是不容易被领会的，尤其是对于公共节日里一群混乱地聚集在剧院的人更是如此。因为，它是他们所不熟悉的。”

“当然。”

“从事模仿的诗人想要变得受人欢迎，他的本性不会，他的艺术更不会，使他去取悦或影响灵魂中的理性原则。他倒更喜欢模仿激动而多变的脾气，这更容易模仿，是吧？”

“显然是的。”

“现在，我们可以把诗人和画家相提并论了，这样谈论并不失公允，因为诗人在两方面和画家是相似的。第一，他的创作的真实程度较低，我认为他在这方面与画家是相似的。在与灵魂的低劣部分相联系方面，他们也是类似的。因此，我们有理由拒绝他进入一个秩序井然的城邦，因为他唤醒、培育并增强了灵魂中的低劣成分即感性部分，伤害了灵魂中的高贵部分即理性部分。正如在一个城邦中，如果允许邪恶之人掌权，那么正直的人就会被排挤出去。在一个人的灵魂中，正如我们所说的那样，从事模仿的诗人植入了恶的城邦体系，因为他纵容缺乏理性的本性。这种本性不能辨别大与小，却会把同一事物，有时说成大的，有时说成小的。他创造的形象与真理相差甚远。”

“是的。”

“我们还是没有把对诗歌最严重罪行的指控说出来，即诗歌对正直的人的伤害（很少有人能幸免于诗歌所带来的伤害）。难道这种伤害不是一件非常可怕的事情吗？”

“如果诗歌对人的影响是你说的那样，当然是很可怕的事情了。”

“听清楚再下判断吧。我想，我们之中的最优秀者，在听荷马或一位悲剧诗人描写一位受苦受难的英雄人物，他以长篇独白说出自己的悲伤，或者以手拍打胸膛，哭泣着说出悲伤。我们中的最优秀之人，你知道，也会非常乐意去同情，并陶醉于其中。于是，我们会把最能激起我们感情的诗人称为优秀诗人。”

“是的，我知道，当然会这样。”

“但是，当我们自己遭遇到悲伤时，你会发现，我们却十分珍视与此相反的品质：我们宁愿保持沉默和忍耐，因为这是属于男子汉的习气。诵读史诗中让我们喜欢的那些东西，被认为是女性的习气。”

“十分正确。”格劳孔说道。

“现在，我们居然夸奖、钦佩一个做出令我们憎恶并觉得其行为可耻的人，对吗？”

“不对，”格劳孔说道，“这当然是不合理的。”

“但是，”我说道，“从另一个角度来看，相当合理。”

“从什么角度？”

“你想，”我说道，“我们在遇到不幸时，会强烈渴望以哭泣和哀诉的方式来释放我们的悲哀。这种感觉，我们在身处灾难时会加以压制，但在诗人那里却可以获得愉悦的满足。我们本性中最优秀的部分，由于没有受到理性或习惯的充分训练，使同情因素可以冲破束缚，因为悲剧诗歌中的悲伤是别人的。旁观者认为，去称赞和怜悯一个对他诉说他是多么好又多么不幸的人，并不会给自己带来任何不光彩。他会认为，这种快乐就是他得到的收获，又何必这么自负以致失去这种快乐，甚至连诗歌也失去呢？我想，很少人会想到，别人不幸遭遇里的一些恶的东西会传递到他们自己身上。因此，在我们遭遇不幸时，因为看到别人的不幸，我们的悲伤心情会加剧，很难压制下去。”

“太对了！”

“在遇到可笑的事情时，不也是这样的吗？对于一些你不屑于说的滑稽笑话，你在喜剧舞台上听到或是在私下场合听到时，你就并不会觉得厌恶、不得体，相反会被逗得捧腹大笑。于是，与给人以同情类似的事情又重复发生了。在人的本性中有一部分会使你想随意发笑，你曾经因为害怕被人认为是小丑而用理性对它加以限制，现在它又一次被释放出来。发笑的官能在剧院被刺激之后，你在私人场所也会不知不觉扮演插科打诨的喜剧角色。”

“十分正确。”格劳孔说道。

“情欲、愤怒以及其他所有的欲望、痛苦和快乐等情感，都是与每种行为密不可分的，诗歌在模仿这些情感时对人们所起的作用也一样。诗歌会滋养、浇灌这些情感，不会让它们干枯，诗歌让这些情感控制我们。而人类如果想要多拥有一些幸福与美德，则必须控制它们。”

“不能否认这一点。”

“因此，格劳孔，”我说道，“你在遇到任何歌颂荷马的人，宣称荷马曾是全希腊人的教育者，说他在教育和规划人类事务方面给人诸多教益，因此人们应该不停地翻读他的作品，以求了然于胸，并根据他的教诲安排自己的一生，我们可以爱戴并尊敬说这些话的人。因为从他们的观点来看，他们是极为优秀之人。我们愿意承认荷马是最高明的诗人和悲剧诗人中的佼佼者。但是，我们必须保持坚定的信念，认为只有对神的赞美诗和对英雄的赞美诗才是城邦接受的唯一的诗歌。因为，如果超过了这个界限，允许甘甜如蜜的缪斯进入城邦，无论其进入方式是史诗还是抒情诗，那么统治我们城邦的，将不再是法律和被普遍认为最好的人类的理性，而代之以痛苦与欢乐。”

“非常正确。”格劳孔说道。

“现在我们既然又回到了诗歌这个话题上，就让我们重申一下我们对诗歌所发表过的看法，以此判断我们提出过的把诗歌艺术逐出城邦的合理性。因为它有我们描述过的倾向，理性限制我们这么做。为了避免诗歌指控我们粗鲁或缺乏礼貌，我们可以告诉她，哲学与诗歌之间的争论自古就有，有许多争论的证据，比如‘对着主人嗥叫不止的狗’，或是‘蠢人空谈中的伟大’，以及‘绕过宙斯的由智者组成的暴徒’和‘明察秋毫的哲学家竟是乞丐’之类的名句，还有许多别的迹象，可以显示出两方的宿怨。我们可以将这些抛在一边，向我们的甜蜜朋友和模仿艺术的姐妹保证，如果她能证明自己有权存在于这个秩序井然的城邦里，我们会很高兴接纳她。我们心里很清楚她有多大的魅力，但是我们不能因为诗歌的这个魅力而背叛真理。我敢说，格劳孔，你也像我一样感受到了她的魅力，尤其是在荷马的诗歌中出现的时候，是吗？”

“是的，我被她完全吸引了。”

“那么，我是否可以提议，如果被放逐的诗歌的申辩理由充分，就允许她回来，但只能在这个条件下回来，即它能以抒情诗的格律或其他格律形式进行辩护。”

“当然可以。”

“我们还可以进一步准许她的辩护人——本身并不是诗人的诗歌爱好者，代替她进行辩护，可以用不带格律的语言为她辩护。证明诗歌不仅是令人愉悦的，而且对城邦、对人类生活都有用处。我们会以友善的精神去倾听。因为，如果诗歌不仅有用，而且能令人愉快的话，如果这一点得到充分证明，我们肯定会从中受益的。”

“当然，”格劳孔说道，“我们会获得益处。”

“如果她的辩护失败了，我亲爱的朋友，我们就应该像痴迷某物的人，想到自己的欲望和利益是相冲突的，就应该控制住自己。我们应该这样做，就像放弃情人一样放弃她，尽管这样做会经历一番内心的挣扎。虽然对诗歌的热爱是由高贵城邦的教育植入我们的，我们受到激发从而认为她是最高贵、最真实的。但如果她不能成功地为自己辩护，我们就只会把我们的辩护理由作为我们的咒语。我们在倾听诗歌时，就会在心中默念它，以使我们不会像众人那样陷入对她的孩子般的爱慕中。无论如何，我们已经清楚地知道，诗歌作为我们所描述的样子，从严格意义上讲，我们认为她还没有达到真理的程度。倾听她的人，在内心中如果担忧这个城邦的安危，就应该抵御她的引诱，并把我们的话作为指导原则。”

“是的，”格劳孔说道，“我十分同意你的话。”

“是的，”我说道，“亲爱的格劳孔，这个问题至关重要，比表面看起来还要重要得多，它关系到一个人是好还是坏。如果一个人受到荣誉或金钱或权力的影响，是的，或在诗歌引起的兴奋状态之下，对正义与美德视若无睹，他还会获得什么益处呢？”

“是的，”格劳孔说道，“我相信这个观点，我想其他任何人也会相信的。”

“但是我们还没有讨论美德给我们的最大奖励与报酬。”

“更大的报酬？是什么报酬？如果有，它们肯定是大得令人无法想象的。”

“有什么东西，”我说道，“在短时间内会成为伟大的呢？与永恒相比，一个人短短的几十年人生当然是微不足道的了。”

“应该说‘什么也不是’。”格劳孔回答道。

“那么，你会认为不朽的东西，会郑重其事地考虑这一小段时间，而不去考虑整体时间吗？”

“当然要考虑整体。你为什么这样问呢？”

“难道你没意识到，”我说道，“人的灵魂既是不朽的，也是不灭的？”

格劳孔惊讶地看着我，然后说道：“天神在上，我没有意识到。你真的这么认为吗？”

“是的，”我说道，“我应该这样认为，你也应该这样认为。要证明这个看法并不困难。”

“我觉得很难证明。我倒想听一听，你如何来进行轻而易举的证明。”

“那么，听着吧。”

“我听着呢。”

“有一种东西你称之为善，还有一种东西你称之为恶，是吗？”

“是的。”

“你是否同意我的看法：一切腐化性和破坏性的因素都是恶的，一切挽救性的和改进性的因素都是善的？”

“是的。”

“你是否也承认万物都是既有善，也有恶的？比如，眼睛发炎是眼睛的恶；疾病是全身的恶，霉烂是粮食的恶，腐朽是木材的恶，生锈是铜和铁的恶。在所有事物中，或几乎所有事物中，都有一种与生俱来的恶与疾病？”

“是的。”格劳孔说道。

“是否任何一种东西，被其恶的部分感染都会变成恶的，最后会整个消失、死亡？”

“是的。”

“每种事物天生固有的缺陷与邪恶，是它毁灭的原因。如果这些不能毁灭它们，就没有什么东西能了。因为，善肯定不会毁灭它们，既不善也不恶的也不会毁灭它们，是吧？”

“当然不会。”

“那么，如果我们能找到拥有这种天生腐化性因素的东西，却没有消失或毁灭，我们是否就可以肯定，具有这种本性的东西是不会灭亡的？”

“可以这样假定。”

“好的，”我说道，“有腐蚀灵魂的恶存在吗？”

“有，”格劳孔说道，“我们刚才谈到的所有恶都是：不正义、无节制、怯懦和无知。”

“可是，这其中有哪一种能破坏或毁灭灵魂吗？我们不要犯下面的错误，认为一个不正义的、愚蠢的人，在受到揭发时，就会被自己的不正义这一灵魂的恶给毁灭了。就拿身体的恶打个比方就知道了。身体的恶是疾病，它削弱身体、缩减身体、毁坏身体。我们刚刚谈到的一切事物，都会由于其本身所附带固有的腐化性而遭至毁坏甚至毁灭。这样说对吗？”

“对。”

“以同样的方式来考虑一下灵魂。存在于灵魂中的不正义和其他邪恶会消磨、削减灵魂吗？这些附着于灵魂或灵魂所固有的恶会不会最终导致灵魂的消亡，使其与身体分离？”

“当然不会。”

“但是，”我说道，“如果设想，不能被外部的邪恶影响而毁灭的事物也不会被内部的邪恶毁灭，岂不是非常不合理？”

“是不合理。”格劳孔说道。

“格劳孔，想一想，”我说道，“无论食物的恶表现为陈腐、霉烂，还是其他的什么坏状况，只要食物的恶仅仅局限在实际食物本身的时候，我们并不会认为它能毁灭身体。虽然，如果由于食物的恶在人体中引起身体生病时，我们就会说，人的身体被这些食物的恶而引起的身体本身的恶，即一种疾病给毁坏了。但是，作为一物的身体，能被作为另一物的食物的恶所毁坏，而这种食物的恶不会引起任何自然的感染，这一点我们能完全否认吗？”

“不能。”

“同样的道理，是否除非一些身体之恶会产生灵魂之恶，否则我们就不能假定，作为一物的灵魂能被属于另一物的外部之恶所损毁？”

“没错，”格劳孔说道，“说得有道理。”

“我们要么对这个结论进行反驳，要么如果这个结论不能被反驳，我们就永远也不要说，发高烧或其他疾病，用刀割断喉咙，或者甚至把整个身体剁成碎块，这些能使灵魂遭受损毁。除非有人能够证明，人的肉体遭受这些恶之后，灵魂会变得更加邪恶、不正义，才可以这样说。但是任何人都不能说，灵魂或其他任何事物，如果不能被内部的恶毁灭，反而会被外部的恶毁灭。”

“毫无疑问，”格劳孔说道，“没有人能证明人的灵魂在这个人死后会变得更加不正义。”

“但是如果有人固执己见，不肯承认灵魂不朽的看法，他会说将死之人确实变得更加邪恶、更不公正了。那么，如果他所说的是正确的，我们就可以认为，不正义就会像疾病一样，对于不正义的人来说是致命的。而且，那些染上疾病而导致的死亡，是由于疾病之恶本身所固有的毁灭力量所导致的，这迟早会杀死他们。而这种因病死亡，却与眼下邪恶之人的死亡完全是两码事。邪恶之人之死是由他人之手造成的，他的死是对其恶行进行惩罚的结果。对吗？”

“对，”格劳孔说道，“如果不正义对不正义之人来说是致命的，那么不正义对他来说就并不那么可怕，因为他可以因此摆脱恶。但是，我倒愿意怀疑上述情形，认为其反面才是实情。不正义如果拥有力量，就会谋杀别人，而使谋杀者活于世上，而且活得很潇洒，不正义的居所离死亡之地还远着呢。”

“你说得对，”我说道，“如果固有的恶或灵魂之恶不能杀死或毁灭灵魂，那么本来应该能毁灭其他事物的其他东西也很难毁灭灵魂或其他任何事物了，这种东西只具有毁灭它能毁灭的事物的力量。”

“是的，灵魂是很难毁灭的。”

“那么，不会被内在之恶或外在之恶毁灭的灵魂，一定会永远存在。如果永远存在，一定会是不朽的？”

“当然是的。”

“这就是结论，”我说道，“如果这个结论是正确的，那么灵魂就应该永远是一样的，因为，如果灵魂不会消亡，她们在数目上就不会减少。她们也不会增加，因为不朽的东西如果能增加，必然是来自有朽的东西，那样一来，所有的事物都会是不朽的了。”

“十分正确。”

“但是，我们不相信这一点，我们的理性不容许我们这样轻信，就如同我们不相信，灵魂的本质充满了多样、差异与不同一样。”

“你是什么意思？”

“灵魂，”我说道，“是否正如现在所证明的，如果是不朽的，那么就必须是最完美的组合，不能由很多部分构成？”

“当然不能。”

“我们前面的辩论已经证明了灵魂的不朽，同时还有其他许多证据可以证明。但是要看一下灵魂的本来面目，不是我们现在所看到的与肉体和其他痛苦结合的模样，我们必须用理性的眼光来思考她本来的纯洁状态。然后，灵魂之美才会显现出来。正义与不正义以及我们以前所描述过的所有事物，都会更加清楚地显露出来。到目前为止，我们已经讨论了在目前情况下我们所看到的灵魂的真实状况。但我们必须牢记，我们所看到的灵魂的情况，只局限于可以与见到海神格劳科斯[1]进行比较的情况。海神的本来面目很难分辨了，因为他的自然肢体已被海浪以各种方式所冲断、压碎和毁坏了，而且肢体外面还覆盖着海草、贝壳和石头。这样看起来他不像原来的样子了，更像一个怪物。目前我们所看到的灵魂也与这种情况类似，灵魂遭遇到了千万种疾病的损毁。格劳孔，我们可不能这样来看灵魂，必须把目光转向别处。”

“那么转向什么地方看呢？”

“向她爱好智慧的方面看。我们看一下灵魂喜欢什么人，由于她与不朽、永恒和神圣东西的亲密关系，她追求的是什么样的群体及与什么样的人交往。还要看一下，如果灵魂完全遵循这条高级原则，获得神力的帮助从她现在存身的海洋中升腾起来，去除她周围的各种石头、贝壳、尘土和岩石——这些东西滋生是因为她食土为生，身上长满了这个世界上人们称作好东西的东西，这时你会发现她将会变得多么不同。于是你会看清她的本来面目，知道她是由一个形状还是由多个构成的，你就会知道她的本性。关于灵魂在目前人世生活中的喜爱和形式，我们已经讲得足够清楚了。”

“是的。”格劳孔回答道。

“因此，”我说道，“我们已经讲完了辩论的条件了。我们还没有提到你所说过的，在荷马和赫西俄德的作品中关于正义的回报与荣耀。但是，对于正义的本质对于灵魂的本性是最有益的，这一点已经证实过了，无论一个人是否戴着盖吉斯的戒指或者除了盖吉斯的戒指外还戴着哈得斯的头盔[2]，还是让他做正义之事。”

“十分正确。”

“那么现在，格劳孔，我们要是再进一步列举一下正义和其他美德，为灵魂在其生前死后从神明和人类那里挣得多少和多大的回报，不会有什么害处。”

---

[1] 格劳科斯（Glaucus），古罗马诗人奥维德在《变形记》中记载，格劳科斯原本是一个年轻的凡人渔夫，他在打渔时发现岸边一种神秘的药草能使已经死去的鱼起死回生。好奇之下，他吞食了这种药草，醒来后就变成了鱼尾人身，后被大洋之神欧申纳斯和海后泰西斯迎入海神之列。——译者注

[2] 二者都可以使人隐形。——译者注

“当然不会有害处。”格劳孔说道。

“那么，你能不能把你从辩论中借去的东西还给我呢？”

“我借了什么？”

“你借了一个假设：正义之人应显得不正义，而不正义之人却应显得正义。因为那时你认为，即便真相不能逃脱神明和人的眼睛，这话还是必须得说，以使辩论进行下去，也可以借此衡量一下真正的正义与真正的不正义。你还记得吗？”

“如果我忘记了，当然应受责难。”

“那么，关于正义和不正义的争论结果已定，我就代表正义，现在要求你把正义从神明和人那里获得的荣誉归还给正义。既然正义已经证实她能提供事实，而且不欺骗真正拥有正义的人，那么就应该把从正义那里拿走的，送还给她。我们的讨论已证明，正义能赢得属于她的胜利的奖品，并把它们分给那些拥有她的人。”

“这个要求很正当。”格劳孔说道。

“首先，”我说道，“这就是你要送还的第一件东西，正义的与不正义的本性，神明知道得一清二楚，你同意吗？”

“同意。”

“如果神明了解正义和不正义这二者，那么是否就会像我们在开始时所承认的那样，一位必然会是神明的朋友，另一位则必然会是神明的敌人？”

“是的。”

“我们可以猜想，神明的朋友会从神明那里得到再好不过的东西，除了作为她以前恶行的必然结果而产生的恶？”

“当然。”

“那么，我们对正义之人的认识会是这样的，即使他正处于贫困或疾病中，或处于其他表面上看起来的不幸中，最后一切都会向好的方向转变，生前死后都是如此。一个人如果通过追求美德，在人力所能及的程度对神进行模仿，希望变得像神明一样正义，神明就会关照他。”

“是的，”格劳孔说道，“如果他像神，神肯定不会忽视他的。”

“关于不正义，我们可以猜测是相反的情形吗？”

“当然可以。”

“那么，这就是神明给予正义之人的胜利奖品吗？”

“我会这样认为。”

“那么，他们从世人那里会得到什么呢？看一看事情的真相，你就会看到，聪明的不正义者就像在往返赛跑过程中一样，他从起点跑向终点时跑得很好，但是从终点跑回来时就不行了。他们起跑时步子很快，但最终却显得傻里傻气，耳朵耷拉在肩膀上偷偷地溜回来，得不到名次。但真正会跑的人，跑到终点获得了奖品，戴上了胜利之冠。正义者的命运不也一样吗？他能忍受整个生命历程中的每一次行动、每一个场合，最终都会赢得好的回报，收到世人一定会给予的嘉奖。”

“没错。”

“现在，你要允许我重复一下，本该是正义之人的益处却被你送给了幸运的不正义的人。我要为正义的人说你以前为不正义的人所说过的话。随着正义的人逐渐长大，如果他们愿意，就会成为自己城邦的统治者。他们可以娶自己想娶的人，并把女儿嫁给自己想嫁的人，你以前所说的一切关于不正义的人的话，我现在送还给正义的人。另一方面，关于不正义的人，我要说，大多数不正义的人尽管在年轻时能逃过劫难，最后在年老时必被看穿，受到嘲笑。他们年老之时会过得凄凉潦倒，会遭到外邦人和本地人的蔑视。他们会遭到责打，还会听到你认为的一些文明人不适合听的话，他会被上绞刑、被烙眼等你说过的残酷的处罚。你不妨假定他们会遭受一切你听说过的恐怖的事情。但是，容我不再一一列举，可否假设这些事情都是真的？”

“当然，”格劳孔说道，“你所说的是对的。”

“这些便是正义之人活着时，神明和人给予正义之人的奖励、回报和礼物，加上正义本身所提供的那些高贵的东西。”

“是的，”格劳孔说道，“它们是美好而持久的。”

“然而，”我说道，“与那些等待正义和不正义死后的回报相比，所有这些无论在数目上还是在大小上，都算不上什么。你应该好好听一听，随后，正义之人和不正义之人就会得到我们在辩论中欠他们的东西，我们会全部偿还给他们。”

“请讲，”格劳孔说道，“没有比这更让我乐意听的了。”

“那么，”我说道，“我给你讲个故事，但并不是奥德修斯告诉英雄阿尔基诺斯的故事。[1]但这也是关于一位名叫厄尔的英雄的故事。厄尔是阿门纽斯的儿子，出生在潘菲洛斯。他死于一场战斗。厄尔死后第十天，人们在遍地死尸中发现了他的尸体，其他尸体已经开始腐烂，可他的尸体却完好无损，于是人们把他的尸体运回家埋藏。在他死后第十二天，人们把他的尸体放在柴堆上准备火葬时，他竟然复活了。复活后，厄尔告诉了人们他在另一个世界里看到的一切。他说，他的灵魂离开躯体后，就和许多灵魂一起开始了漫长的旅程，他们来到了一个神秘的地方。在那里的地上有两个并排的裂口，而且两个裂口离得很近，和这两个裂口对应着的天上也有两个裂口。在天上的裂口和地上的裂口之间，坐着许多法官，对每个经过的灵魂进行判决。他们判决正义的灵魂从右边裂口升天，并把判决书贴在这些灵魂的胸前。同样，他们判决不正义的灵魂从左边裂口入地，他们所作所为的记录被贴在了背上。厄尔的灵魂走上前去时，法官们告诉他，他将成为人类的信使，把自己在另一个世界的所见所闻告诉给世人。他们允许他在那里看和听所有的可以被看到、被听到的事情。于是，厄尔的灵魂看到，法官判决宣布过的灵魂纷纷离开，有的走向天上的裂口，有的走向地上的裂口。与此同时，另外两个裂口处，即右边地上的裂口和左边天上的裂口，走出了别的灵魂。一些从右边地上的裂口走上来的灵魂，满脸灰尘，被旅途折磨得劳累不堪，形容憔悴；另一些从左边天上的裂口走下来的灵魂，干净整洁，气色不错。陆续到来的灵魂好像经过了长途跋涉似的，他们都非常高兴地走入一片草地，在草地上安营，就

---

[1] 奥德修斯（Odysseus），希腊神话中伊塔克岛之王，在希腊联军围攻特洛伊的10年期间屡建奇功，献木马计里应外合攻破特洛伊。在率领同伴从特洛伊回国途中，因刺瞎独目巨人波吕斐摩斯，得罪了海神波塞冬，从而屡遭波塞冬的阻挠，历尽各种艰辛、危难。在返回家乡经过菲埃克斯人的国土时，向国王阿尔基诺斯重述了过去9年间的海上历险，阿尔基诺斯派船送他返回故乡。——译者注

像节日时那样。那些认识的灵魂互相拥抱问候。从地上的裂口走上来的灵魂好奇地询问天上的情况，从天上的裂口走下来的灵魂则询问地下的事情。于是，他们互相诉说自己所经历的一切。从地下来的灵魂想起他们在地下所忍受、所目睹的情形（这段旅程经历了一千年之久），悲伤万分，痛哭流涕；而从天上来的则叙述天上不同寻常的幸福快乐和难以描述的美景。

"格劳孔，这段故事非常长，难以一下讲完，简明扼要地说是这样的：厄尔告诉人们说，一个人生前如果对他人做了坏事，每做一次就要遭受十倍的惩罚，而一次惩罚的时间是一百年，就是人一生的时间，即做一次错事要受一千年的惩罚。比如说，一个人如果造成了许多人的死亡，背叛或奴役了城邦和军队；或做过其他坏事，他就会为自己所做的每一桩或所有罪行受到十倍的惩罚。而如果人们做了有益于别人的好事，或是成为正义之人、虔诚之人，就会得到相应的回报。我没有必要再去重复他所说过的孩子刚出生或出生不久就夭折的事情。至于对神明与双亲的敬与不敬，以及杀害他人性命，他描述了更大的报应。他提到，他在场时，有一个灵魂问另一个灵魂，'阿蒂阿俄斯大帝[1]在哪里？'（这位阿蒂阿俄斯大帝比厄尔生活的时代要早一千多年。他是潘菲利亚[2]某城邦的僭主，曾谋杀了自己年迈的父亲和自己的哥哥，据说他还犯下了其他许多恶行。）另一个灵魂回答道：'他不会来这里，而且永远也来不了这里。'这个灵魂说，'这也是我们亲眼目睹的可怕情形中的一个。我们承受了所有的惩罚之苦后，站在地下的出口处，准备出来。这时，阿蒂阿俄斯大帝的灵魂突然出现了，跟随他的灵魂还有几个大多也是暴君的灵魂。除了暴君的灵魂以外，也有一些罪大恶极之人的灵魂。他们自以为是正义的，也准备要回到地上来，但是地上的裂口没有接收他们，反而在他们这些无可救药的邪恶之人或还没有受够惩罚的灵魂想走上地面之时，会向他们大吼一声，于是有几名本来站在旁边的、外表凶恶的野人，听到声音后，抓住他们并把他们拖走了，他们把阿蒂阿俄斯大帝和其他人的头、脚和手

1 英文为"Ardiaeus the Great"，疑为虚构人物。——译者注

2 潘菲利亚（Pamphylia），古代安纳托利亚南部的一个地区，位于吕基亚与奇里乞亚之间，在今土耳其安塔利亚省境内。——译者注

绑起来，扔到地洞里面，用鞭子抽打他们，把他们放在旁边的路上拖着走，像刷羊毛一样用荆棘抽打他们，并向路过的灵魂宣告他们犯下的罪行，宣称要把他们带走，送入地狱，永世不得出来。’他说，所有他们遭受过的可怕事件里没有一件比这件更恐怖的了，他们害怕自己也遭受到这样的吼声。但他们出来时，那里并没有吼声，他们于是欣喜若狂，一个接一个鱼贯而出。厄尔说，这些就是对不正义者的灵魂的惩罚与报应，同样，还有对正义者灵魂的报偿。

“这些灵魂现在已在草地上逗留了七天。第八天时，他们被迫继续上路。这之后的第四天，厄尔说，他们来到了一个地方，在那里可以从上面看到如柱子一样直的一道光线，贯穿于天与地之间，其色如彩虹，只是比彩虹更明亮、更纯净。又经历了一天的旅程之后，他们便到了光柱所在地，在光线里，他们看见一条条天链自上而下垂下，原来这道光是天空的纽带，把宇宙构成圆环结合在一起，就像是有三层桨座的战船的底缆一样。天链末端的下面是必然女神的纺锤。一切天体都在必然纺锤上运行。纺锤之杆、钩由钢制成。其制动轮就像人间的制动轮一样，由钢和其他物质构成。它的形状意味着，有一个大而中空的制动轮，里面可以再放置一个稍小一点的，以此类推，一个接一个，从小到大，总共有八个，像一个个套筒套在一起一样。制动轮的上端显现出来，下端则连成了一个接连不断的制动轮，纺锤穿过第八个制动轮的中心。第一个制动轮也就是最外面的制动轮，它的边最宽，里面的七个制动轮的边则窄一些，按边从宽到窄排序如下：第六个制动轮在大小上仅次于第一个，第四个制动轮仅次于第六个，然后是第八个制动轮。第七个制动轮位居等五，第五个制动轮位居第六，第三个制动轮位居第七，最后一个即位居第八的是第二个制动轮。最大最宽的制动轮（或恒星带）上面缀满了闪亮的星星；第七个（太阳）最亮；第八个（月亮）反射第七个制动轮的光而有色彩；第二个和第五个（土星和水星）的光亮颜色相同，比前面的几个要黄一些；第三个（金星）的光最白；第四个（火星）的光是红色的；第六个（木星）的光第二白。整个纺锤的旋转形成一个运动体系，在整个运动中是朝一个方向运动的，但里面的七个圈是向相反方向缓慢转动的。第八个制动轮转得最快；其次是第七个制动轮、第六个制动轮和第五个制动轮，它们以相同的速度运转。在运动速度上居第三位的第四个制动轮，似乎是根据反方向运动的；第三个制动轮的速度处于第四位，第二个制动轮的速度处于第五位。纺锤在必然女神之膝上运转着。在每一个制动轮的表面都站着一位塞壬[1]随它一起运转。她们各哼出一个音，八个音共同形成了一个和音。在她们周围，三位身着白色长袍、头戴花环的女神隔着相同的距离围成一圈，各自坐在自己的宝座上，唱着颂歌。她们是必然女神的女儿，也是命运之神。她们是拉克西丝、克罗托和阿特洛波斯[2]。她们以自己的歌声为塞壬们的和声进行伴唱，拉克西丝歌颂过去，克罗托歌颂现在，阿特洛波斯歌颂将来。克罗托时不时地用右手触一下制动轮或纺锤的外环，以帮助它运动起来，阿特洛波斯用她的左手碰触、导引内轮的运动，而拉克西丝则轮流用两手拨着内环和外环。

“厄尔和其他灵魂到达时，他们要做的事就是马上去到拉克西丝那里。但首先，会有一位先知走过来，把他们按顺序排好，然后，从拉克西丝的膝上取来签牌和代表生活方式的牌子，登上一座高台，宣布如下：‘必然女神的女儿拉克西丝有话要说。你们今生已死，灵魂还在，来生即将开始。你们的来生要过怎样的生活，不由神灵[3]来抽签选择你们，而由你们抽签来选择神灵。抽到一号签的灵魂，可以第一个选择自己来生要过什么样的生活，他所选择的生活将成为他的命运。美德可以自由选择，一个人对美德的敬重程度不同，拥有美德的多少也不一样。选择者责任自负，神明不承担任何责任。’先知宣布完毕之后，他便随意地把签牌撒给他们，每个灵魂捡起离自己较近的一个签牌。只有厄尔没有捡，因为他没有获准拿签牌。每个人拿到自己的签牌后就知道了自己签牌上的号码，然后先知将各种各样的生活方式放在他们面前的地面上，这些生活方式多种多样，远远超过了在场灵魂的数目。这些生活方式包括了一切条件下一切动物和一切人的生活

[1] 塞壬（Siren），古希腊传说中半人半鸟的女海妖，惯以美妙的歌声引诱水手，使他们的船只或触礁或驶入危险水域。——译者注

[2] 拉克西丝（Lachesis）、克罗托（Clotho）和阿特洛波斯（Atropos）是主神宙斯和正义女神忒弥斯的女儿。拉克西丝负责决定生命线的长度，克罗托负责纺织生命线，阿特洛波斯负责斩断生命线，她们被称为命运三女神。——译者注

[3] 神灵（genius），伴随灵魂进入下个人生，可以指引和帮助他们的生活。——译者注

方式。其中有僭主的生活方式，一些是以僭主的身份过一生，另一些则是在中途垮台，变得贫穷、被流放或沦为乞丐，以此了结一生。还有名人的生活方式，一些人以其外貌美丽而出名，还有一些人以身体健硕和在比赛中获得胜利而出名，或者因出身门第或其祖先的品德高尚而出名。一些臭名昭著的人因其相反的人品而出名。女性也是一样。然而，他们并没有特定的性格，灵魂会因为选择的生活方式的不同，性格必然会有所不同。此外，还有各种品质互相混杂的情况，也会和贫穷与富有、健康与疾病的因素混杂在一起。另外，也有多种中间的状态。亲爱的格劳孔，这个时刻对一个人的命运来说是最为关键的，因此必须十分谨慎。我们每一个人都应该撇开正在追求的其他各种知识，而去寻求并追随一件事情。也许这样他就能学会区分善与恶，或找到一个能使他学会分辨善与恶的人，这样一来，在机会允许的情况下，无论何时何地，他都会选择更美好的生活方式。他应该考虑这一切，我们之前曾个别地或综合地探讨过它们与美德的关系。他应该知道，如果在一个灵魂中置入美貌与贫穷或美貌与富有时，会产生什么结果。出身的高贵与卑贱、过平民生活还是参与城邦事务、身体的强壮与软弱、天分的聪明与愚钝，以及一个灵魂所有的先天天赋与后天的习惯，它们混合后会对其人生产生什么样的好结果或坏结果。然后，考虑过所有这些因素以后，他就应该观察灵魂的本质，他就能够决定哪一种更好，哪一种不好。把使灵魂过更不正义的生活称为恶的生活，把使灵魂过更正义的生活称为善的生活。只要选择有利于善的生活的品质，其他品质都可以不予理睬。我们已经看到并且也知道了，这种选择不仅在生前而且在死后，都是最好的选择。一个人必须把他对真理与是非的坚定信念带到来生去，以使他在来生不会受到贪恋财富或其他邪恶诱惑的蛊惑。这样，在他遇到僭主政权或类似的恶行时，就不会给别人造成不可补救的祸害而使自己受到更严重的惩罚，但是要让他知道如何选择不偏不倚的中间的生活方式，尽可能避免走向任何一个极端，不仅在此生如此，在来生也是如此，因为这就是幸福的生活方式。

“根据从另一个世界回来的信使厄尔的讲述，当时先知让灵魂选择生活方式之前告诉他们：‘即使是最后一个选择生活方式也没有关系，只要他会明智地进行选择，并愿意勤劳地生活，那么摆在他面前的也会是一种幸福的而非讨厌的生活方式。但愿第一个选择的不要掉以轻心，最后选择的也不要绝望。’先知说完以后，抽到第一个选择签的灵魂走上前来，他很快就选择了做最大的僭主。他的心灵被愚蠢和肉欲所覆盖，他在选择之前并没有将整个情况看清楚，所以他并没有发觉他注定要在来生做许多坏事，注定要吞食自己的孩子。等他静下心来仔细反思并看清楚了自己签上的内容时，他便开始捶打自己的胸膛，哀叹自己的选择，完全忘记了先知的宣告。因为他不肯把自己的不幸归因到自己身上，而是去指控神明，指控除他自己之外的所有一切。这个灵魂来自天上，他的前生曾居住在一个秩序井然的城邦里，但他过着循规蹈矩的生活，他的美德只是出于习惯而非哲学。确实，那些选择类似生活方式的灵魂大部分都来自天上，因为他们在前生未吃过苦头，从没有受过考验的训练。而那些来自地下的灵魂，不但自己受过苦，也见过别人受苦，所以并不忙着做出选择。由于缺少经验，也由于抽签的偶然性，许多灵魂的命运出现了颠倒，好的变成了坏的或者坏的变成了好的。如果一个人自从来到这个世界之后，就一如既往地献身于追求合理的哲学，并且抽签的号码还算幸运的话，他可能就像我们这位信使所说的，他在今生会过上幸福的生活。而且他从这里到另一个人生又返回这里的旅程也会是平坦而通向天上的，不是崎岖而通向地下的。

“厄尔说，这些灵魂选择生活方式的情景真是令人惊奇，觉得又悲哀又可笑又奇怪。因为灵魂做出的选择大部分是根据他们前生的经历。在那里，厄尔看到曾是俄耳甫斯[1]的灵魂选择做了天鹅，因为他对女人充满了敌意，是女人谋害了

[1] 俄耳甫斯（Orpheus），古希腊色雷斯地区著名的诗人与歌手，他的父亲是太阳神阿波罗，母亲是司管文艺的缪斯女神卡利俄帕。他生来便具有非凡的艺术才能，传说俄耳甫斯的琴声能使神、人闻而陶醉，就连凶神恶煞、洪水猛兽也会在瞬间变得温和柔顺、俯首帖耳。传说俄耳甫斯有一位情投意合的妻子，叫欧律狄克。她在野外游玩时不慎被毒蛇所咬而毙命。为了救回妻子，俄耳甫斯凭着自己的琴声闯入冥府，感动了冥王和冥后，但在到达人间时，违背了冥王和冥后不准回头看的誓言，导致妻子再次消失。从此，俄耳甫斯一人隐居于色雷斯的岩穴中，后因为不敬酒神，被酒神手下的狂女杀害并将他的尸体撕得粉碎后抛到了荒郊野外。——译者注

他，它憎恨为女人所生。厄尔还看到塔米利斯[1]的灵魂选择做了夜莺。另一方面，鸟类的灵魂，如天鹅以及其他会唱歌的鸟类，选择变成人。抽到二十号签的灵魂选择狮子的生活，这是忒拉蒙之子埃阿斯的灵魂，他不愿意再做人，因为他记得以前在判决武器归属问题上，他曾受过不公平的对待。[2]下一个是阿伽门农的灵魂，他选择了鹰的生活方式，因为他像埃阿斯一样，由于自己所遭受的苦难而憎恨人类。[3]抽签大约进行到一半时，就轮到了阿塔兰忒[4]的灵魂，她目睹了运动员的盛名，便抵制不住诱惑选择了做运动员。在她之后的是潘诺佩欧斯之子厄佩俄斯[5]的灵魂，他选择了做技艺娴熟的女性，在最后面的最后几个抽签的灵魂当中，滑

[1] 塔米利斯（Thamyris），色雷斯人，希腊神话里著名的歌手、诗人、七弦琴演奏者，阿波罗的儿子菲拉蒙之子。他自认歌技超群并斗胆向缪斯女神挑战，扬言如果获胜，他就要迎娶缪斯女神中的一位为妻。他的无礼激怒了缪斯女神，因此而受到了天谴，成为盲人并丧失了歌唱技艺。——译者注

[2] 埃阿斯（Ajax），特洛伊战争期间希腊联军中仅次于阿喀琉斯的名将。阿喀琉斯死后，特洛伊人想抢夺其尸体，剥取他的铠甲，埃阿斯逼退特洛伊人，保住了阿喀琉斯的铠甲和尸体。阿喀琉斯的母亲忒提丝准备把她儿子的铠甲和武器作为奖品奖给为救回阿喀琉斯尸体做出最大贡献的英雄。而奥德修斯在雅典娜的帮助下取得了阿喀琉斯的铠甲和武器，埃阿斯后为名誉自刎。——译者注

[3] 阿伽门农是特洛伊战争中希腊联合远征军统帅。战争胜利后，他顺利回到家乡，然而他的妻子克吕泰涅斯特拉对于阿伽门农在出征时因得罪狩猎女神阿尔忒弥斯而以长女伊菲革涅亚献祭之事怀恨在心，便与情人埃癸斯托斯一起谋害了他。——译者注

[4] 阿塔兰忒（Atalanta），希腊神话中一位善于疾走的女猎手，可能是阿尔忒弥斯女神的伙伴，并向女神发誓终身不嫁。——译者注

[5] 厄佩俄斯（Epeus），特洛伊战争中特洛伊木马的制造者。一说，制造木马的思想出自奥德修斯，而厄佩俄斯只是作为已出名的能人被选中参加制造。——译者注

稽的忒耳西忒斯[1]的灵魂，套上了猴子的外形。还有奥德修斯[2]的灵魂没有做选择，他的签是最后一个。以前辛苦的记忆使他不再迷恋野心。他来回寻找，用了相当长的时间寻找一个不参与政务的平民生活方式，他找到这个生活方式可费了很大周折，因为这一生活方式被随意扔在了里面，其他所有的灵魂都忽视了这种生活方式。当他找到这种生活方式后，他说道，即使他不是最后一个选择而是第一个选择，他也会这样选的。他还说他很高兴能选择这种生活方式。不仅有人的灵魂变成动物的情况，而且我还要提一下，驯服的动物和野性的动物也互相变换以及变成相应品性的人类或者人类变成相应品性的动物——高贵的变成温驯的，低劣的变成野蛮的，有各种组合。

“现在，所有的灵魂都已经选择了他们的生活方式，选择之后，他们按照选择的顺序走到拉克西丝那里。拉克西丝把与这些灵魂选择的生活方式相配的神灵配给他们，作为他们生活的护卫者，帮助他们实现其所选择的生活方式。神灵首先将灵魂带到克罗托那里，把他们拉到由她的手拨动的纺锤的旋转里面，这样就确定了他们的命运。命运被确定后，他们被带到阿特洛波斯那里，她把其纺成不可逆转的命运线。然后，他们头也不回地从必然女神的王座底下穿过。等所有灵魂都过去后，他们一同上路。他们走到了遗忘平原，他们承受着难耐的炎热，因为这里是一片荒原，没有任何树木和生机。将近傍晚时分，他们露宿于遗忘河畔。遗忘河的水是任何容器都盛不下的。他们每个灵魂都被迫喝下一些遗忘河的水，那些没有被智慧拯救的灵魂必须喝得多一些。每个喝了遗忘河水的灵魂就会忘记过去经历过的一切事情。喝完水以后，他们开始休息，大约在午夜时分，经

---

[1] 忒耳西忒斯（Thersites），参加特洛亚战争的希腊的一个普通士兵。在荷马史诗《伊利亚特》中，他是一个丑陋可笑的人物：驼背、跛足、斜眼、秃头、爱饶舌。在特洛亚城下的军队会议上，他指控阿伽门农把大批战利品据为己有，为此遭到奥德修斯的毒打。——译者注

[2] 参与希腊联军围攻特洛伊 10 年期间，奥德修斯英勇善战，献木马计里应外合攻破特洛伊。但在率领同伴从特洛伊返回家乡途中，因刺瞎独目巨人波吕斐摩斯而得罪了海神波塞冬，从而屡遭波塞冬的阻挠，历尽各种艰辛、危难，在海上漂泊 10 年才回到家乡。——译者注

历了一场暴风雨和地震后，他们马上像流星飞逝一般，被弹起来，以各种方式去到自己的出生地。厄尔被阻止了喝遗忘河的水，可对于他的灵魂是以什么方式或通过什么手段回到肉体的，他却说不上来。他只记得早晨突然醒来时，他发现自己躺在了火葬的柴堆上。

“格劳孔，这个故事就这样得以流传下来，没有失传。如果我们遵循这个故事里的训导，它就会拯救我们。我们会安全地渡过遗忘河，我们的灵魂也不会受到沾污。所以，我的忠告是，鉴于灵魂的不朽及其能够承载一切的善和一切的恶，我们应该永远遵循向上的路，追随正义和美德。让我们彼此珍视，并对神明虔敬，这样，当我们在这里以及像在比赛中获胜者绕场奔跑收集奖品一样，我们会获得我们的奖品。不管是在今生还是在我们曾经描述过的长达一千年的旅途中，我们都会生活得很好。”

[illegible]

[illegible]